LITERATUR UND LEBEN

NEUE FOLGE · BAND 33

Dagmar C. G. Lorenz

GRILLPARZER
DICHTER DES SOZIALEN
KONFLIKTS

1986

HERMANN BÖHLAUS NACHF. WIEN · KÖLN · GRAZ

Gedruckt mit Unterstützung durch
The Ohio State University, USA

CIP-Kurztitelaufnahme der Deutschen Bibliothek

Lorenz, Dagmar C. G.: Grillparzer, Dichter des sozialen Konflikts /
Dagmar C. G. Lorenz. – Wien ; Köln ; Graz : Böhlau, 1986.
 (Literatur und Leben ; N.F., Bd. 33)
 ISBN 3-205-05011-8

NE: GT

Für
Charlotte Lorenz
und
Anita Hawkins

INHALT

VORWORT

Denjenigen, die dazu beigetragen haben, daß diese Arbeit zustandekommen konnte, möchte ich meinen herzlichen Dank aussprechen, vor allem Professor David P. Benseler, der mir als Chairman des Department of German an der Ohio State University in jeder nur erdenklichen Weise behilflich war, sowie Provost Diether Haenicke und Dean John Muste. Für Anregungen und Diskussionen bin ich Professor Ruth Angress verbunden. Dr. Lunzer, Dokumentationsstelle für Neuere Österreichische Literatur, möchte ich für die Hilfe, die er mir bei der Beschaffung von Materialien gewährte, auch vielmals danken.

Das College of Humanities der Ohio State University hat mein Projekt sowohl finanziell durch einen Publication Award wie auch zeitlich, durch ein Quartal Assigned Research Duty im Frühjahr 1982 gefördert, weitere finanzielle Hilfen sind an mich durch das Department of German der Ohio State University, the Provost's Office und die Fritz-Thyssen-Stiftung ergangen. Letztere finanzierte meinen Studienaufenthalt in Wien 1982.

D. C. G. L.

Der Dichter des Übergangs

Grillparzer fasziniert Leser und Publikum bis ins 20. Jahrhundert. Sein Werk und seine Persönlichkeit inspirieren Kontroversen und Neuinterpretationen, obwohl es nach dem Rückzug des Dichters von der Öffentlichkeit des Theaters hatte scheinen wollen, seine Rolle als umstrittener Autor sei zu Ende. Dem von Zeit zu Zeit immer wieder einmal totgesagten Autor[1]) wurde Aufmerksamkeit in reichem Maße von Kritikern aller Richtungen entgegengebracht, seit ihn sein ehemaliger Gegner Heinrich Laube, seit 1850 Intendant am Hofburgtheater von Franz Joseph I., als *den* österreichischen Dramatiker wiederentdeckt hatte.

Laube, der durch seine zweijährige Kerkerhaft eine Sinneswandlung von den alten jungdeutschen Ideen erlebt hatte, nahm sich keineswegs uneigennützig der Werke Grillparzers an. Unter anderem waren die Dramen, welche er selbst als erzkonservativ und politisch harmlos einschätzte, ein Mittel, die eigene Karriere zu fördern, zum anderen benutzte er sie, um andere Autoren, so Hebbel, von der Wiener Bühne fernzuhalten. Laubes Publikationen über Grillparzer trugen, ebenso wie die seiner Mitarbeiter und Freunde, dazu bei, ein naives und kauziges Bild des Autors zu entwerfen, dem die geläufige Vorstellung von einem leicht verstaubten, habsburgisch-patriotischen Werk entspricht.[2])

---

1 HANS WEIGEL, „Ein krasser Fall von Liebe". Glückliches Österreich (Salzburg 1978), S. 181, „. . . die tanzenden Grillparzer-Derwische beruhigen sich."

2 „Vor allem war es mir darum zu tun, Grillparzer voll ins Repertoire und voll zu Ehren zu bringen", motivierte LAUBE. Grillparzers Gespräche und die Charakteristiken seiner Persönlichkeit durch die Zeitgenossen, Bd. 12 (Wien 1904 ff.), S. 13. Aus Laubes Stereotypen wurde das Grillparzer-Image geboren: „Es lebt ein wunderbares Gemisch von männlichen und weiblichen Eigenschaften in Grillparzer." S. 89. „Jungfräulich hat er sich stets seine Seele bewahrt." S. 107. „Er ist um und um und durch und durch eine germanische Natur" (S. 91), besitze aber stets „Charakter der Ostmark und das Naturell Österreichs". S. 156. Laube scheut nicht zurück, ihm imperialistische Neigungen zuzuschreiben, einen „Drang nach Ausbreitung des deutschen Wesens". Noch 1848 berichtete Hebbel in seinem Tagebuch über ein Gespräch mit Laube: „Wir hatten als ich ihm meinen Gegenbesuch machte, in seinem Gasthaus ein Gespräch über Grillparzer, den er so weit wegwarf, daß ich mich zu der Frage veranlaßt sah, ob er ihn denn auch gelesen habe . . . Grillparzer war nach seinem Ausdrucke ein toter ‚Cadaver', der nur noch so

11

Grillparzers Texte zogen Qualitätsurteile und kategorische moralische Bewertungen auf sich, umso weniger als ihre Vielschichtigkeit es er-
laubte, sie eindeutig einer oder der anderen Richtung zuzuordnen. Die
vergebliche Suche nach Modellhaftigkeit und einer festlegbaren ideologischen Richtung sowohl im dramatischen Werk wie in Prosa, Lyrik und
den Aufzeichnungen zeugt von der Ambiguität der Werke und einer gewissen Unentschlossenheit des Autors, der die disparaten Einflüsse und
Entwicklungen seiner Zeit und Kultur literarisch verarbeitet, ohne den
Versuch zu unternehmen, die Gegensätze harmonisierend zu beseitigen.
Konflikt – oft ohne Ausweg, ohne mildernden Kompromiß –, Auseinandersetzungen und Veränderung, letztere nicht unbedingt zum Besseren,
dies sind die Elemente, die Grillparzers Schaffen charakterisieren. Utopie
oder nur punktuelle Kritik sind nicht seine Sache.

Form und Sprache der Werke verraten die Übergangsposition. Ge-
schult an den deutschen Klassikern stand Grillparzer zunächst unter dem
Einfluß Schillers – man denke an Thema und Stil von *Blanka von Kastilien*
und *Sappho*.[3]) Hatte Grillparzer als junger Mann die überragende Bedeutung Schillers nicht in Frage gestellt, so distanzierte er sich von ihm schon
zu Beginn seiner literarischen Karriere.[4]) Menschenbild und Ideale der
reifen Schillerdramen fanden sich von Anfang an nicht bei Grillparzer.

Mit wachsendem Selbstverständnis und Einsicht in die eigene soziale,
kulturelle und sprachliche Situation sagte sich Grillparzer von den deutschen Vorbildern los. Die Identifikation mit seiner spezifischen historischen Position bestimmte sein Werk und seine Laufbahn. Grillparzer

---

auf den Wellen mit fortgeschoben werde, und er könne gar nicht glauben, daß ich über
diese ,hohle Nachgeburt der Romantik' anders dächte." Über Laube nach seiner Anstellung in Wien merkte er an: „Ich habe jetzt den Schlüssel zu seiner Natur; der Theater-
Direktor verwendet den Poeten!" (Gespräche und Charakteristiken, Bd. 12, S. 20 f.
CLAUDIO MAGRIS, Der habsburgische Mythos in der österreichischen Literatur (Salzburg 1966), S. 97, hält fest: „Grillparzers Werk verkörpert den habsburgischen Mythos
in seiner ganzen Vollendung und Tragik. Wenngleich auch ein großer Teil, chronologisch gesehen, während der Biedermeierperiode entstanden ist, kann man doch Grillparzers Tragödie, die selbst noch in der Bitterkeit des Gegensatzes stets leidenschaftliche
Bindung an das große habsburgische Thema beweist, geistig nach 1848 ansetzen . . ."
3 HANS WEIGEL, Flucht vor der Größe (Wien 1960), S. 127, nennt Grillparzer eine
„Nachblüte der Klassik", einen „Zweitklassigen". „Wer ihn höher stellt, macht sich
verdächtig." S. 127. Puristisch und normativ, wie er auch in ,Die Leiden der jungen
Wörter' vorgeht, (München 1976) weist er Grillparzer auf Schritt und Tritt Anlehnungen
an die Klassiker, vor allem Schiller, nach.
4 1808 heißt es im ,Tagebuch', Schiller sei „bei weitem nicht das Ideal eines dramatischen
Dichters, für das man ihn hält". Tagebücher I, S. 4. Über Goethe gab er anläßlich seines
Aufenthaltes in Weimar zu, er habe in ,Sappho' „mit Göthes Kalbe gepflügt". Prosa IV,
„Selbstbiographie", S. 198.

vollzog einen bewußten Bruch mit dem Universalitätsanspruch und -stre-
ben der Klassik spätestens mit seinem letzten Griechendrama. Erkennen
und Anerkennen seiner Gebundenheit führten ihn zu der Formulierung
des norddeutsch-österreichischen Gegensatzes und zu einer Form- und
Sprachgebung, die sich von der Norm der deutschen Klassik löst, ohne
sich ganz in das Lokale einzubetten wie die von Raimund oder Nestroy,
eine Zwischenlösung, die Grillparzer oft als Versagen angekreidet wurde.[5])

Klassische Formen und Wendungen werden in Grillparzers reifen
Werken unterwandert, vermischt und kontrastiert mit anderem: volks-
tümlichem Ausdruck, Austriazismen, Bürokratendeutsch, barock wu-
chernden oder knapp anakoluthen Sätzen. Die Klassizistik der Frühzeit
wich dem historischen Drama, der volkstümlichen und gleichzeitig politisch engagierten Komödie, dem Märchenstück, so daß der Tenor der
klassischen Wiener Burgbühne oft zum Mißfallen des Publikums verändert wurde.

Von den Lebensdaten her (1791–1872) ist Grillparzer eine Gestalt
des Übergangs *par excellence*. Sein Erbteil väterlicherseits waren die jose-
phinische Aufklärung und eine antiklerikale Haltung. Glaube an vernünftige Reformen von Oben, Toleranz und sozialen Fortschritt knüpften sich
an die Herrscherpersönlichkeit Josephs II., in dessen Regime Wenzel
Grillparzer Rechtsanwalt gewesen war. Die formativen Jahre Grillparzers fielen in die Zeit der napoleonischen Kriege und der französischen Besatzung, die er als Mitglied eines Studentencorps miterlebte. Das Resultat
war ein schnell überwundener Franzosenhaß, der Hand in Hand ging mit
einer Faszination für die Gestalt Napoleons.[6]) Der Wiener Kongreß und
die darauffolgende Ernüchterung durch den reaktionären Absolutismus
des Metternichsystems begleiteten den Beginn von Grillparzers literari-
scher Laufbahn, welche oft und schwer von der Zensur beeinträchtigt
wurde. Seinen Brotberuf als Rechtsanwalt und Staatsbeamter nahm Grillparzer um dieselbe Zeit auf. Die Konflikte am Arbeitsplatz ebenso wie

---

5 WEIGEL, Flucht, S. 120–121, zitiert „Plagiate", nennt die altertümelnden Anklänge
„komisch", die Wortstellung „krampfig, schülerhaft", die Verkürzungen „unangenehm", S. 121. „Doch selbst im vereinzelten Höhepunkt ist schon der Kern tödlicher
Schwäche nachzuweisen." Grillparzers „Ausdrucksnot" werde nicht zur „Tugend".
(S. 123–124).

6 „Ich kenne keine Nation die mir so verächtlich wäre als gerade diese gepriesenen Franzo-
sen!" (Tagebücher I, S. 22 f., 1809) Dennoch besuchte er regelmäßig die Paraden vor
Schönbrunn, um Napoleon zu studieren. „Dich lieben kann ich nicht, dein hartes Amt /
War eine Geißel Gottes sein hienieden . . ." Fast Brechtisch ist der Schluß dieses Ge-
dichtes auf den Tod Napoleons: „Er war so groß, weil seine Zeit so klein . . ." (Gedichte
I, S. 59–61).

diejenigen mit der Zensurbehörde belegen unmißverständlich, daß Grillparzer kein serviler Beamter und kein Fürstendiener war.[7]

Den Regierungen seiner Zeit verhielt er sich kritisch gegenüber. Er lehnte den Polizeistaat unter Franz II. ebenso ab wie den bigotten Konservatismus der Restaurationsepoche Franz Josephs. Von diesem Gesichtspunkt her gehört Grillparzer zu den kritischen Autoren des Wiener Vormärz, die mit dem Scheitern der Revolution von 1848 und der Schließung des Kremsier Reichstages ihre Hoffnungen schwinden sahen. Zeitweise hatte er auch an den Abendgesellschaften des Baron Doblhoff teilgenommen, deren Besucher sich als das österreichische Vorparlament aufgefaßt hatten.[8]

---

7 Spätestens das schockierende Erlebnis als Hofmeister beim Grafen von Seilern, dessen Familie den kranken Grillparzer auf ihrem Landgut seinem Schicksal überlassen wollte, inspirierte bei dem Autor Klassenbewußtsein. Grillparzers Lob auf Radetzky ist kein Argument für das Gegenteil. Anastasius Grün, von Gilm u. v. a. dem alten Regime durchaus feindselig Gesinnte verhielten sich ebenso. (MAGRIS, S. 57) „Nach dem Jahr 1848 werden viele Liberale aus der Zeit des Vormärz zu ausgesöhnten Dichtern der Ordnung und des Kaiserstaates." Letzteres traf nie auf Grillparzer zu.

8 Feuchtersleben, Schmerling, Frankl, Bauernfeld und zeitweilig auch Stifter gehörten zu den Gästen. Grillparzer verhielt sich nicht konformistisch, er „beleuchtete die Lage Österreichs in einer Weise, daß die Versammlung erschrocken aufschaute . . . Er wies das völlig verkommene Gebaren auf national-ökonomischen Gebieten, auf dem der Finanzverwaltung, des Heerwesens nach. Es sprach nicht der Dichter, vielmehr ein von gründlichem Wissen durchdrungener Staatsmann." (FRANKL, Gespräche und Charakteristiken, Bd. 3, S. 388) „Grillparzer, Bauernfeld, ja selbst Stifter waren nach dem damaligen politischen Sprachgebrauch in Österreich ‚Altliberale‘, die die Märztage 1848 jubelnd begrüßt hatten", behauptet WILHELM BIETAK, „Probleme der Biedermeierdichtung." Neue Beiträge zum Grillparzer- und Stifter-Bild, ed. Institut für Österreichkunde (Wien, Graz 1965), S. 8, sicherlich etwas zu optimistisch im Ton. Zweifellos wünschte Grillparzer Reformen, sogar Revolution. Er erkannte aber auch, daß „nicht Ausgebeutete und Arme" in Wien Revolution machten, sondern die Gebildeten, die vor allem durch ihre Eitelkeit hervorragten. WALTHER LASKE, Staat und Recht im literarischen Schaffen Franz Grillparzers (Wien: diss. masch., 1961), S. 58. Nach seiner Berufung ins Herrenhaus, als Reichsrat, 1861, stimmte Grillparzer liberal. Bezeichnend ist auch sein Verhalten nach der Veröffentlichung des Gedichtes „Feldmarschall Radetzky." Gedichte I, S. 230—231, in der ‚Constitutionellen Donauzeitung,‘ bald in Pamphletform verteilt und noch heute eingraviert auf dem Radetzkydenkmal am Stubenring. Das Gedicht, das Radetzky als Vaterlandsretter feierte und Grillparzer in weiten Kreisen des liberalen Bürgertums und Anhängern des alten Regimes Beifall einbrachte, trug ihm den Leopold-Orden ein, eine hohe Auszeichnung, die unter Dichtern nur Goethe und Collin zuteilgeworden war. „Es ist bemerkenswert, daß er diesen Orden nie trug, ja nicht einmal ein Bändchen desselben wurde jemals in seinem Knopfloch gesehen, und es war beinahe ein Verstoß gegen die Sitte zu nennen, daß er bei der Audienz, welche er nahm, um sich für den Orden zu bedanken, ohne denselben erschien." (Gespräche und Charakteristiken, Bd. 12, S. 17) hält Friedrich KAISER fest. Grillparzer billigte die Politik der neuetablierten Reaktionsregierung nicht, am wenigsten die Militäraktionen in Ungarn.

Trotz wiederholter Aufforderungen unternahm Grillparzer keinen Versuch, seine Spätdramen in den Jahren nach 1849 zu veröffentlichen. Dieser passive Widerstand belegt besser als Traktate seine Meinung über die Zustände der Zeit. Laubes Ideologie und die Art seiner Inszenierungen mögen bei diesem Entschluß eine Rolle gespielt haben.[9] Im Werk und den Notizen Grillparzers finden sich Fürsten- und Autoritätenkritik vor und nach 1848. Einstellungen zeichnen sich ab, die, wie die in der 1848 erschienenen Erzählung *Der arme Spielmann*, antipatriarchalisch genannt werden müssen. Ein anti-klerikaler Agnostizismus durchzieht das Gesamtwerk. Dieser ist auch charakteristisch für Grillparzers Rolle im Herrenhaus, als dessen Mitglied er 1868, schon betagt und kränklich, an der Seite von Anastasius Grün für die Aufhebung der Konkordatsbeschlüsse stimmte.

Grillparzer stand den Revolutionären von 1848 gespalten gegenüber. Er lehnte nicht weniger als sie die Tyrannei der Zensurbehörde ab. Dagegen hütete er sich, von dem Vorhandensein einer Verfassung gleich auf einen Idealstaat zu schließen und stimmte den Bemühungen des Kremsier Reichstages – einem bürgerliche und patriarchalische Interessen vertretenden Organ – nicht ohne Vorbehalt zu. Bei der Revolution habe es sich um keine Volksbewegung gehandelt und die Belange des Volkes als Ganzem seien nicht zur Sprache gekommen. Grillparzer sah sich „zur Passivität verdammt, da meine Überzeugungen in allem das Gegenteil der allgemeinen Begeisterung waren, so fehlte mir jeder Anhaltspunkt zur Verständigung", heißt es in „Meine Erinnerungen aus dem Revolutionsjahre 1848", (*Prosa* IV, S. 54–55)[10]

---

9 Seit dem Durchfall von ‚Weh dem, der lügt' führte Grillparzer ein relativ zurückgezogenes Leben. Wann er an dem nachgelassenen Werk arbeitete, steht nicht fest. LASKE spekuliert: „Um Zusammenstöße mit der Zensur zu vermeiden, widersetzte er sich vielmehr einer Gesamtausgabe seiner Werke. 1850 wurde ‚Medea' am Burgtheater mit gutem Erfolg aufgeführt. Heinrich Laube, der als einer der aktiveren Burschenschaftsführer und Exponenten des Jungen Deutschland, seit 1833 Herausgeber der ‚Zeitung für die elegante Welt', 1834 in Berlin verhaftet, hatte nach zweieinhalb Jahren Festungshaft auf den Besitzungen des Fürsten Pückler-Muskau seinen Kurs gemäßigt. 1849 wurde er mit der künstlerischen Leitung des Hofburgtheaters in Wien vertraut, 1851 bis 1857 war er Intendant. Grillparzer hielt menschlich und künstlerisch wenig von ihm, und auch Laube hatte zu den bissigsten Grillparzer-Kritikern gehört. Als Dramaturg des Hofburgtheaters bemühte er sich um Grillparzer, der sich konsequent weigerte, zu den Aufführungen seiner Dramen zu erscheinen. Laube sah sicherlich in Grillparzers Werk, welches er für konservativ einschätzte, ein Mittel, seine Wiener Position zu festigen und erzielte durch seine à la Laube umstilisierten Werke großen Erfolg. Von der eigenen Interpretation der Persönlichkeit Grillparzers ausgehend, kommt Laube zu dem Schluß, Grillparzer sei „unpolitisch". (Gespräche und Charakteristiken, Bd. 1, S. 108).

10 Obwohl Grillparzer unter dem engstirnigen Vormärzregime gelitten hatte, eingeschränkt und angegriffen worden war, war er weit davon entfernt, sich denen anzuschließen, die mit teutonischen Parolen ein neues Deutschland verkündeten. Er differen-

An der Revolution, als deren Triebkräfte er die „niederösterreichischen Stände (siehe Baron Doblhoffs Abendgesellschaften), den juridisch-politischen Leseverein und sämtliche schlechte Schriftsteller", (*Prosa* IV, S. 51) nannte, störte ihn der „entfesselte Nationalismus", den er als „äußerst nachteilig für die Menschheit" ansah.[11])

> Der Weg der neueren Bildung geht
> Von Humanität
> Durch Nationalität
> Zur Bestialität.
>
> (*Gedichte* III, S. 252)

Dieser 1849 geprägte Vierzeiler umreißt, ebenso wie die einführenden Worte zu *Der arme Spielmann*, Grillparzers Einstellung zu nationalen Idealen: „Aber da von Deutsch-Einheit, deutscher Flotte und deutscher Weltmacht nichts darin vorkommt und der darin vorkommende Landsmann von jener Tatkraft gar nichts hat, die der Nation auf einmal über Nacht angeflogen ist, so erwarte ich nur sehr geringen Beifall." (*Briefe und Dokumente* III, S. 25–26)[12]) Grillparzers Ekel vor der Deutschtümelei ließ ihn auch die junge Germanistik abwerten als ein pseudo-wissenschaftliches Vehikel für patriotischen Fanatismus. Dadurch unterschied er sich sowohl von den Romantikern wie den Jungdeutschen und den Wiener revolutionären Kreisen, die ihre Vorbilder im deutschen Vormärz gefunden hatten.[13]) Oft stammten die liberalen Österreicher aus Adel, Klein-

---

zierte deutlich zwischen deutschen und österreichischen Interessen und Bedingungen. (LASKE, S. 56) Dieses Faktum übersah auch HEBBEL, als er feststellte: „Warum standen die Herren Grillparzer, Bauernfeld usw. im Winkel und legten die Hände in den Schoß . . .", während sie doch Teil der „deutschen Nationalgarde" gewesen seien. (Gespräche und Charakteristiken, Bd. 12, S. 36). „Die durch Robot und Zehnten, durch Abgaben und Finanzzustände am meisten getroffenen Klassen trugen ihr Schicksal in Geduld, aber die Gebildeten konnten nicht mehr ertragen als die Boötier von Europa angesehen zu werden." (Prosa IV, S. 42) „In puncto Pressefreiheit" sei Grillparzer „weit davon entfernt, die Presse als Gottesstimme aufzufassen". Er habe zu illusionslos über den „Handel mit dem verkäuflichen Wort" gedacht. Im übrigen sei Grillparzer der „schärfste und unerbittlichste Kritiker" unter den Dichtern des deutschen und österreichischen Vormärz gewesen. OTTO ROMMEL, ed. Der österreichische Vormärz (Leipzig 1931), S. 8, S. 10–11.

11 PETER KURANDA, „Grillparzer und die Politik des Vormärzes." Jahrbuch der Grillparzer-Gesellschaft, 29 (1926), S. 3. WILHELM BÜCHER, Grillparzers Verhältnis zur Politik seiner Zeit (Marburg 1913), S. 3.

12 Heine sieht in Grillparzer einen Gesinnungsgenossen: „Ich rechne Sie zu dieser Zahl [meiner Freunde]; denn ich hege die beste Meinung von Ihnen. Ich habe Sie von jeher sehr gut verstehen und darum verehren können." Briefe und Dokumente II, S. 92, 1833.

13 MAGRIS, S. 55–56. Brenner beobachtet über die Haltung der Liberalen zu außerbürgerlichen Anliegen: „Die Haltung des Liberalismus zur Arbeiterfrage bestand im Bagatelli-

adel oder begüterten bürgerlichen Häusern. Ihre Forderungen nach Privilegien überstiegen selten die eigenen Interessen. Grillparzers Spott galt besonders den „liberalen Kavalieren", die den eigenen Status aufwerten, ihre Bauern aber weiterhin in Knechtschaft halten wollten.[14])

Grillparzers Loyalität galt dem Staat, in dem er lebte, wenn er auch dessen Regierungen ablehnte. Trotz der ihm von seiten der Behörden bereiteten Unannehmlichkeiten publizierte er nicht im Ausland und ließ flüchtige Gedanken an Auswanderung schnell fallen. Trotzdem ist er durchaus ernstzunehmen, wenn er klagt, die Repressalien des Metternichsystems hätten seine Jugend zerstört und sein Talent vernichtet.[15]) „Gott! Gott! ward es denn Jedem so schwer gemacht, das zu seyn, was er könnte und sein sollte", (*Tagebuch* II, S. 269) kommentierte Grillparzer 1828, als der Kaiser das Drama *Ein treuer Diener seines Herrn* aus Sicherheitsgründen kaufen wollte.

Sozial, politisch und kulturell ordnet er sich – und das ist nur realistisch – folgendermaßen ein:

> Hast du vom Kahlenberg das Land dir rings besehn
> So wirst du, was ich schrieb und wer ich bin, verstehn.
> (Gedichte III, S. 153)

Österreich bedeutete Grillparzer nicht Deutsch-Österreich, sondern der Vielvölkerstaat, mit dessen verschiedenen Komponenten er sich in seinem Werk beschäftigte. Koexistenz und Integration sind zentrale Themen in *König Ottokars Glück und Ende, Ein treuer Diener seines Herrn, Ein Bruderzwist in Habsburg* usw. Während Ungarn, Böhmen und Oberitalien durchaus Teil seines „Vaterlandes" sind, ist Preußen Ausland.

„Eine verhängnisvolle Notwendigkeit zwang die deutsch-österreichischen Liberalen, sich den Forderungen der übrigen Völker der Monarchie zu widersetzen, hätten diese doch durch ein liberales parlamentarisches System ein erdrückendes zahlenmäßig und politisches Übergewicht

---

sieren soweit als angängig. Erst leugnete man die Massenarmut, dann erklärte man sie als Übergangsperiode, schließlich riet man: Mehr arbeiten und sparen." WILFRIED BRENNER, Die Arbeiterfrage im Vormärz (Wien: diss. 1955), S. 8. So erklärt sich die Distanz Grillparzers gegenüber dem Kremsier Reichstag: „Denn eurer Klugheit wollen wir vertrauen, – mit eurer Weisheit mögt ihr uns verschonen." (Gedichte I, S. 234–237).

14 „Ritter von Osten." „Der liberale Kavalier." „Liberalismus." (Gedichte III, S. 55, S. 80–81, S. 116 von 1833, 1837 und 1840), „Der radikale Dichter." Gedichte I, S. 174, 1836. Anastasius Grün ist eigentlich Anton Alexander Graf Auersperg, Nikolaus Lenau Nikolaus Niembsch, Edler von Strehlenau, die Namen von Bauernfeld und von Gilm sprechen für sich.

15 „Wer mir Vernachlässigung meines Talentes zum Vorwurf macht, der sollte vorher bedenken, wie in dem ewigen Kampfe mit Dummheit und Schlechtigkeit endlich der Geist ermattet." (Tagebücher II, S. 204).

erlangt. Daraus erklärt sich auch das doppelbödige, zweifrontige Handeln, das die deutsch-österreichischen Liberalen damals oft reaktionärer erscheinen ließ als die alten Aristokraten. Indessen knirschte das alte Kaiserreich unter all diesen zentrifugalen Unruhen der ihm zugehörigen Völker, die durch das Treueverhältnis zur Dynastie gebunden waren, aber heftig nach Autonomie verlangten, wie die Böhmen und noch mehr die Ungarn. Andere lehnten sich gegen die Oberhand der vorherrschenden Rassen auf . . ." (Magris, S. 91—92)

Auch hierin unterschied sich Grillparzer von vielen Liberalen seiner Umgebung: Er wurde nicht müde, in seinen Dichtungen das ethnische Vorurteil anzuprangern, das er vor allem bei den Herrschenden deutscher Herkunft ansiedelt – Otto von Meran, Gertrude, Don Cäsar, Matthias, ja, selbst Rudolf gegenüber Ottokar. In *Die Jüdin von Toledo* greift er die Unterprivilegierung der Juden an. Frankl unterstreicht, daß die „den Juden Feindseligen" ihn „nicht zu den Ihren zählen dürften".[16] Ebensowenig wie den Antisemitismus, der unter deutschen und donauländischen Liberalen jeder Herkunft kursierte, teilte Grillparzer die Misogynie, die sich in jungdeutschen Kreisen in den pseudo-St.-Simonistischen Ruf nach der Emanzipation des Fleisches zu kleiden pflegte. Bereits französische Feministinnen des 19. Jahrhunderts entlarvten das Konzept als irreführend.[17] Die Ereignisse im Wiener Volksgarten und die Gründung des österreichischen Frauenclubs belegen das Ressentiment, das selbst die Mehrheit der angeblich Progressiven emanzipatorischen Bemühungen anderen als der eigenen Gruppe entgegenbrachten.[18] Dagegen zeigen

---

16 Ludwig August Frankl, Zur Biographie Franz Grillparzers (Wien, Pest, Leipzig 1883), S. 10.

17 Daß Frauenemanzipation und die Revolutionen des 18. und 19. Jahrhunderts zwei verschiedene Dinge waren, erfuhren schon die Feministinnen um Olympe de Gouges, der Autorin von Déclaration des Droits de la Femme et de la Citoyenne, die von den Revolutionären hingerichtet wurden. „Mit der Familie zunächst hat sich St. Simon gar nicht beschäftigt, mit der Erziehung ebenfalls nicht, mit den Frauen nur an einer einzigen Stelle." Lorenz von Stein, Die industrielle Gesellschaft. Der Sozialismus und Communismus Frankreichs von 1830—1848 (Leipzig 1855), S. 177. Die von Frauen für Frauen publizierte Zeitschrift La Tribune des Femmes (auch La Femme Libre, La Femme de l'Avenir, La Femme Nouvelle, u. a.) um 1832 in Paris erschienen, setzte sich mit den pseudo-St. Simonistischen Ideen des Enfantin auseinander.

18 Auf Betreiben österreichischer Feministinnen wurde im August 1848 ein nicht-konfessioneller, nicht-karitativer Frauenverein nach dem Muster der französischen Frauenclubs gegründet, dessen Ziele bessere Berufsausbildungen für Frauen und Aufbesserung des Status der Frau waren. Elisabeth Guschlbauer, Der Beginn der politischen Emanzipation der Frau in Österreich (Salzburg: diss. masch., 1974), S. 22. Die Aktivitäten der Frauen wurden von männlicher Seite her schwer boykottiert. Die etwa 300 Frauen, die sich beim ersten Treffen einfanden, mußten sich durch Horden lärmender Männer kämpfen. Die Störaktionen führten zum vorzeitigen Abbrechen des Treffens im Volksgarten. „Der Wiener Frauen Klub." Wiener Postillion, 30. 8. 1848, S. 202.

nicht nur Grillparzers Texte, sondern auch eine Liste der ihm befreundeten emanzipierten Frauen, die Aufgeschlossenheit des Dichters für Forderungen nach neuen Geschlechterrollen. Seien es die Autorinnen Caroline Pichler, Betty Paoli, Auguste von Littrow-Bischoff, Marie von Ebner-Eschenbach oder selbst die Schwestern Fröhlich und besonders darunter Barbara Bogner, die Mutter seines Mündels Wilhelm – die Frauen um Grillparzer entsprachen nicht den weiblichen Stereotypen der Zeit.[19]

„Wir brauchen nur einen Blick auf die Bestrebungen der kommunistischen Partei zu werfen, um zu erkennen, daß Grillparzer aus ihrem Gedankenquell geschöpft hat", beobachtete Sauer bereits in der Einleitung zu den *Werken*.[20] Diese vielübersehene Aussage bestätigt sich sowohl im Aufbau wie Gehalt von *Libussa,* wie durch die scheinbaren Ungereimtheiten in Grillparzers politischer Position. Grillparzers Rechtsvorstellungen schlossen die Emanzipation derer mit ein, die traditionellerweise unter das Volk gerechnet und übergangen wurden. Wenig Sympathie zeigte er gegenüber dem allgemeine Gültigkeit beanspruchenden bürgerlichen Ethos und genügt selbst als Privatmann den bürgerlichen Normen nicht.[21] Monarch und Monarchie, wie sie in seinem Werk dargestellt werden, sind existenzielle Unmöglichkeiten. Herrschaft tut weder dem Herrscher noch den Beherrschten gut. Die radikale Autoritäten- und Adelskritik, die Sei-

---

19 Es ist kein Zufall, daß Wiener Frauen für Grillparzers 80. Geburtstag 20.000 Gulden für eine Grillparzer-Stiftung gesammelt hatten. Grillparzer scherzte: „Die Ähnlichkeit, die ich mit Christus habe: Die Weiber kommen zu meinem Grabe." (Gedichte I, S. 252) „Was meinen Sie, wäre mein Beruf gewesen? Ich glaube alle Eigenschaften dazu besessen zu haben, Beobachtung kleiner Details, Ruhe, Entschlossenheit, um ein guter Arzt zu werden. Ich glaube, meinen Beruf verfehlt zu haben, und habe es nur zu einer Krankenwärterin gebracht", erklärte Katharina Fröhlich Frankl gegenüber in einem Diskurs über weibliche Berufsausbildung. (S. 69)

20 AUGUST SAUER, „Einleitung zu den Werken." Sämtliche Werke Bd. 1, S. 153. Sauer betont das Internationale an Grillparzers Perspektive. Der Dichter „verkannte das Gute und Erhabene in dem großen Freiheitsringen der Völker". S. 88.

21 Er kritisiert den bourgeoisen Ton im Hause Mendelssohn in Berlin, Tagebücher II, S. 241, wie er auch an sich das eigene Philisterleben tadelt. Die Scheu, seine Individualität durchzusetzen, führt er auf die Strenge des Vaters zurück. (S. 206–207) Wegwerfend meint er an anderer Stelle: „In manchen Ländern Europas faselt man noch von der Möglichkeit einer patriarchalischen Regierung . . ." (Tagebücher III, S. 256) Grillparzers eigenes Privatleben war durchaus nicht bürgerlich. Der Dichter blieb unverheiratet und kinderlos, hatte in der Jugend zahlreiche Liebesbeziehungen, zu verschiedenen verheirateten Frauen und Frauen seines Verwandten- und Freundeskreises. Das Verhältnis zu Katharina Fröhlich, das sich zunächst so bieder-bürgerlich anließ mit der Berufsaufgabe Kathis und einem Verlöbnis, verwandelte sich in eine platonische Beziehung und zuletzt in fortgeschrittenen Jahren in eine ménage à quatre mit drei der vier Fröhlichschwestern und deren Haushälterin Kirsch. Anlaß zu Spekulationen gab auch das Verhältnis des Dichters zu seinem Mündel Wilhelm Bogner. „Er erteilte ihm Unterricht und widmete ihm eine fast väterliche, sogar mißdeutete Zärtlichkeit." (FRANKL, S. 11)

tenhiebe auf das aufstrebende Bürgertum, das keineswegs Lösungen zu dem angesprochenen sozialen und politischen Dilemma hat, der Widerwille gegen national-patriotische Überzeugungen, der säkularisierte Antiklerikalismus, die Hinwendung zu den Ideen der Frauenemanzipation,[22] die übernationalen Tendenzen seines Werkes, dessen Perspektive an Nietzsches „guten Europäer"[23] denken läßt und doch noch darüber hinausgeht, denn Grillparzers Kulturkritik trifft Hauptmerkmale der gesamten christlichen Zivilisation, das theoretische dialektische Schema für Prozesse historischer Veränderung – so in *Das goldene Vlies, Libussa, Bruderzwist* u. a. – all diese Elemente zusammengenommen, führen in die Nähe des 1848 veröffentlichten Marx-Engelschen *Kommunistischen Manifestes,* ein Dokument von radikal anderer Ausrichtung als die Bemühungen der bürgerlichen Liberalen. Grillparzers Vorstellungen von der Entwicklung der Frühgeschichte, seine Modelle von Matriarchat und Patriachat sind dichterische Pendants nicht zu Bachofen,[24] der seine Ausführungen als Bestätigung des *status quo* verstand, sondern zu Engels,[25] dem es, wie Grillparzer, um die Veränderbarkeit des Bestehenden zu tun war.

Mit den Begriffen „liberal", „progressiv", „konservativ" und „reaktionär" verbinden sich emotionale Reaktionen. „Konservative Gesinnungen werden selten gerühmt", stellt Hermand fest.[26] Überhaupt taugen diese Termini nur dann, wenn sie mit Spezifika in Relation gesetzt werden, etwa mit der Frauenfrage, dem Arbeiterproblem, dem Rassismus,[27] dem Antisemitismus.[28] Waren die bürgerlichen Liberalen „progressiv"

---

22 Im 19. Jahrhundert unterstützten nur die Sozialdemokraten aktiv die Emanzipationsbestrebungen der Frau, ausgehend von der Engelschen Literatur. Von hervorragender Bedeutung war AUGUST BEBELS Die Frau und der Sozialismus (Stuttgart 1891).

23 FRIEDRICH NIETZSCHE, Sämtliche Werke (Stuttgart 1965), Bd. 2, S. 587, Bd. 3, S. 304, Bd. 5, S. 293, 295, u. a.

24 JOHANN JAKOB BACHOFEN, Das Mutterrecht (Stuttgart 1861).

25 Z. B. in seinem Essay „Vom Ursprung der Familie, des Privateigentums und des Staates".

26 JOST HERMAND, Die literarische Formenwelt des Biedermeiers (Gießen 1958), S. 6.

27 JOSEPH ARTHUR COMTE DE GOBINEAU, Essai sur l'inégalité des races humaines (Paris 1853–1855) versuchte, systematisch die rassischen Unterschiede der Menschheit zu erfassen und daraus Diskrimination zu rechtfertigen.

28 Metternich und Gentz hatten sich für die Rechte der Juden in Frankfurt eingesetzt, nicht zuletzt, weil das Haus Rothschild Geldgeber für Österreich war. Ausgehend von den antisemitischen Ausbrüchen in Preußen gegen die Juden 1807 nach der Niederlage gegen Napoleon erreichte der antisemitische Zorn, besonders auf seiten des Adels seine ersten Höhepunkte. Auch die Liberalen und radikalen Intellektuellen „inspired and led a new movement immediately after the Congress of Vienna . . . a veritable flood of anti-Jewish pamphlets". HANNAH ARENDT, The Origins of Totalitarianism (New York 1951), S. 33–34. Erst 1849 wurden den österreichischen Juden Freizügigkeit und 1867 vollständige Gleichberechtigung gewährt. In Böhmen gab es 1844 und 1848 schwere antise-

und „liberal" in bezug auf die Zensurfrage, die Forderung nach einer Konstitution, so waren sie oft reaktionär oder konservativ, was die letztgenannten Aspekte anging. Gab sich Grillparzer *in puncto* Verfassung und Zensur[29]) nicht ohne Grund detachiert, so zeichnet er sich in den letztgenannten Problemkreisen durch eine in seinem historischen Kontext unkonventionelle, ja revolutionäre Einstellung aus, die ihn in die Nähe von Autoren wie Büchner, Heine, Engels, Marx oder später Bebel rückt. In anderen Bereichen wiederum wirkt er auf beinahe unverständliche Weise konservativ oder unentschlossen. So ist es z. B. nicht leicht, den exakten Stellenwert seiner manchmal parodistisch anmutenden „dynastischen" Gedichte auszuloten.[30])

Dem, was gemeinhin Fortschritt genannt wurde: der industriellen und technologischen Entwicklung, der Erschließung und Kolonialisierung der Dritten Welt, der Verbreitung der westlichen Errungenschaften, stand Grillparzer skeptisch nicht ohne Weitsicht gegenüber. Interessierte er sich einerseits unverhohlen für moderne Fabrikanlagen,[31]) so drücken ernstzunehmende Passagen seiner späteren Dichtungen, etwa in *Libussa*, ökologische Bedenken gegenüber der Verwendbarmachung von Materialien, Rohstoffen, menschlichem Potential und Kräften der Natur aus. Den Imperialismus und Kolonien in Übersee lehnte er ab, wie Aufzeichnungen und Werke wie *Das goldene Vlies* oder *Die Jüdin von Toledo* belegen.

---

mitische Unruhen. Während der Wirtschaftskrise von 1866 wurden in Böhmen Juden ermordet unter dem Motto: „Es ist ein Judenkrieg und die Juden müssen alle erschlagen werden." HEIKO HAUMANN, „Das jüdische Prag." Die Juden als Minderheit in der Geschichte, ed. Bernd Martin, Ernst Schulin (München 1981), S. 213. Die Jungtschechen, Palacky und Neruda, verschafften sich Sympathie mit antijüdischen Parolen, ebenso die deutschtümelnden Nationalliberalen.

29 So hielt er die Zensurfrage nicht für gewichtig genug, eine Revolution zu rechtfertigen. Die schnell eingesetzte Konstitution schaffe ihrerseits auch keine konstitutionellen Zustände, denn dem Kaiser blieb das Vetorecht vorbehalten. Das Wahlrecht war ein Zensus-Wahlrecht. Aber auch die Verhandlungen des Kremsier Reichstages schlossen weite Bevölkerungsteile von der politischen Beteiligung aus, wenn auch nach anderen als den alten Kriterien. „Allgemein" sind die „liberalen" Verfassungen des 19. Jahrhunderts, die kategorisch nach Geschlecht diskriminieren, während die alten Klassenwahlen Abstimmungsrecht nur vom Vermögensstand abhängig machten, nicht. Am 4. 4. 1849 wurde unter der Leitung des Fürsten Schwarzenberg Österreich eine Verfassung von oben oktroyiert.

30 Grillparzers Gedichte auf Persönlichkeiten des Hofes haben sich keines guten Erfolges bei den Adressaten erfreut. Die leichte Parodierbarkeit von „Auf die Genesung des Kronprinzen" (Gedichte I, S. 119–120) wurde sogleich aufgegriffen und der originale Wortlaut „gut" sogleich in sein Pendant „dumm" verwandelt.

31 Auf seinen Reisen war London die Stadt, die ihn wirklich beeindruckte. Er besichtigte alle modernen Einrichtungen der Metropole, den Tunnel, Werkstätten, das Riesenwerk „von Gaslampen taghell beleuchtet" (Tagebücher IV, S. 95) und besichtigte Dampfmaschinen. Auch in Belgien besichtigte er Fabriken.

In einer Ära, in der Kriegsheldentum und Eroberergeist in hohem Ansehen standen,[32]) war Grillparzer mit seinen unverkennbar pazifistischen Tendenzen eine Ausnahmegestalt. Er verfolgte die zunehmende Dominanz der „preußischen" Werte im deutschen Raum zunächst nicht ohne Faszination, wenngleich auch befremdet. Später lehnte er das asketische Arbeitsethos, den Utilitarismus sowie die militärische Disziplin ganz ab. Der alte Dichter beurteilte 1870/71 als Katastrophe.

---

32 Aus seinen Erfahrungen in den Befreiungskriegen leitete KARL VON CLAUSEWITZ, Vom Kriege, seine rationalisierte Philosophie und Gebrauchsanweisung für den modernen Krieg ab. (ed. Friedrich von Cochenhausen, Leipzig 1944).

Geschlecht und Gesellschaft

Nicht erst der alte Grillparzer verstand sich als Dichter „der letzten Dinge". Seit dem Beginn seiner Karriere verwies er zur Verwirrung mancher Kritiker die Vorstellung des „allgemein Menschlichen" in das Reich der Fiktion. Vor allem stellte er die mit dem Aufstieg der bürgerlichen Klasse immer fester etablierte Unterscheidung zwischen dem privaten und öffentlichen Bereich immer wieder in Frage.[1] Damit befindet er sich auf einer Linie, die von Kleist über Marx/Engels und Bebel hinreicht in das 20. Jahrhundert und den zeitgenössischen Feminismus, der die nicht absichtslos verschleierte soziopolitische Relevanz des sogenannten privaten Sektors aufdeckt und nachweist, daß die Definition des Öffentlichen und Politischen willkürlich und zweckgerichtet ist, so beschaffen, daß sie die Interessen der Privilegierten schützt und den *status quo* sichert.[2]

Heinrich von Kleist stellte in seinem Amazonendrama dar, daß Familienstruktur, geschlechtsspezifische Machtansprüche, Sexualverhalten und -moral Konventionen sind. *Penthesilea* entlarvt die für pure Natur erklärten Rousseauschen Geschlechtercharaktere als willkürliche Konditionierung. Damit porträtiert Kleist die Veränderbarkeit nicht nur von Geschlechterrollen, sondern von ganzen Herrschaftssystemen. Die matriarchalischen Amazonen und die patriarchalischen Griechen sind historische Eigentümlichkeiten, die einen nicht natürlicher als die anderen. War Schillers Jungfrau als Kriegerin noch eine Abnormität, eine Ausnahmegestalt tragischer Größe, so sind Kleists Amazonen bis auf die aus ihren gesellschaftlichen Normen ausbrechende Penthesilea durchschnittliche Frauen, die zufälligerweise in einem matriarchalischen System leben.[3] Das „Revolutionäre" ihrer Führerin liegt darin, daß sie sich einem zu Kleists Zeit als normal betrachteten weiblichen Verhalten nähern will.

---

1 Siehe „Such nicht nach Gründen." Gedichte III, S. 314, 1861.
2 Z. B. SIMONE DE BEAUVOIR, Das andere Geschlecht (Hamburg 1961), ist eine der frühen zeitgenössischen Feministinnen, die sich mit den Herrschaftsstrukturen und Termini der Patriarchie auseinandersetzen.
3 Dazu RUTH K. ANGRESS, „Kleist's Nation of Amazons." Beyond the Eternal Feminine, ed. Susan Cocalis, Kay Goodmann. (Stuttgart 1982), S. 99–134.

Selbstverständlich war Grillparzer mit der Amazonentradition vertraut. Im Laufe seiner Karriere beschäftigte er sich dazu intensiv mit der böhmischen Überlieferung sowie Veröffentlichungen über fremde Kulturen und deren soziale Regelungen.[4] Die Veränderbarkeit des Bestehenden war ihm neben dem rein sachlichen Interesse ein Anliegen. Die Zensurverhältnisse lassen unmittelbar einleuchtend erscheinen, weshalb Grillparzer seine dramatischen Charaktere so oft in historischem oder griechisch-klassischem Gewande auftreten ließ.[5]

---

4 1822 finden sich extensive Anmerkungen über die böhmische Libussa (Tagebücher II, S. 7 ff., 20 f.), dann 1834 (Tagebücher III, S. 162) S. 118 ff. finden sich aus dem Jahre 1833 Notizen über DOUVILLES Voyage au Congo et dans l'intérieur de l'Afrique equinoxiale Tagebücher IV, S. 313 (1840) macht sich Grillparzer Gedanken über die ‚Bacchen‘ des Euripides. „Merkwürdig ist, welche große Rolle in der alten böhmischen Geschichte die Weiber spielten. Ziemlich allgemein gilt jede ausgezeichnetere für eine Seherin", hält Grillparzer fest. Tagebücher II, S. 8.

5 Die Zensur, 1848 einer der Hauptstreitpunkte, hatte wirklich die Macht, Bildung und Veröffentlichungen entscheidend zu beeinflussen. Unter Joseph II. so gehandhabt, daß sie abergläubische Irreführung und Bigotterie entkräftete, wurde sie nach 1801 Instrument der Reaktion und des Metternich-Polizeistaates. „Es genüge nicht, bloß auf die Handlungen der Menschen ununterbrochen wachsam zu sein, sondern es sei auch notwendig, auf deren Denkungsart Einfluß zu nehmen, da getrachtet werden müsse, die Gemüter so zu stimmen, wie es nach den Zeitumständen das Staatsinteresse erfordere." (KARL GLOSSY, „Zur Geschichte der Theater Wiens." Jahrbuch der Grillparzer-Gesellschaft, 25 (1915), Schillers ‚Jungfrau‘ wurde zensuriert, ‚Wallenstein‘ beschnitten und verändert, ‚Fiesco‘ gereinigt, ‚Nathan der Weise‘ verboten. Die bedeutendsten Zensurpunkte waren Anstößigkeit wider die Religion und den Staat. Angehörige des Klerus oder Nonnen durften überhaupt nicht auf dem Theater dargestellt werden. Kirchen und Kircheninneres waren tabu. Bei Politikern und politische Ämtern war Vorsicht zu üben. „Nie muß der Tadel auf ganze Nationen, auf ganze Stände, besonders auf die vornehmeren und den obrigkeitlichen Stand überhaupt fallen . . ." (GLOSSY, S. 313) Nur persönliche Laster und individuelle Verfehlungen durften zur Sprache kommen. Bezüglich der Sexualität waren dem Dichter und Regisseur enge Grenzen gesetzt in dem Paragraphen „Gebrechen des Stoffes in Absicht auf die Sitten". „Personen männlichen Geschlechtes können der Tugend Schlingen legen, Versuche und sträfliche Anträge machen, allein ein Frauenzimmer kann nie, und wäre es auch nur zum Scheine, einwilligen." (S. 317 ff.) Dramatiker waren also gezwungen, einer ans Lächerliche grenzenden Prüderie zu huldigen oder zu versuchen, auf Schleichwegen mittels der Symbolik und Andeutung, wie es Grillparzer oft tut, Bezüge herzustellen. Auch war dem Dramatiker angeraten, sich einer doppelten Moral zu bedienen, wie sie bei Hofe vom Kaiser selbst und seinen Ministern gepflegt wurde. Sprachlich herrschten ebenfalls Beschränkungen, wie dargelegt in „Reinlichkeit des Dialogs in Absicht auf die Religion, Staat, Sitten, etc.". Sturm- und Drang-Sprache war ausgeschlossen. Die Sprache hatte sich an der Norm der gehobeneren Mittelklassen zu orientieren. Zeitanspielungen und Aktualität waren zu vermeiden. „Wie die beschaffen sind, ist jedermann bekannt." (S. 328) Jedes Motiv, das die Festigkeit der patriarchalischen Hierarchie in Frage stellte, war bedenklich: uneheliche Geburten und natürliche Kinder, kindliche Rebellion, Auflehnung der jüngeren Generation gegen die ältere. Wörter wie „Freiheit", „Adel", „Kavalier", „Aufklärung", u. a. waren verboten. (S. 222).

Fokus, Hauptthemen und -konflikte beweisen zur Genüge, daß geschichtliche Verhältnisse nicht Grillparzers zentrales Anliegen sind. Freilich verlegte er die Handlung seiner Werke oft an einen Zeitpunkt, der ihn auch sachlich interessierte und der Parallelen mit den eigenen Zuständen aufweist, z. B. der Übergang von Vor- und Frühgeschichte, der Vorabend des 30jährigen Krieges – Epochen, die mit dem 19. Jahrhundert gemeinsam haben, Übergangsepochen zu sein.

„Das, was wir die sociale Frage nennen, hat sich seit dem Beginne unseres Jahrhunderts losgelöst von der früheren Gestalt derselben. Einst war man gewöhnt, sie mit dem Namen und Begriffe der Armuth zu erschöpfen . . . Man hat die Frau bei den Entwicklungen zu berücksichtigen vergessen", beobachtete Lorenz von Stein, mit dessen Werken Grillparzer vertraut war.[6] Auch denke man an die Bemühungen der Feministinnen während der Französischen Revolution, die Gründung von Frauenvereinen, die amerikanischen „Daughters of the American Revolution", die „Women's Rights Convention" in Seneca Falls von 1848, den Kampf von Luise Otto-Peters gegen die Benachteiligung der Frau im Gewerbe, die Versammlung österreichischer Feministinnen 1848 im Volksgarten, die Gründung des Frauen- und Schriftstellerinnenvereins,[7] Veröffentlichungen wie „Déclaration des Droits de la Femme et de la Citoyenne" (1789), Hippels *Über die bürgerliche Verbesserung der Weiber* (1792), Blums Zeitschrift *Vorwärts* (30er und 40er Jahre), Luise Astons *Der Freischärler*

---

6 LORENZ VON STEIN, Die Frau auf socialem Gebiete (Stuttgart 1891), S. 7, S. 62. Von Stein ist ein konservativer Denker, bei dem es sonst von Klischees über die typische Weiblichkeit wimmelt.

7 „The assembly was numerous, but they were much annoyed by the men, who also appeared in great numbers as spectators. That they were the miserable dupes of designing agitators, was evident from the very first motion made by one of these female politicians; which was that a collection should be taken up for the poor wounded workmen and their families, and to request the ministry to increase their wages. This was the first entrance of the female sex into the political arena. Their subsequent advance, and incorporation into a regiment, fighting upon the barricades and disgraceful exit, will appear in the October Revolution."
WILLIAM H. STILES, Austria in 1848–1849: Being a History of the Late Political Movements in Vienna, Milan, Venice, and Prague; with details of the Campaigns of Lombardy and Navara; A Full Account of the Revolution in Hungary; and Historical Sketches of the Austrian Government and the Provinces of the Empire, I (New York 1971), S. 165. Stimmen von Frauen befinden sich in: ANNA (pseud.), „An Wiens Frauen und Mädchen." Constitutionelle Donau Zeitung, 2. 6. 1848, S. 493–494, „Briefe einer Dame an einen demokratischen Clubb." Der Freimüthige, 5. 9. 1848, S. 532. OTTILIE M., „Politische Briefe einer deutschen Frau." Gerad'aus, 1. 7. 1848, 3. Über die Bemühungen im Volksgarten usf.: „Die Frauenversammlung im Volksgarten gesperrt." Der Freimüthige, 19. 8. 1848, S. 506. „Der Wiener Frauen Klubb." Wiener Postillion, 30. 8. 1848, S. 202, und zum Gesamtbild: A Narrative of the Events in Vienna from Latour to Windischgrätz, von BERTHOLD AUERBACH, tr. John Edward Taylor (London 1849).

(1848), Mills *Subjection on Woman* (1861) u. v. a., um zu verstehen, daß die Wende vom 18. ins 19. Jahrhundert eine Revolution für die Geschlechterrollen und das Geschlechtsverständnis bedeutete.

Nachdem die Frau während der Reformationszeit radikal wie nie zuvor auf Haus und Familie als Betätigungsfeld verwiesen worden war,[8] verlor sie im 18. Jahrhundert ihre Funktion im immer kleiner werdenden bürgerlichen Haushalt, dessen Familien zahlen- und gruppenmäßig begrenzter wurden. Die Arbeitslast ruhte nicht mehr auf den Schultern der wohlhabenden Bürgerin.[9] Industrialisierung und Arbeitsteilung hatten dazu beigetragen, daß eine Gruppe von Frauen entstanden war, die sich eines beträchtlichen Maßes an Freizeit erfreute. Dieselben Entwicklungen hatten auf der anderen Seite dazu geführt, daß in der Arbeiterklasse die Geschlechterunterschiede zwischen Mann und Frau – beide nun Proletarier und Arbeiter – irrelevant wurden.[10]

Einsatz für die Frauenrechte, wie die Reaktionen auf Hippel, das Verstecken der Feministinnen hinter Pseudonymen beweisen, zog Spott und Racheaktionen nach sich. Positive Fürsprache, wie es z. B. die Bazar-Enfantinsche Erklärung zur Gleichstellung der Frau zu sein scheint, war oft sexistisch diskriminierend.[11] Hatten die männlichen Revolutionäre 1789 Olympe de Gouges und ihre Mitarbeiterinnen verfolgt und ermordet, so wurden die Österreicherinnen 1848 bei ihrer Versammlung verlacht und boykottiert.

---

8 DAGMAR C. G. LORENZ, „Vom Kloster zur Küche: Die Frau vor und nach der Reformation D. Martin Luthers." Die Frau von der Reformation zur Romantik, ed. Barbara Becker-Cantarino (Bonn 1980), S. 7–35.

9 „Die bürgerliche, verheiratete Frau hatte also weitgehend ihr Betätigungsfeld verloren, war eigentlich funktionslos, und vor allem konnte sie den Freiraum, der ihr damit geschaffen wurde, nicht sinnvoll mit neuen Aufgaben ausfüllen." CHRISTIANE A. PUDENZ, Entstehung, Struktur und Geschichte der ersten deutschen Frauenbewegung (München: diss. masch., 1977), S. 74–75. Die Frau wurde zum Luxusgegenstand für den Mann, als welcher sie ausgebildet wurde: Fremdsprachen, Gesang, Musik, Sticken, Nähen, dilettantischer Einblick in die Wissenschaften, aber nicht genug, um professionell damit etwas anfangen zu können. WOLFGANG MARTENS, Die Botschaft der Tugend (Stuttgart 1968), S. 522 f.

10 Man denke an die Ausführungen von MARX/ENGELS im Kommunistischen Manifest.

11 So THEODOR HIPPEL, dessen Veröffentlichung von der Kritik verspottet wurde – oder zu einem Scherz erklärt. „Mit der Familie zunächst hat sich St. Simon gar nicht beschäftigt, . . . mit den Frauen nur an einer einzigen Stelle", merkt von Stein an. LORENZ VON STEIN, Die industrielle Gesellschaft. Der Sozialismus und Communismus Frankreichs von 1830–1848 (Leipzig 1855), S. 177. Die Forderung nach der Emanzipation des Fleisches kommt von Prosper Enfantin und wurde auch gleich von französischen Proletarierinnen als Ausbeutung durchschaut. Es etablierten sich in Frankreich Frauenvereine, Versuche zur Gründung weiblicher Zeitschriften wurden unternommen, aber offiziell bald verboten.

Die Frauenfrage, auch 1848 im Kremsier Reichstag aufgeworfen und abgewiesen, stieß in weiten Kreisen auf Empörung. Die Schließung des verfassunggebenden Organs 1849 war für Feministen kein Verlust.[12]) Veröffentlichungen gegen die Forderungen der Emanzipation fordernden Frauen waren zahllos. Das männliche Establishment und die Liberalen fanden sich in diesem Punkte geeint. Mit den verschiedensten Mitteln versuchten sie, das Rad der Geschichte zurückzudrehen, indem entweder die Rolle der Frau durch eine angeblich geringere intellektuelle Begabung oder Schwäche des Charakters und Körpers gerechtfertigt wurde (so von Humboldt), oder die traditionelle Frauenrolle verbrämt, sentimentalisiert und so schmackhaft gemacht werden sollte. Wieder andere zitierten Religion oder die Natur, wie sie sie verstanden oder drohten versteckt oder offen.[13]) Der Schweizer Bachofen trug Bände von Materialien aus verschiedenen historischen Epochen und Ländern zusammen, um mit Hilfe von sachlicher Dokumentation und dichterischer Intuition zu dokumentieren, wie es zu den bestehenden Zuständen gekommen war und weshalb sie die einzig richtigen seien,[14]) ähnlich wie es Gobineau getan hatte, um seine Rassenlehre und die Überlegenheit der nordischen Rasse zu belegen. Noch um die Jahrhundertwende „bewiesen" Anthropologen die Minderwertigkeit der Frau und nicht-europäischer Rassen, bemühte sich Freud durch den Universalitätsanspruch seiner Psychoanalyse, die Vorstellung von der konstitutionellen Andersartigkeit von Mann und Frau axiomatisch festzulegen. Freilich waren bis zu diesem Zeitpunkt die männlich-weiblichen Rollenmodelle schwankend geworden, wie der Kult der Androgynie, die spätestens seit Baudelaire unverhüllte Darstellung

---

12 Gab es im absolutistischen Vormärz keinen Einfluß der breiten Massen auf die Politik, so wurde auch die politische Beteiligung der Frau nicht erwogen. Bei einer Versammlung des angeblich progressiveren Kremsier Reichstages wurden „Frauen mit Kindern und Narren auf eine Stufe gestellt". ELISABETH GUSCHLBAUER, Der Beginn der politischen Emanzipation der Frau in Österreich (Salzburg diss. masch., 1974), S. 27. Zehn Jahre später wurde eine konstitutionelle Regierungsform eingeführt. Das Klassenwahlrecht von 1861 unterschied zwischen männlichen und weiblichen Wählern nicht. In dem besonders fortschrittlichen Böhmen nahmen Frauen an allen Wahlgängen teil. Bei einer weiteren „Demokratisierung" des Wahlrechts, welches sich zu Unrecht „allgemeines" nannte, wurden Frauen ganz ausgeschlossen. Die Proletarierfrau hatte nie, wie manche Kreise bürgerlicher Frauen, ein beschränktes Wahlrecht, sondern war ganz rechtlos. (GUSCHLBAUER, S. 86)
13 Wurden die französischen Revolutionärinnen einfach ermordet, so wurden die Versammlungsrecht beanspruchenden Frauen im Volksgarten beschimpft und tätlich angegriffen. Subtiler ist zum Beispiel die vielfach vernehmbare Drohung – z. B. Lorenz von Stein –, wenn Frauen gleiche Rechte forderten, so hätten sie auch gleiche Pflichten zu erfüllen. Der Terror läßt sich auch daran ablesen, daß Frauen, die für ihre Sache schrieben, es unter dem Schutz von Pseudonymen taten.
14 JOHANN JAKOB BACHOFEN, Das Mutterrecht (Stuttgart), 1861.

von Homosexualität und Lesbiertum in Literatur und Malerei und die unsicher gewordene Geschlechtszuordnung, sei es in der Kunst, sei es in der Realität,[15] zeigen.

Jahrhundertelang hat die Familie über ihre eigentliche Bedeutung hinaus metaphorische Bedeutung gehabt. In ihrem Bilde spiegelte sich der Staat, dessen Nukleus sie war. An ihrem Mikrokosmos war die größere soziale Situation abzulesen gewesen sowohl in der Literatur wie in der bildenden Kunst.[16] Der Fürst war Landesvater gewesen über seine „Kinder" – eine Schar von Untertanen, die verpflichtet waren, nicht mündig zu werden. Der Papst trägt das Wort Vater in seiner Berufsbezeichnung; Vater, wenngleich ehelos. Die Zustände der Familie spiegelten sich bis hinein in die kosmische Hierarchie. Beherrschte im Familienkreis der Vater Mutter, Kinder und Bedienstete, die Mutter, in beschränkterem Maße freilich, sozusagen als Verweserin, Kinder und Personal, und konnten die Kinder dem Personal gegenüber Stellvertreter der Eltern sein, so erhielt der Vater seine Autorität von einem größeren Vater, seinem Vorgesetzten, der Obrigkeit, dem Fürsten, jene aber wiederum erhielten die ihre von den Vaterfiguren des Königs, Papstes u. dgl. Menschliche Verhältnisse wurden bis hinein in den Himmel gespiegelt, wo auch ein Vater und ein Sohn und – freilich ein wenig abseits und gar nicht so mächtig, entsprechend ihrer Position in Familie und Gesellschaft, eine Mutter, imaginiert wurden.

Von diesem Kontext her läßt sich erst ermessen, welche fundamentale Bedeutung Angriffe auf die Geschlechterrollen, auf die Geschlechterdefinition und Bemühungen um die Aufbesserung der Lage der Frau ideologisch und praktisch haben mußten, da nicht nur die Verhältnisse innerhalb einer jeden Familie, sondern die gesamte staatliche Hierarchie und mit ihr die Verteilung von Autorität und Vermögen in Frage gestellt wurden. Die Konsequenzen der Frauenemanzipation sind politisch und sozial weiterreichend als jede bürgerlich-liberale Revolution, die Arbeiterfrage für sich genommen, selbst die Punkte des *Kommunistischen Manifestes*, mit dem sie sich freilich insofern berührt, als auch hier Grundnormen der westlichen Zivilisation angegriffen werden, die für die Frauenfrage zentral sind: die natürliche Familie, Geschlechterrollen, Erb- und Eigentumsrecht u. dgl.

In Grillparzers Werk sind die Übergänge von Mann zu Frau, männlichem und weiblichem Verhalten, fließend geworden. In der Hinterfra-

---

15 Man denke an George Sand und ihre Aufmachung, an die Dichtung Baudelaires, die Bilder von Klimt usf., Luise Aston.

16 Die Hogarthschen Kupferstiche, die Vatermorde des Sturm-und-Drang und Expressionismus, die Familiensituation z. B. in der ‚Emilia Galotti‘, die fehlenden Väter bei Goethe u. a.

gung der traditionellen Geschlechterrollen liegt die Kritik an der Macht-verteilung. Kompetente Frauen befinden sich in untergeordneten Rollen oder werden von männlichen Rivalen gewaltsam in solche gedrängt. Im Gegensatz zu dem Bild der Frau in den Werken seiner Zeit besitzen Grill-parzers weibliche Gestalten vielseitige und nicht nur auf Mann und Ehe gerichtete Interessen (Medea, Libussa z. B.), sind in den verschiedensten Rollen anzutreffen, von der Priesterin bis hin zur Kriegerin, so daß das bekannte Schema männlich = dominant, weiblich = passiv nicht mehr zu-trifft, besonders, wenn man an die Männer in Grillparzers Werk denkt, die ihrerseits dem Klischee Hohn sprechen: Jakob, Bancban, Rudolf, „der stille Kaiser".[17]

Dazu kommt, daß Grillparzer die Ideale seiner oft säbelrasselnden Zeit voll von Heroenkult und kriegerischem Protzen nicht teilte und seine Sympathien nicht auf der Seite der männlich-dominanten Tatmenschen mit dem Leistungsdrang liegen. Diese Figuren erscheinen oft als geistig la-bil oder krank wie Otto von Meran, Ottokar und später sein Rivale Ru-dolf, Matthias. Selbst der „thierische" Galomir muß unter diese Charak-tere gerechnet werden.

Grillparzers Frauengestalten überschreiten oft die Grenzen dessen, was „sittlich" ist, so die Königin Gertrude, die sich zwar auf eine tech-nisch eingehaltene Keuschheit berufen kann, aber lüstern die erotischen Eskapaden ihres Bruders verfolgt und sich durch diese verwirklicht sieht, Elga, die *femme fatale* aus *Das Kloster bei Sendomir*, Rahel, die Jüdin, die sich aufmacht, den König zu verführen, weil sie fälschlicherweise glaubt, der ranghöchste Mann müsse auch der beste sein und die ihre Schwester verehrt wie einen Mann.

Gertrude, Esther, Rahels Schwester, aber auch die Esther des Frag-mentes, Wlasta und Libussa, aber auch auf ihre Weise Margarete, die Gat-tin Ottokars und seine jugendliche Gattin aus Ungarn, zeigen üblicher-weise mit dem Männlichen assoziierte Verhaltensweisen und Ambitionen, die – wie das Werben der sonst sanften und verhaltenen Erny um ihren al-ternden Mann – unweiblich genannt werden müssen, legt man die herr-schenden Klischees zugrunde.

Grillparzer stellt seine Charaktere immer als Teil eines größeren ge-sellschaftlichen und politischen Panoramas dar, statt die individuelle Ge-stalt und ihre psychologische Entwicklung als Ausnahmeerscheinungen zu beleuchten. Besonders in den späteren Werken werden aber auch die sozialen Gegebenheiten immer in einem historischen, das heißt sie relati-vierenden Zusammenhang gezeigt. So wird ihre Veränderbarkeit greifbar

---

17 1826 bekundet Grillparzer im Tagebuch seine Sympathie mit dem stillen Kaiser Rudolf. (Tagebücher II, S. 225).

und einsichtig – revolutionär mobil. Letzteres unterscheidet das Grillparzersche Werk von solchen Œuvres und literarischen Strömungen, die Charaktere und Gesellschaft biologisch, psychologisch oder „allgemein menschlich" auffassen wollen – also als nicht veränderbar. [18])

Es soll nicht unterschlagen werden, daß Grillparzer, besonders als junger Mann, durchaus des sexistischen Klischees fähig war. „Kurz, ich hasse dieses verächtliche Geschlecht, das immer etwas anderes scheint als es ist, das weinen kann ohne zu trauern, und lachen ohne froh zu sein . . ." (*Tagebücher* I, S. 56, 1810) Überhaupt finden sich in dieser Zeit hausbackene Einstellungen – seien es die Schwächen, die Grillparzer, den etablierten Misogynenkatalog nachbetend, den Frauen zuschreibt, [19]) sein Ekel vor Kastraten, (*Tagebücher* I, S. 59–60) oder seine Ansprüche an die Liebe: „Dieses rücksichtslose Hingeben, dieses Selbstvergessen, dieses Ausschließen, dieses Untergehen in einem geliebten Gegenstand." (*Briefe und Dokumente* I, S. 255) Freilich sieht er sich außerstande, diesen Vorstellungen nachzukommen.

Früh machen sich auch Zweifel hörbar an der Realisierbarkeit der bürgerlichen Normen. Diese kulminieren später in ungemein vielsagenden Stellen über Grillparzers Verhältnis zu seiner Mutter – der Praxis des alltäglichen Lebens im Gegensatz zu der Theorie:

> Seit ich nach dem Versiegen ihrer eigenen Hilfsquellen allein die Bedürfnisse des Hauses bestritt, vereinigte sich für sie in mir der Sohn und der Gatte. Sie hatte keinen Willen als den meinigen, mir fiel aber auch nicht ein, einen Willen zu haben, der nicht der ihrige gewesen wäre. Alles Äußere überließ ich ihr blindlings, wogegen sie sich aber auch alles Einmengen in meine Gedanken, Empfindungen, Arbeiten und Überzeugungen gleichweise enthielt.
>
> (*Prosa* IV, S. 138)

---

18 Wertvolle bibliographische Hinweise enthält das Referat von LAURA BLUNK, Cuyahoga Community College: „,,Long on Hair, Short on Brains', Attitudes toward Women in the Viennese Revolution of 1848." National Women's Studies Convention, Juni 1983, Columbus, Ohio.

19 Briefe und Dokumente I, S. 134, spricht er über die Schwächen seiner Mutter. Hier, wo er liebt, motiviert er und entschuldigt mit großer Einfühlung. An anderer Stelle (Tagebücher I, S. 130) wirft sich Grillparzer eben die Fehler vor, die er Frauen nachsagt, und die er dann an Heinrich von Kleist wahrnimmt, einem Autor, mit dem er oft und zu Recht verglichen worden ist. Z. B. HERMANN BAHR, Österreichischer Genius (Wien 1947), EMIL REICH, „Bericht über die Gründung der Grillparzer-Gesellschaft." JbGG, 1 (1890), XII–XIII. Was für die Preußen Kleist sei, sei für den Österreicher Grillparzer.

Aus unserem Zusammenleben konnte ich abnehmen, daß ein eheliches Verhältnis meinem Wesen gar nicht entgegengesetzt war, obwohl ein solches Verhältnis sich nicht gefunden hat. . . . . Ich hätte müssen allein sein können in einer Ehe, indem ich vergessen hätte, daß meine Frau ein Anderes sei . . . Aber eigentlich zu zweien sein, verbot mir das Einsame meines Wesens.

(„Anfänge einer Selbstbiographie", *Prosa* IV, S. 6)[20])

„Wer Sittlichkeit zum alleinigen Zwecke des Menschen macht, kommt mir vor, wie einer, der die Bestimmung der Uhr darin fände, daß sie nicht falsch gehe. Das erste bei der Uhr aber ist: das sie gehe . . ." (*Tagebücher* I, S. 283) Derartig prägnante Aussagen stellen Grillparzer den hervorragendsten deutschen Aphoristikern und Moralkritikern zur Seite: Lichtenberg, den er, wie auch Heine, bewunderte, Nietzsche, Canetti. Gerade die Aphorismen enthalten seine Angriffe auf das Konventionelle in ihrer schärfsten Form. So gewinnt auch im nachhinein Grillparzers eigenes, oft melancholisches Grübeln eine sozio-historische Perspektive – z. B. die bezeichnende, rein privat scheinende Feststellung von 1808, er könne Liebe und Wollust nur getrennt erfahren. 1821 hielt er fest, er sei der Liebe nicht fähig, und so enthalte er sich allen eigentlichen Verbindungen zu Frauen, „zu denen mich übrigens mein Physisches ziemlich geneigt macht". (*Briefe und Dokumente* I, S. 155–6) Nostalgisch und im eigentlichen unrealistisch ist die Überlegung: „Vielleicht, wenn ich Weib und Kind hätte, gäbe mir das einen Impuls zu poetischen Arbeiten, wüßte ich doch, für wen ich arbeite."[21])

Das Nicht-Wissen und daher Nicht-Können und Nicht-Tun, so charakteristisch für viele Gestalten Grillparzers, sind ihm selber zu eigen. Sie rücken ihn dahin, wo seine Figuren sich oft befinden – in ein geschlechtliches Grenzgebiet. Es paßt dazu, daß er sich besonders von Frauen mit „entschiedenen Charakterzügen" angezogen findet und gleichzeitig gegen sie aufbegehrt, wenn er sie findet, wie Katharina Fröhlich.

---

20 Grillparzer gibt über sich in geschlossener chronologischer Form über sich Aufschluß in „Anfänge einer Selbstbiographie". Prosaschriften IV, S. 10 ff., geschrieben nach 1822, wahrscheinlich erst zwischen 1853 bis 54. Das Dokument war für die Akademie der Wissenschaften intendiert, zu der Grillparzer berufen worden war, fand sich doch erst nach seinem Tode – sehr zum Erstaunen der Nachlaßverwalter. Ein Großteil der folgenden Biographien stützt sich auf diesen Text, so LAUBES Franz Grillparzers Lebensgeschichte (Stuttgart 1884), AUGUSTE LITTROW-BISCHOFFS Aus dem persönlichen Verkehre mit Franz Grillparzer (Wien 1873), BETTI PAOLI, pseud. ELISABETH GLÜCK, Grillparzer und seine Werke (Stuttgart 1875) u. a.

21 ADOLF FOGLAR, Grillparzer's Ansichten über Litteratur, Bühne und Leben. Aus Unterredungen (Stuttgart 1891), S. 7.

„Sie war sehr eigenartig", stellte Frankl[22]) über sie fest, und Grillpar-
zer beschrieb sie als „jene – mit den Augen", an der ihm die „männliche
Verhaltensweise" und „Ungebundenheit" aufgefallen seien. (*Briefe und
Dokumente* I, S. 257–8)

Es ist derselbe Grillparzer, der seine unüberwindliche Eifersucht ins
Feld führte, um seine Verlobte zur Aufgabe ihres Berufes zu bewegen, der
sich mit der „böhmischen Amazonensage" beschäftigte, in der ihm
Frauen eines größeren Zuschnitts als des konventionell erlaubbaren ent-
gegentraten, so, wie sie auch Medea und Gora verkörpern. „Merkwürdig
ist, welche große Rolle in der alten böhmischen Geschichte die Weiber
spielten. Ziemlich allgemein gilt eine jede ausgezeichnetere für eine Seherin." (*Tagebücher* II, S. 8) *Douvilles Voyage au Congo et dans l'intérieur
de l'Afrique equinoxiale* kommentierte er ausführlich und nahm besonderen Anteil an Informationen über matriarchalische Gepflogenheiten und
weibliche Unabhängigkeit auf privatem Gebiet. (*Tagebücher* III,
S. 118 f.) Auch das Interesse an den *Bacchen* des Euripides (*Tagebücher* III, S. 313 f.) belegt seine Faszination für Sittlichkeit und Geschlechterrollen, die von den ihm bekannten abweichen. Dazu paßt Grillparzers
Gedicht von 1845 gegen das Prostitutionsverbot, das er als Resultat des
puritanisch-preußischen Einflusses betrachtet sowie eines selbstgerechten
Ressentiments: „Am Tisch haßt nur der das Fleisch / Der selber ohne
Zähne." (*Gedichte* III, S. 169)[23])

Noch 1855 betrachtete Grillparzer den Mann als den „Standardmen-
schen": „Das edle Weib ist halb ein Mann, ja ganz / Erst ihre Fehler machen sie zu Weibern." (*Gedichte* III, S. 269) „Ein Wort, ein Mann; / Ein
Blick, ein Weib" (*Gedichte* III, S. 140), das Kompliment auf Therese
Wartel, läßt jedoch ein Androgynieideal anklingen. Überhaupt ist den
verschiedenen Äußerungen Grillparzers eine laufende Neu- und Umbe-
wertung des Frauenbildes zu entnehmen – kein Wunder, bedenkt man,
daß sich in seiner engen Wohnung die intellektuelle weibliche Elite Wiens
traf.[24]) Laube hatte durchaus Unrecht, wenn er Grillparzer als einen
„stark männlichen Dichter, vorzugsweise für Männer", klassifizierte, der
„nicht eben eine Lieblingslektüre für Frauen" sei.[25])

„Dem Menschen allerstem, tiefinnersten Sinn / Blieb treu das Weib
auf die Länge / Sie wirkt, was sie wirkt, durch sich selbst allein, / Wir

---

22 LUDWIG AUGUST FRANKL, Zur Biographie Franz Grillparzers (Wien, Pest, Leipzig
1883), S. 63.
23 Grillparzer selbst hatte spätestens 1844 falsche Zähne, wie aus einer Korrespondenz mit
Katti hervorgeht. Briefe und Dokumente II, S. 297.
24 Grillparzers rekonstruierte Wohnräume aus der Spiegelgasse befinden sich im Historischen Museum der Stadt Wien.
25 LAUBE, Leben, S. 25.

Männer gehorchen der Menge" (*Gedichte* III, S. 166) scheint feministische Überlegungen über die Frau als das eigentlich vollständige Geschöpf vorwegnehmen zu wollen[26]) – zumindest jedoch zieht der Aphorismus die Gleichung Mann = Individuum = aktiver Held in Zweifel, während der Frau gerade die Autonomie des Handelns zugeschrieben wird.

Blanka von Kastilien

Es ist bei Grillparzers Präokkupation mit den Komplexen Mann-Frau, konditioniertes-angeborenes Geschlechtsverhalten, Geschlechterrolle und Gesellschaft, Eros-Sittlichkeit zu erwarten, daß schon sein Frühwerk diese Problemstellungen spiegelt. Das trifft auch durchaus zu. 1808/9 entstand das Trauerspiel *Blanka von Kastilien,* [27]) in dessen Zentrum intime menschliche Beziehungen stehen, die durch die Staats- und Gesellschaftsproblematik tragisch werden. Der Personenkreis ist aus klassischen Dramen bekannt. Das Werk spielt in den höchsten Kreisen. Blanka, Don Pedros Gattin, wird gefangengehalten. Sie hat einen Widerwillen gegen ihren Gemahl, einen Playboy und skrupellos-infantilen Machtmenschen, entwickelt.[28]) Als Rivale ist Blankas ehemaliger Freund und Verehrer, Fedriko de Guzman, natürlicher Bruder des Königs, im Spiel, auf seiten ihres Gatten Maria, eine Mätresse, die durch ihre Kaprizen entfernt Rahel (*Die Jüdin von Toledo*) ahnen läßt.

Die ehelichen Probleme werden anders als noch bei Schiller behandelt. Den Gefühlen und Begierden stehen weniger Schranken im Weg. Ist von Tugend die Rede, so überwiegt doch die Attraktion. (I, 623; 636 ff., 717 ff.) Noch als verehelichte Frau pflegt Blanka ihre Neigung durch sinnennahe Erinnerungen. Fast wirken Sitte und Tugend als Gewürze, den

---

26 Gedanken der zeitgenössischen Autorin CHRISTA REINIG z. B.

27 Blanka entstand 1808/09, wurde aber erst 1810 ins Reine übertragen. Das Werk wird gemeinhin als Jugendwerk mit nur historischem Interesse betrachtet. 1958 wurde es am Wiener Burgtheater uraufgeführt. PAUL KLUCKHOHN, „Kleist und Grillparzer." JbGG, 29 (1930), S. 19, sieht schon hier die Überwindung des „einseitigen Klassizismus". Grillparzer nannte ‚Kabale und Liebe', oft als Vorbild für ‚Blanka' angeführt, 1809 ein „elendestes Machwerk". (Tagebücher I, S. 48) ROBERT F. ARNOLD, „Schiller und Grillparzer." JbGG, 15 (1905), S. 141, führt aus, Grillparzers Verbitterung gegen Schiller wurzle in der „beschämenden Erkenntnis bisheriger Abhängigkeit". Andererseits hat Grillparzer eine durchaus anders geartete Weltsicht als Schiller. Seidler hat recht, wenn er meint, die Beurteilungen Grillparzers von Weimar aus habe die deutlichen Unterschiede zur Klassik als „epigonale Schwäche" gedeutet und Schiller und Goethe zum Qualitätsmaßstab angesetzt – und mehr noch, angenommen, Grillparzer selbst teile dieses Kriterium. HERBERT SEIDLER, Studien zu Grillparzer und Stifter (Wien, Köln, Graz 1970), S. 11–12.

28 Schon den Quellen nach ist Pedro ein grausamer Tyrann.

Genuß der Phantasie zu erhöhen. Die Vertraute Blankas unterstützt die Tendenzen ihrer Herrin:

> Nicht an dem Weibe rügt man solche Schwäche,
> Denn Gefühles tief erklungne Töne
> Betäuben leicht der Vorsicht leisern Ruf . . .

(I, 727 ff.)

Sie nimmt ihrer Herrin die Verantwortung für die Gefühle ab. Was das neu aufkeimende Verhältnis Blankas und Fedrikos stört, sind nicht so sehr moralische Bedenken oder etwa die nahe Verwandtschaft der männlichen Rivalen, die die Neigung ins Inzestuöse zieht, sondern Fehlkommunikation und Zerwürfnisse zwischen den Liebenden. Fedriko kann Blanka nicht vergeben, daß sie Don Pedro heiratete, sie ihm nicht, daß er sie verließ, um gegen Pedro, den Mörder seiner Mutter, in den Krieg zu ziehen, also eine Verpflichtung anerkannte, die höher war als ihre Liebe. Entsprechend ist der Wortwechsel, in dem Blanka unter der Verleugnung der eigenen Gefühle für den Frieden eintritt und ihren Willen betont, an der Tugend festzuhalten, hohl. (I, 1061 ff.)

Die Ehe, aus politischen Gründen geschlossen, kann keinen Anspruch auf emotionale Gültigkeit erheben, so deutet der Text an. Festhalten an der überkommenen Form ist angesichts des auf verächtlichste Weise gezeichneten Pedro, der selbst seine Mätresse anekelt, absurd.

Die Charakteristik der Männergestalten ist bemerkenswert. Leidenschaft wird bis zum Übermaß sichtbar. Fedriko kreischt, schrickt auf, weint, so daß Gomez seine Klagen mädchenhaft nennt. (I, 3. Auftritt) Pedro unterliegt schwankenden Gemütsstimmungen und ist fast schizophren: auf der einen Seite ein unbarmherziger Tyrann, auf der anderen ein hemmungsloser Schürzenjäger, kindisch und ichbezogen. Jacquelines Worte bringen den Unterschied zwischen dem Ideal und der Wirklichkeit des Dramas zum Bewußtsein:

> Doch ziemt dem stärkeren Geschlecht die Kraft,
> Dem Drang der Leidenschaft zu widerstehen,
> Wenn die Unmöglichkeit ihr starres Szepter
> Senkt zwischen zweier Liebenden Umarmung.

(I, 730 ff.)

Das klingt nun gar nicht mehr nach Goethes und Schillers Frauenideal. Ist sich Jacqueline – und mit ihr Grillparzer – bewußt, daß die Sittenkodexe, von Männern allein gemacht, dem Interesse der Männer dienen, so daß die Frau durch keine höhere Verpflichtung als Drohung und Zwang an sie gebunden ist? Auf jeden Fall, so heißt es hier, ist die Wahrung des Anstandes Sache des Mannes und nicht der Frau. Was sich ziemt und was ist, sind aber zweierlei. Es sind die Frauen, Blanka und Maria, die sich durch ihre Ratio zu zügeln suchen, während die Männer den Emotionen unterlegen sind.

Ist *Blanka* noch kein ganz typisches Drama für Grillparzers Schaffen, so enthält es doch Elemente, die das spätere Werk kennzeichnen. Das Motiv des versagenden Herrschers ist typisch für den Autor, der dem Absolutismus abgeneigt war. Mit der Autoritätenkritik Hand in Hand geht ein erstarkendes Frauenbild. Keiner der dargestellten Männer besitzt Charakter, Integrität oder Fähigkeit zum Herrschen. Obwohl Grillparzer historische Quellen benutzt hat, ist die Ähnlichkeit Pedros mit Kaiser Franz nicht zu übersehen.[29])

Durch die herrschenden Zustände wird die Institution der Ehe in Frage gestellt. Sie hat in einer Gesellschaft, in der die Partner ohnehin ihre eigenen Wege gehen, nur eine papierne Bedeutung. Während Pedro die Vorrechte einer doppelten Moral genießt, beruft sich Blanka – eine Verbeugung an das alte Frauenideal – in fast lächerlich wirkender Weise auf ihren Status als Gattin. Auch eine Vagheit der Geschlechterrollen ist zu bemerken. Entgegen den Rousseauschen Vorstellungen, die Frau sei emotionaler als der Mann, nähern sich die Männer dem Stereotypbild der Frau durch ihre Gefühlsausbrüche. Dagegen stehen Maria und Jacqueline, aber auch Blanka, dem Dasein kühler gegenüber – ein Phänomen, das Grillparzer durchaus sozial motiviert.

Hemmungslose Gefühlsäußerung ist verbunden mit Privilegien. Pedro kann sich das Rasen leisten, denn er erhofft sich keine Vorteile von Frauen und Höflingen, sondern sie sich von ihm. Da die Frauen nicht über sich selbst verfügen können, haben sie auch nicht die Freiheit, sich gehen zu lassen. Marias Leidenschaften sind auf die Wirkung hin kalkuliert und nicht spontan. Sie versucht, dem Idealbild der Frau, wie es sich der König macht, zu entsprechen.

Die Möglichkeit, sich voll ausleben zu können, so stellt das Drama dar, kann eine Verweichlichung und einen ständigen Infantilismus des Bevorrechtigten zur Folge haben sowie Verantwortungslosigkeit gegenüber anderen. Diese Merkmale werden typisch für die späteren männlichen – nicht weiblichen – Herrscher sein. Die Gesellschaft in *Blanka,* die Grillparzers eigener gleicht, ist pervers, ihre Individuen karikaturesk verzerrt als Folge der Machtverteilung. Wirken die Frauen emotional verkürzt und berechnend, so sind die Männer intellektuell zurückgeblieben – vor allem der Herrscher – da die bevorrechtigte Lage keinen Anlaß zur Kultivierung

---

29 Schon um 1815 fielen Franz' zahlreiche Liebschaften sowie sein Zug zum Sadismus auf. Er überwachte die von ihm angeordneten Folterungen selbst. VICTOR-LUCIEN TAPIÉ, Die Völker unter dem Doppeladler (Graz, Wien, Köln 1975), S. 245 ff.

einer zivilisierten Intelligenz bietet. Pedros Gefühle laufen Amok. *Blanka* besitzt keinen modellhaften Charakter. Hierin liegt einer der Hauptunterschiede zur Klassik. Mag der Titel von einer der Gestalten abgeleitet sein – Blanka ist nicht das *movens* wie noch Maria Stuart oder Iphigenie. Tragödie ist keine individuelle Angelegenheit, sondern liegt in Kollektivvorgängen begründet. Der Staat bietet niemandem, am wenigsten den Frauen, vertretbare Zustände. An dem Gebiet der Sexualität werden die Konflikte und Notwendigkeit zur Änderung sichtbar.

Die Ahnfrau

Bei Grillparzer sind von Anfang an sozial motivierte Belange vorgegeben. Auch in *Die Ahnfrau* geht es um Probleme, die aus gesellschaftlichen Zuständen abzuleiten sind.[30] Der unmittelbare Erfolg des Dramas weist darauf hin, daß an brennende Zeitfragen gerührt wird. Die Brisanz geht über die Elemente der Schauerromantik hinaus.[31] Es handelt sich um die Auseinandersetzung mit bestehenden Rechtsverhältnissen und der nach Geschlecht diskriminierenden doppelten Moral. Die „übernatürliche" Dimension wird durch die Verinnerlichung des Unrechts geschaffen, welches sich vor dem Gewissen umsonst als Recht maskiert – ein Lieblingsmotiv bis hin zu *Libussa*. Durch die Verdrängung dringt das Verbrechen als Angst und Schuld in das Kollektivbewußtsein.[32]

In der Vergangenheit des Hauses Borotin gibt es den Mord des Gatten an der untreuen Frau, welcher nicht geahndet wird, da die Gesetze auf seiten des rachesuchenden Mannes sind. Freilich löscht der Mord die Tat nicht aus. Die Erinnerung an die Frau, die die Gesetze überschritt, sich

---

30 Nicht zu Unrecht bezeichnet REINHOLD BACKMANN, „Grillparzer als Revolutionär", Euphorion, 32 (1931), 524 Grillparzer als einen Revolutionär, dessen revolutionärer Grundzug nur durch den Nationalitätenstreit gebremst wurde.

31 Traditionell ist der ‚Ahnfrau' wenig Aufmerksamkeit geschenkt worden, sie sei bei der Diskussion Grillparzers entbehrlich, meint Beneke. FRIEDRICH BENEKE, Die Behandlung Grillparzers im deutschen Unterricht der Prima. Wissenschaftliche Beilage zum Programm des königlichen Gymnasiums zu Hamm, 366, o. J., S. 49. Der populäre Erfolg des Dramas wird jedoch belegt dadurch, daß es, zusammen mit ‚Sappho' das einzige Stück von Grillparzer ist, das am Alt-Wiener Volkstheater parodiert wurde, als ‚Die Frau Ahndel' von Karl Meisl. PAUL STRAUBINGER, „Grillparzer in der Parodie des Alt-Wiener Volkstheaters." JbGG., 3. F., 3 (1960), S. 116–117.

32 „Soviele Elemente in das Drama eingehen – Räubermoritat und Erfahrung des Gespensterhaften, Stilzüge des Vorstadttheaters und der spanischen Bühne, der griechischen Tragödie und der Barockoper, der von Schillers ‚Braut von Messina' inspirierte Schicksalsbegriff, der ethisch transformiert wird –, so sehr wirkt es in Handlung und Aufbau aus einem Guß." JOACHIM MÜLLER, Franz Grillparzer (Stuttgart 1963), S. 23.

über Klassenvorurteile hinwegsetzte, also einen revolutionären Akt vollbrachte, hört nicht auf. Unsicherheit entsteht, insofern als die Nachkommen nicht wissen können, ob sie die legitimen Erben des Urvaters oder Kinder des Knechts sind. (I, 530 f.) Der Ehebruch stellt die Legitimitätsverhältnisse und die gesellschaftlichen Strukturen in Frage.[33] Diese leiten sich von dem Besitz ab.

Im Bereiche der Phantasie und des Aberglaubens wuchert der Mord an der Ahnfrau und vergiftet die auf Unrecht begründete Gegenwart. So kommt die Geistererscheinung zustande, die auf der Bühne eine Realität ist[34] und in der Dichtung das verkörpert, was dem rationalen und legalen Zugriff entgeht. Die Legalisierung des Mordes durch ein ungerechtes Recht, von besitzenden Männern und Hausvätern gegen Habenichtse und Frauen gemacht, hat auf die psychische Wahrheit keinen Einfluß.

Die Familie Borotin ist krank, von Ängsten geplagt, degeneriert und gleichzeitig die einzige Familie, die überhaupt sichtbar wird. Als Adelsfamilie repräsentiert sie den Nukleus der herrschenden Klasse.

> . . . Kaum noch hält der morsche Stamm.
> Noch ein Schlag, so fällt auch dieser,
> Und im Staube liegt die Eiche, . . .
>
> (I, 3—5)
>
> . . .
> Keine Spur wird übrig bleiben;
> Was die Väter auch getan,
> Wie gerungen, wie gestrebt,
> Kaum daß fünfzig Jahr' verfließen,
> Wird kein Enkel mehr es wissen,
> Daß ein Borotin gelebt!
>
> (I, 11—16)

Das verderbliche Erbe der Väter bleibt wichtig bis in die letzten Werke Grillparzers. Damit verbunden ist die Verdrängung der Frau aus dem öffentlichen und familiären Bereich, die Verneinung ihrer Interessen, selbst ihrer Existenz, hin bis zum Mord. An einer Frauengestalt, Bertha, entwickelt sich die Handlung in diesem dramatischen Kosmos voller Mißstände. Sie gleicht dem Gespenst der Ahnfrau auf ein Haar und ist gleichzeitig Symbol des kommenden Chaos.

---

33 ROLF GEISSLER, „Grillparzers ‚Ahnfrau.‘ Ein soziologischer Deutungsversuch." Wissen aus Erfahrungen, ed. Alexander von Bormann (Tübingen 1976), S. 443—444, weist darauf hin, daß es sich um ein Zeitstück handelt und eine Auseinandersetzung mit bestehenden Verhältnissen, an denen Grillparzer als Jurist selbstverständlich interessiert war.
34 Vgl. RUTH K. ANGRESS, „Das Gespenst in Grillparzers ‚Ahnfrau.‘" German Quarterly, 45 (1972), S. 606—619.

Hatte ein früherer Borotin seiner Frau das Recht auf Leben genommen, so negiert der jetzige die Existenz der Tochter überhaupt. „Kinderlos" nennt er sich, obwohl sie neben ihm steht. (I, 97) Die Gesellschaft der Räuber ist ganz frauenlos.

Die kleine Gesellschaft des Dramas ist aus den Fugen geraten, indem das männliche Element die Oberhand gewonnen hat, ganz auf Kosten der Frauen. Der Triumph des Mannes ist ein hohler Sieg, da er gleichzeitig den Selbstmord der Gemeinschaft bedeutet.

Bertha ist eine Nicht-Person, aufgewachsen in dem Bewußtsein der eigenen Bedeutungslosigkeit. Für den Vater liegt ihr Wert in einer möglichen Eheschließung.

> Ja, an eines Gatten Seite,
> Der dich liebt, der dich verdient, . . .
>
> (I, 183—4)
>
> . . .
>
> Wähle von des Landes Söhnen
> Frei den künftigen Gemahl,
> Denn dein Wert verbürgt mir deine Wahl!
>
> (186—8)

Deutet sich hier ein Recht der Frau auf die Liebe an, so bestimmen im Grunde doch atavistische Eigentumsbegriffe Borotins Denken über die Tochter:

> Ihr habt euch ein Recht erworben,
> daß sie lebt ist Euer Werk!
>
> (I, 669—70)

Berthas Bemerkung, der Vater könne „andern Lohn für seine Tochter / als die Tochter selber zahlen" (I, 278 f.) zeigt, daß sie die Werte der Umwelt verinnerlicht hat und sich selbst als Ware sieht. Freilich kann der Vater eigentlich nur noch zu dem, was schon Faktum ist, einwilligen. Bertha hat Jaromir des öfteren getroffen. Von Anfang an besteht ein physischer Kontakt zwischen beiden – wie zwischen Blanka und Fedriko, als sie ihn pflegte:

> Wie ein Kind am Mutterbusen
> Hing ich an den teuren Lippen
> Seine heißen Küsse trinkend.
>
> (I, 261 ff.)

Der Eingriff in die Intimsphäre, der vom Mann als ein Recht auf mehr interpretiert wird, hat Parallelen bis in das Verhältnis zwischen Libussa und

Primislaus, wo allerdings die Frau die Neigung des werbenden „Retters"
nicht teilt.

Die Ahnfrau konfrontiert zwei Welten: die legale des patriarchalischen Königtums und die der Räuber, die in der Gestalt Jaromirs in das
Haus Borotin einbricht. Letztere ist nicht weniger patriarchalisch als die
erstere. Beide Sphären können nicht gut und böse, recht und unrecht genannt werden, da sie einander zu sehr gleichen.

Anders als bei Schiller hat keiner von Grillparzers Räubern edle Motive, schreibt sich kein „in tyrannos" aufs Banner. Sowohl als Gruppe wie
als Individuen sind die Räuber nicht weniger materialistisch und autoritär
als ihre Gegenspieler. Die Räuber wollen nichts als was die Herrschenden
schon besitzen: Status, Reichtum, Sicherheit. Zu diesem Zweck sind sie
bereit, sich jedes Mittels zu bedienen. Diese sind bereit, mit eben denselben Mitteln zu verteidigen, was sie schon haben. Dabei steht ihnen ein
Apparat von Behörden und Gesetzen zur Verfügung. Das Töten wird
notfalls für sie durch staatliche Agenten unternommen, so daß der Schein
der Gerechtigkeit erhalten bleibt. Der Mord an der Ahnfrau belegt, daß
der privilegierte Mann auch dann sicher ist, wenn er Faustrecht gelten
läßt, solange er einen sozial Geringeren tötet.

Die Räuberschaft ist wenig anders als die etablierte Gesellschaft. Der
Hauptunterschied liegt in den Vermögensverhältnissen, nicht andersgear-
teten Idealen oder Lebensweisen. Die Borotins und Jaromir sprechen daher auch keine verschiedene Sprache. Der Räuber wird akzeptiert als junger Edelmann aus der Fremde, zwar unbegütert, aber standesgemäß.

So leicht ging auch der Vatertausch vonstatten. Jaromir, der seiner
„Kindheit erstes Lallen" (V, 2883) auf Borotin erlebte, hat sich leicht an
die neuen Umstände gewöhnt und seinen Entführer, den Räuber Boleslav,
als Vater anerkannt. Dieser durchschaut die legalisierten Klasseninteressen wohl:

> Des Gesetzes rauhe Stimme,
> Hart und fürchterlich dem Räuber,
> Mildert seinen strengen Ton
> Gegen jenes Mächt'gen Sohn!
>
> (V, 2889)

Jaromirs Einkommensquellen sind illegal, nichts anderes unterscheidet
ihn. Weder die Räuber noch die Privilegierten begründen ihre Ansprüche
auf Leistung oder eine wie auch immer geartete Arbeitsethik, den naiven
Glauben an die Früchte ihrer Hände. Den Räubern fehlen angeborene
Privilegien, sonst verhalten sie sich wie der Adel. Konsequenterweise
macht Grillparzer sie zu Mitgliedern einer Familie – ein Motiv, das nach
dem Wiener Kongreß der Aktualität nicht entbehrte. Freilich erkennen

beide Gruppen die gegenseitige Verwandtschaft *nicht,* und es kommt beinahe zu dem von beiden tabuisierten Inzest.

Eigentum – und dazu gehört die Frau – und dessen Sicherung stehen im Mittelpunkt beider Lebensbereiche. Die Räuber rauben und töten selbst, die Privilegierten nur in Ausnahmefällen, sonst haben sie ihre Handlanger. Als diese treten der Hauptmann und die Soldaten auf. Auch der Kastellan ist Teil dieses Apparatus. Freilich gehen auch die Beauftragten nicht rein „sachlich" vor, wie das Rachebedürfnis des Hauptmanns belegt. (II, 1255 ff.) Während die männlichen Figuren die Anwendung von Macht und Gewalt mit der angeblichen Bedrohung durch den Gegner rechtfertigen, ein Trick, der aus der Geschichte aller Jahrhunderte wohlbekannt ist, fällt es Bertha schwer, als Außenseiterin zwischen den einen und den anderen zu unterscheiden, und sie ruft zu Menschlichkeit auf. Von dem männlichen Eifer wird sie nie ergriffen.

Jaromir bringt die Verteidigung der Räuber in Form eines liberalen Argumentes vor – „einen Stiefsohn des Geschicks" (II, 1326 ff.) nennt er sich einleuchtend.

> Ihn verdammen, wenn er übte,
> Was die taten, die er liebte,
> Und an seines Vaters Hand,
> Dem Verbrechen sich verband.
>
> (III, 1906 ff.)

Grillparzer motiviert Randgestalten der Gesellschaft wie auch Rahel und ihren Vater *(Die Jüdin von Toledo)* sozial. Als Hintergrundwissen über Jaromir genügt zu wissen, daß er kein Leben der freien Wahl lebt. „Geschick" entpuppt sich immer als die gesellschaftlichen Verhältnisse.[35]

Schon in *Die Ahnfrau* wird vor dem Hintergrund von Unterdrükkung, Habgier, Lustfeindlichkeit, Mord und Materialismus eine chaotische Welt dargestellt. Die scheinbar geordnete etablierte Gesellschaft und die Außenseiter haben entscheidende Aspekte gemein. Indem sie Besitz zum zentralen Wert machen, entfremden sie sich vom Leben selbst. Neben der Bereitschaft, für Dinge zu töten, steht die Repression des sozial Schwächeren, der Frau und der Nichtbesitzenden.

Es ist unmöglich, Partei für die Borotins gegen die Räuber zu ergreifen. Räuber-Sein heißt nur, was die anderen schon besitzen, erringen wollen. Bertha stellt die einzige Alternativposition dar, ist aber in ihrer für die Frau typischen Vereinzelung kein Gegengewicht. Sie ist macht- und einflußlos. Weder in die eine noch die andere Gesellschaft ist sie integriert.

---

35 JAKOB MINOR, „Zur Geschichte der deutschen Schicksalstragödie und zu Grillparzers ‚Ahnfrau'." JbGG, 9 (1899), S. 1–85.

Da sie sich nicht mit dem Bereich des Vaters identifizieren kann, fällt es ihr leicht, sich in die Räuber hineinzuversetzen und Jaromir zu folgen, selbst als sie schon weiß, wer er ist. (III, 2059) Die Machtstruktur auf der einen wie der anderen Seite ist von Männern für Männer, so daß Bertha, wie der Ahnfrau, nur der Bereich des Todes offensteht. Eine Gesellschaft aber, die so für ihre Mitglieder sorgt, daß die Hälfte derselben ohne angemessenen Platz bleibt, ist krank.

Die Gestalten sind nicht auf emotionale Identifikation von seiten des Publikums angelegt, die Tragik nicht in der Individualpsyche angesiedelt. Weder Borotin noch Jaromir zeichnen sich durch eine besondere Statur aus. Auch Bertha ist nicht viel mehr als blaß und liebenswert. Sie sind keine Ausnahmecharaktere in unerträglichen Grenzsituationen. Einzelne Aspekte ihrer Existenz mögen traurig sein, aber nicht genug, um eine Katharse durch Furcht und Mitleid zu bewirken. Anders, wenn man das Gesamtbild betrachtet. Dann geht es um Gestalten einer Endphase, überschattet von der Vergangenheit, die, vom Erbe der Väter bestimmt, keinen Ausweg läßt. Die politischen und sozialen Gegebenheiten sind so determiniert, daß es dem Einzelnen auch nicht mit den besten Vorsätzen gelingen kann, sich zu befreien. Am ehesten lädt Bertha zur Identifikation ein.

Anders als noch bei Hebbel löst der Tod selbst der Jüngsten und Hoffnungsvollsten nichts. Ihr Sterben ist nicht sinnvoll etwa als Opfertod oder Untergang von gesellschaftlicher Beweiskraft. In der Zwangslage, in die das Individuum geboren oder verschlagen wurde, gibt es keine Existenzwahl. Entschied Shakespeares Richard III. sich bewußt dazu, ein Bösewicht zu werden mit offenem Auge für die Konsequenzen, so wird Jaromir unter der Leitung einer Vaterfigur konditioniert. So sind die Handelnden nicht primär Charaktere, sondern Handlungsträger, geformt aus ihren sozio-historischen Gegebenheiten. Es ist Glück oder Zufall, sich auf der rechten, d. h. der legalen Bahn zu bewegen. Frau aber ist Frau, sei es in der Vergangenheit oder der Gegenwart. Der Spielraum, den die Unterdrücker ihr zugestehen, erlaubt keinerlei Veränderung, Entwicklung oder Individuation. Daher sehen die Ahnfrau und Bertha einander gleich.

Die Ahnfrau ist ein revolutionäres Drama im Märchengewand. Die Schwierigkeiten der zeitgenössischen Presse, mit dem Drama fertigzuwerden, indizieren seinen außergewöhnlichen Charakter. Keine Charaktertragödie, eine weltgeschichtliche Wende steht zur Debatte. Der Begriff „Schicksalstragödie" läßt sich daher nur dann anwenden, wenn man unter Schicksal nicht nur einen ominösen Zwang aus der Geisterwelt, ein Motiv, welches seit der Romantik wieder hoch im Kurs stand, versteht, sondern den Begriff auf die Gesamtheit dessen erweitert, was den Menschen determiniert. In jenem letzteren Sinne ist *Die Ahnfrau* ein Schicksalsdrama. Noch einmal, viel später, in *Die Jüdin von Toledo,* setzt Grillparzer diese

Art von Schicksal von der melodramatischen der Romantik ab. Während die dilettantischen Versuche Rahels, Magie und Zauberei zu üben, kläglich versagen, ist das sozio-historische Schicksal unerbittlich: die Jüdin und *femme fatale* wird auf grausame Weise eliminiert, während ihre Mörder straffrei ausgehen.

Im Sinne dieses Schicksals lebt der Geist der Ahnfrau und ist real wie die Räuber und Borotin. Nicht die Räuber,[36]) die Ahnfrau ist die Verkörperung der Rebellion. Wie sie ist es wiederum Bertha, die selbst nach der Enthüllung der Fakten dem Räuber und Mörder folgen will. Die patriarchalische Ordnung ist in der Zerrüttung begriffen. Die Legitimität der Erben steht nicht mehr fest. Der verkannte Sohn begibt sich sterbend in die Arme der Ahnfrau, die Bild der Geliebten, Schwester und Urmutter ist. So vereint sich die Mißachtung aller christlicher Tabus in diesem Bild: Ehebrecherin, Bruder-Schwester-Mutter-Inzest. Zu Ende ist die Ahnfrau ganz die große Mutter, die ihre Kinder wieder zu sich aufnimmt – und zudem das Wunschbild der ödipalen Liebe. Sie steht den Autoritäten der Familienväter, der Könige und Patriarchen, aber auch Gott dem Vater entgegen.

Liebesbeziehungen im romantischen Sinne gibt es in *Die Ahnfrau* nicht. Erotische Bindungen enden katastrophal, kein Wunder, denn es mangelt an der Basis für persönliche Zuneigung. Hierin ähnelt das Drama den späteren: Bis auf wenige Ausnahmen fehlt bei Grillparzer die Liebe. Nur die Ehe zwischen Bancban und Erny sowie die Neigung zwischen Barbara und Jakob verdienen eine solche Bezeichnung. In Grillparzers Drama eröffnet sich eine lieblose Welt, in der sich Mann und Frau aus anderen als emotionalen Neigungen zusammenfinden.

Die Gesellschaft der *Ahnfrau* ist mutterlos. Schon zu Handlungsbeginn ist die Gattin Borotins gestorben. Dies ist ein Charakteristikum des Grillparzerschen Werkes. Mütter treten entweder überhaupt nicht oder nur marginal oder als Unterdrückte in Erscheinung – außer solchen Müttern, die eigentlich keine sind.

Bertha ist die einzige Frau in der kleinen Gesellschaft. Die Mißproportion zwischen Männern und Frauen zahlen- und kräftemäßig drückt ein soziales Mißverhältnis aus, das sich auch in den lebensfeindlichen Werten niederschlägt, welche an dem Katalog, den Luther in seiner „Festen Burg" aufstellt, orientiert scheinen: „Leib, Gut, Ehre, Kind, Weib . . ." In der Hierarchie des Besitzes steht die Frau an letzter Stelle.[37])

---

36 GEISSLER, S. 438, weist auf Grillparzers Bürgerkritik hin, die daran abzulesen ist, daß auch kein edler Räuber gezeigt werde.

37 Zu den politischen Implikationen siehe auch: PIERO RIESMONDO, „Die politische Vision in Grillparzers ‚Ahnfrau'." Grillparzer Forum Forchtenstein (1978), S. 164–181.

Die gesellschaftliche Verdrängung der Frau scheint äußerlich gelungen. Als psychologisches Faktum ist sie nicht eingetreten. Die abwesende, gemordete Weiblichkeit wird bedrängende Gegenwart, verkörpert in der Geistererscheinung, die den Untergang der männlich dominierten Welt anzeigt. Das Gespenst der Ahnfrau bedeutet jedem etwas anderes. Günther und dem Grafen ist sie Botin des Unheils, Bertha Doppelgängerin, Jaromir die ersehnte, unerreichbare Geliebte, Gattin, Schwester, Ziel und Verhängnis.

Sappho

Der Titel von Grillparzers nächstem Trauerspiel – *Sappho* – deutet die spezifisch weibliche Problemstellung an. Es geht nicht allein um die von Grillparzer selbst aufgezeigte Dichterproblematik,[38] wie schon Harrigan in ihrem bahnbrechenden Artikel nachgewiesen hat.[39] Der Schwerpunkt des Werkes ist weniger die individuelle Künstler- und Liebesproblematik als das gesellschaftlich Bedingte. Sappho ist mehr noch als sensitiver Ausnahmemensch à la Tasso Frau. Ihre Künstlerschaft steht außer Frage. Sie ist nicht Kern des Dramas, wie auch jene Kritiker bemerkten, die feststellten, Sappho trete als Dichterin eigentlich gar nicht hervor.

Sappho ist mehr als eine Selbstprojektion des Dichters, muß es sein, denn allein das Geschlecht stimmt nicht. Als Charakter ist Sappho schärfer umrissen als irgendeine Figur der *Ahnfrau*. War Bertha ein durchschnittliches Mädchen, so ist Sappho eine Frau, die sich durch ihre Verdienste einen ungewöhnlichen Rang als Alleinstehende erworben hat. Daher auch das griechische Kostüm. Grillparzers eigene Gesellschaft erlaubt einer Frau einen derart außerordentlichen Status, wie Sappho ihn zu besitzen scheint, nicht. Jedoch kommt ihr auch in ihrer Umgebung als Frau eine solche Position nicht zu.

Durch ihre Existenz stellt Sappho Werte und Rollenvorstellungen ihrer Gesellschaft in Frage. Sie ist, bei allem Ruhm, ein Schandfleck für die Patriarchie, nicht weniger als es auf ihre Weise die Ahnfrau war. Als Sappho Phaon erwählt, tritt dieses latente Problem in den Brennpunkt. Zurückgezogen auf ihrem Besitz hat die Dichterin noch nicht alles von der Gesellschaft gefordert, was einem vollgültigen Mitglied zusteht und hat es vermieden, an die ihr durch ihr Geschlecht gesetzten Grenzen zu stoßen. Die Partnerwahl rückt Sapphos Geschlechtlichkeit in den Blickpunkt.

---

38 Grillparzer ließ selbst im Zusammenhang mit ,Sappho' den Begriff „malheur d'être poète" aufkommen. Briefe und Dokumente II, S. 102.

39 RENNY KEELIN HARRIGAN, „Woman and Artist: Grillparzer's Sappho Revisited." German Quarterly, 53 (1980), S. 298–316.

Schon Phaon, der angeblich Liebende, stellt Position und Recht der Dichterin in Frage. Mit ihrer Liebe fordert er auch Macht über ihre Sphäre:

> Sei ruhig, Sappho ist ja gut und milde,
> Ein Wort von mir, und ohne Lösegeld
> Gibt sie den Deinen dich, dem Vater wieder.
>
> (II, 621)

Es charakterisiert Phaon, daß er sich als das höchste Gut die Rückkehr zum Vater vorstellt. Ein Wertkonflikt deutet sich an, der in die offenen Rebellion gegen Sappho mündet:

> LANDMANN Ob Recht ob Unrecht? Sappho wird entscheiden!
> PHAON   So sprichst du Alter, und errötest nicht?
>   Wer ist denn Sappho, daß du ihre Zunge
>   Für jene achtest an des Rechtes Waage?
>
> (V, 1637 ff.)

Phaon schwankt zwischen der seit dem Zeitalter der Hohen Minne bekannten Vergötterung und Verachtung der Geliebten:

> Dasselbe Götterbild, das ich nur irrend
> So lange für ein Menschenantlitz hielt,
> Zeig' dich als Göttin! Segne Sappho, segne!
>
> (V, 1719 ff.)

> Du warst – zu *niedrig* glaubte dich mein Zorn,
> Zu *hoch* nennt die Besinnung dich – für meine Liebe.
> Und nur das Gleiche fügt sich leicht und wohl!
>
> (V, 1740 ff.)

Seine einfachen und unpretentiösen Eltern, die als „Volksmund" betrachtet werden können, scheinen seine Haltung anerzogen zu haben:

> O meine Eltern! . . .
> Gab des Gerüchtes Mund euch schon die Kunde,
> Daß euer Sohn, den ihr zu lieben nicht,
> Den ihr zum Kampfe nach Opympia sandtet,
> In Sapphos Arm –
> Wer wagt sie zu schmähn!
> Der Frauen Zier, die Krone des Geschlechts!
> Mag auch des Neides Geifer sie bespritzen,
> Ich steh' für sie, sei's gegen eine Welt!
> Und selbst mein Vater, sieht er sie nur erst,
> Gern legt er ab das alte Vorurteil,
> Das frecher Zitherspielerinnen Anblick
> Mit frommer Scheu ihm in die Brust geprägt.
>
> (I, 497 ff.)

Phaon projiziert in den Vater die eigene Unfähigkeit, zwischen einer Zitherspielerin und Sappho zu unterscheiden.

In einer Gesellschaft, die Frauen als Bürger nicht einplant, hat Sappho Bürgerrechte erlangt. (I, 46, 71) Sie irrt, glaubt sie, daß sie nun wirklich gleichgestellt sei. Selbst ihre Untergebenen und Nächsten betrachten Mann und Frau als kategorisch anders: „Der Mann mag das Geliebte laut begrüßen, / Geschäftig für sein Wohl liebt still das *Weib*." (I, 39) Rhamnes zeigt sich – wohl durch die Erhöhung der Herrin – in seinen Kategorien so verwirrt, daß er hier Melitta in die Rolle der erwartungsfrohen Frau, Sappho in die des Mannes („für sein Wohl") versetzt und damit zwischen Sappho und der Sklavin eine Liebesbeziehung ansetzt. Die Verwirrung – vom Standpunkt der Majorität – manifestiert sich auch darin, wie Sappho Phaon einführt, etwa wie ein Gatte die Frau einführen würde:

> Umsonst sollt ihr die Bürgerin nicht grüßen,
> Sie führt zum Dank euch einen Bürger zu.
> Hier Phaon. Von den Besten stammet er
> Und mag auch kühn sich stellen zu den Besten!
> Obschon die Jahre ihn noch Jüngling nennen,
> Hat ihn als Mann so Wort als Tat erwiesen.
>
> (I, 69 ff.)

Sappho ist nicht das Drama einer aufgrund des Altersunterschieds problematischen Liebe. Freilich trägt Phaons Jugend zu der Brisanz bei. Thematisch ist das Faktum, daß bei gleichem, mehr noch, bei überragendem Verdienst der Frau nicht die gleiche Belohnung zugestanden wird. Geschlecht macht Biographie. Das Drama geht aus von der einem Helden adäquaten Schematik: Bewährung in der Fremde, triumphale Heimkehr, Gattenwahl – nur daß es nicht um einen Helden, sondern eine Heldin geht. Sapphos Griechenland ist auch eine Verkleidung für Grillparzers zeitgenössische Zustände. Es geht nicht um die Darstellung der Antike *per se*. Die Anwendbarkeit desselben Stoffes zu so verschiedenen Zeiten weist peinlich auf, daß sich nichts geändert hat, daß die soziale Ungerechtigkeit auf Geschlechterbasis immer noch dieselbe ist – eine Problemstellung, die Grillparzer bis zu seinen letzten Werken nicht losläßt. In *Libussa* heißt es:

> Ein Mann! Ein Mann! Ich seh' es endlich kommen.
> Die Schwestern mein, sie lesen in den Sternen,
> Und Wlasta führt die Waffen wie ein Krieger,
> Ich selber ordne schlichtend dieses Land;
> Doch sind wir Weiber nur, armsel'ge Weiber:
> Indes sie streiten, zanken, weinerhitzt,
> Das Wahre übersehn in hast'ger Torheit
> Und nur nach fernen Nebeln geizt ihr Blick,
> Sind aber Männer, Männer, Herrn des All!
>
> (*Libussa* III, 1311 ff.)

Die Urgründe der geschlechtlichen Diskriminierung, so suggerieren Grillparzers Werke, liegen tief: vor der Antike, der Frühgeschichte. Sie reichen bis in die eigene Zeit. Bedenkt man, daß der Bühneneindruck der Dramen ganz zeitgenössisch war – Medea z. B. erschien in Dunkelrot mit Federboa – so verknüpft sich in diesen Werken Vergangenheit mit der Gegenwart nahtlos.

In dem dargestellten Sozialgefüge bildet Sapphos Anwesen mit ihren Frauen eine Ausnahme. Sappho als Alleinstehende jedoch ist nicht mehr als ein Unikum, das den Fortbestand des *status quo* nicht gefährdet. Sie ist radikal anders und kann nicht kategorisierend eingeordnet werden. Man vergöttert sie. Das ist letztlich nichts anderes als ihr die menschlichen Qualitäten aberkennen. Sie ist Idol, nicht Vorbild, an dem man sich orientieren könnte. Sappho genießt göttliche Narrenfreiheit.

Grillparzer konzipierte sie als etwa 26 Jahre alt. Jetzt, in ihren Mittzwanzigern, nimmt sie für sich in Anspruch, was jedem verdienten Griechen – und Österreicher – unbenommen wäre, Erfüllung auf dem privaten Sektor durch eine Liebesbeziehung mit einem hübschen Griechen. Harrigan weist auf die Bindung zwischen Melitta und Sappho hin. Wollte man eine intime Beziehung zwischen den beiden Frauen annehmen, so wäre dieses Faktum selbst noch nichts, was an die Grundfesten der Gesellschaft rühren würde, anrüchig wie das Lesbiertum sein mag. Erst die „Heimführung" Phaons durch Sappho, der von Geburt her selbst das Recht hat, Patriarch zu sein, ist ein echter Stein des Anstoßes – ein Mann dominiert von einer mächtigeren, unabhängigen Frau, gleich wie großzügig sie sich gebärden mag.

Sapphos Ehrlichkeit und Naivität sind hervorzuheben. Es geht ihr nicht um eine sporadische Belustigung, wie es der Fall bei einem Mann ihrer Position und einem jungen Ding sein könnte. Sie erklärt offen vor den Leuten:

> Ja, meine Freunde, mögt ihr's immer wissen,
> Ich liebe ihn, auf ihn fiel meine Wahl.
>
> (I, 88 ff.)
>
> Was mein ist, ist auch dein. Wenn du's gebrauchst,
> So machst du erst, daß der Besitz mich freut.
> Sieh um dich her, du stehst in deinem Hause.
> Den Dienern zeig' ich dich als ihren Herrn,
> Der Herrin Beispiel wird sie dienen lehren.
>
> (I, 293 ff.)
>
> Ihr seht hier euern Herrn. Was er begehrt
> Ist euch Befehl nicht minder als mein eigner.
>
> (I, 304 ff.)

So legt sie sich fest, kompromittiert sich und wirft selbst ihre Karriere in die Waage, um sich dem Geliebten zu nähern:

> Und leben ist ja doch des Lebens höchste Zier!
> Umsonst nicht hat zum Schmuck der Musen Chor
> Den unfruchtbaren Lorbeer sich erwählt,
> Kalt, frucht- und duftlos drücket er das Haupt
> Dem er Ersatz versprach für manches Opfer.

(I, 270 ff.)

Ganz ehrlich kann Sappho nicht sein, wenn sie in ihrem Überschwang der Gefühle erklärt, Phaons Gaben seien das eigentlich Begehrenswerte im Leben. (I, 257 f.) Um den unbedeutenden Geliebten aufzuwerten, schmälert sie sich selbst. Damit er sich sicher fühlen kann, spricht sie den Tatsachen Hohn. So ändert Phaon seine anfängliche Bescheidenheit „Wer glaubte auch, daß Hellas' erste Frau / Auf Hellas' letzten Jüngling würde schauen!" (I, 255 f.) zu größenwahnsinniger Selbstüberschätzung: „Zerbrich die Leier, gifterfüllte Schlange!" (V, 1685)

Damit Sappho überleben konnte, mußte sie sich isolieren. In ihrem fast nonnenhaften Dasein war sie Verweserin ihrer Kunst, die ihr eine Alternative zu dem Dasein der Normalfrau gestattete. Ohne Familie und Partner konnte sie ein geistiges Dasein führen, zu welchem sie eine gesicherte Existenzgrundlage hatte. Sappho gehört in diesem Sinne zu den Privilegierten. Gleich aber was ihre Vermögensverhältnisse sein mögen – da sie Frau ist, kann sich ein Mann, gleich welcher Klasse, aufgrund seines Geschlechts den Vorrang vor ihr anmaßen. Wie leicht ihre Existenz aus dem Gleichgewicht zu bringen ist, weist das Drama nach.

Wäre Sappho ein Mann, wäre sie eine wünschenswerte Partie und besäße dazu noch Sensibilität und Großzügigkeit. Als Frau steht ihr dagegen nur eins von zwei Dingen zur Wahl: eine geistige Existenz und private Entsagung oder totale Hingabe an einen Mann unter Verzicht auf intellektuelles Schaffen. Die dümmlich-liebenswerte Melitta ist Paradigma für eine Weiblichkeit, die der Sappho verschlossen ist. Die Weichen für die eine oder andere Möglichkeit werden früh gestellt, wie Sappho tragischerweise zu spät erfährt, als sie sich ahnungslos auf dem Höhepunkt einer Karriere noch für den Mann entscheiden will. Ihr Konflikt ist einer, der nur Frauen angeht. Im Falle Phaons wird Verzicht auf Ruhm oder Privatleben nicht erwogen.

Melitta, die Harrigan wenig erfolgreich aufwerten wollte, ist nicht, wie Lobredner anmerkten, „engelrein". (*Briefe und Dokumente* II, S. 151) Sie, wie auch die Kreusa des *Goldenen Vlieses* besitzt die passive Aggression einer Unterdrückten oder geistig Minderbemittelten.

Sie ist eine Karikatur auf das weibliche Ideal der Zeit. Jung, schön, kindlich, aber auch naiv und dumm im Sinne eines tatsächlichen Mangels an Begabung – und dennoch Sapphos Liebling, deren Schwäche für Unterlegene sich vor Phaon schon an Melitta manifestiert:

> Von all den Mädchen
> Die je ein spielend Glück mir zugeführt,
> War keine teurer mir als sie, Melitta,
> Das liebe Mädchen mit dem stillen Sinn.
> Obschon nicht hohen Geistes, von mäß'gen Gaben
> Und unbehilflich für der Künste Übung . . .

(I, 752 ff.)

Und Melitta beschreibt das Verhältnis: „Was besäß' ich denn, / Das ich nicht Dir, nicht deiner Milde dankte?" (III, 1068 ff.) Wie schon in der *Ahnfrau* verbirgt sich hinter dem Wort Liebe Abhängigkeit, eine sentimentalisierte Art von Besitz und Macht. Auch Sappho, sozialisiert in den Kategorien einer so denkenden Gesellschaft, sind diese limitierten Vorstellungen zu eigen. Sie transzendiert diese erst durch ihren Selbstmord. Der Tod allein bietet einen Ausweg aus den Zwängen der Hierarchie ihrer Welt.

Bis zu dem Konflikt um Melitta und Phaon nahm Sappho die Vorstellungen ihrer Umgebung unreflektiert hin und glaubte, durch Gefühl Sklaverei rechtfertigen zu können.[40]

> Die Liebste mir von meinen Dienerinnen,
> Von meinen *Kindern* möcht' ich sagen, denn
> Ich habe stets als Kinder sie geliebt.
> Wenn ich die Sklavenbande nicht zerreiße,
> So ist es nur, da die Natur uns süßre
> Versagt, um jene Eltern- Heimatlosen
> Nicht vor der Zeit dem Aug der Lehrerin,
> Der Mutter zarter Sorgfalt zu entziehen.

(II, 740 ff.)

Dem Konzept haftet etwas Fragwürdiges an, gleich wie Sappho sucht, es in humanitären Vorwänden zu verschleiern. Geht es Sappho um eine zeitweilige Autorität als Erzieherin, so denkt Phaon in krassen Eigentums- und Rechtsvorstellungen: „Lügner! Sie ist mein!" (IV, 1435)

---

40 ROBERT MÜHLHER, „Das Doppelantlitz des Eros in Grillparzers Sappho." Die Andere Welt, ed. Kurt Bartsch et al. (Bern, München 1979), S. 44. Mühlher merkt S. 49 an: „Es muß auffallen, daß in Grillparzers Drama von der gleichgeschlechtlichen Liebe, wie es in der Gegenwart mit Anspielungen auf Sapphos Insel Lesbos geläufig ist, nicht gesprochen wird." Freilich werden derartige Beziehungen weder hier noch in ‚Des Meeres und der Liebe Wellen' ausgeschlossen.

Phaons Angebote von Lösegeld (V, 1630 ff.) unter gleichzeitigen Schmä-
hungen seiner ehemaligen Geliebten verdeutlichen, in welch materiellen
Termini er Frauen, auch seine neue Braut, betrachtet.

Melittas und Phaons Liebelei begann, nachdem Phaon schon Zweifel
an Sappho gekommen waren. Unsicher, wie er sein Verhältnis zu ihr den
Eltern gegenüber rechtfertigen sollte, trifft er Melitta, jemand, der ihm
Vehikel für den Rückzug sein kann, denn Phaon zeichnet sich nicht eben
durch Tapferkeit aus. (V, 1602 ff.) Melitta ist auch ein geeignetes Instrument für Phaons eigentliches Ziel, Sappho zu erobern, sie zu überwinden
und aus dem Felde zu schlagen. Phaon erkundigt sich heuchlerisch nach
Melittas Heimat. Er hat keine Absicht, sie dorthin zurückzubringen, wie
die folgende Verführung darlegt. Durch vorgegebene Sympathie manipuliert sich Phaon in das Vertrauen der jungen Frau.

Wie es um Phaons Leidenschaften steht, wird daraus ersichtlich, daß
er sich in Sappho verliebte, ehe er sie gesehen hatte. Auch die Leidenschaft
für Melitta erwacht, als Sappho ihm ihr Eigentum preisgegeben hat und
ihm nichts mehr zu erobern bleibt als etwa die Liebe einer von ihr geliebten, ihr getreuen Person. Plötzlichkeit und Heftigkeit im opportunen Augenblick entlarven die Leidenschaft als falsch. Wie sehr Phaon seine Beziehung zu Melitta als rivalisierenden Wettstreit mit Sappho auffaßt, enthüllt sich im letzten Akt:

MELITTA Nein, laß mich knien
         Wie's wohl dem Kinde ziemt vor seiner Mutter,
         Und dünkt ihr Strafe recht, so strafe sie,
         Ich will nicht murren wider ihren Willen!
PHAON   Nicht Dir allein auch mir gehörst du an,
         Und mich erniedrigst du durch diese Demut.
         Noch gibt es Mittel, das uns zu erzwingen,
         Was sie der Bitte störrisch-rauh versagt.
MELITTA O wär' es auch, mich freut nur ihre Gabe,
         Erzwungen wäre mir das höchste Gut zur Last!
                                          (V, 1759 ff.)

In Sappho geht es, um mit Kate Millett zu reden, um einen Fall von *sexual
politics*, nicht um individuelles Versagen. Nicht Hybris ist der Sängerin
zur Last zu legen, sondern Unkenntnis der sozialen Realitäten. Eine Frau
enttäuscht die von der Umwelt an sie herangetragenen Rollenerwartungen
nicht in bewußter Auflehnung, sondern, weil sie das für Männer geltende
Leistungsprinzip auch für sich als anwendbar vermutet. Für die Heldin
Sappho ist die traditionelle Frauenrolle zu eng zugeschnitten. Sie erfordert
Beschneidung des menschlichen Potentials. Der Versuch der vergötterten
Frau, auch Mensch zu sein, mißlingt.

Phaon versteht sie auf dieser Ebene überhaupt nicht. Melitta umschifft den wunden Punkt, indem sie nur den mütterlichen Aspekt Sapphos betont, einer Frau, die um nur etwa 11 Jahre älter ist als sie. Sappho als sexuelles Wesen wird so negiert. Die Dichtung – erotische Liebeslieder – sind die einer eigentlich Unerfahrenen, ihr Glanz ist nur schöner Schein. Die Erfahrung der Liebe treibt die Dichterin zum Selbstmord. Durch sie erfährt sie die ihr gesetzten engen Grenzen und die Voraussetzungen ihrer Existenz.

Rollenerwartung und Wirklichkeitserfahrung sind ein Teil der auf Sappho einwirkenden Bedrängung. Sie sind in den materiellen Gegebenheiten und den Verhaltensnormen begründet. Sappho erfährt, daß ein jeder Mann, und sei er so unerfahren wie Phaon, größere Privilegien genießt als jede Frau. Die Doppelheit der sozialen Normen, so gründlich exponiert, erlaubt eine kritische Perspektive auf die zeitgenössischen Werte.

Sappho findet nur noch zögernde Anerkennung, nachdem sie ihre Menschlichkeit durch ihre Sexualität offengelegt hat. Bei ihrem Liebhaber trifft sie auf Widerstand und Schmähung. Nur bei Melitta deutet sich eine entfernte Vision weiblicher Solidarität an:

> Gefallen ist die Binde meiner Augen,
> O laß mich wieder deine Sklavin sein,
> Was dir gehört, besitz es und verzeih!
>
> (V, 1950 f.)

Die paradoxe Einstellung des Durchschnittsmannes kristallisiert sich an Sappho, der überdurchschnittlichen Frau, heraus, die dem hausbackenen Wunschdenken des Mannes nicht entspricht und seine Vorstellungen bedroht. Dagegen ist Melitta einfach zu akzeptieren. Kindhaft und wenig intelligent bildet sie keinen ernstzunehmenden Faktor. Sie scheint ein gefäßhaftes Wesen zu sein, das durch Liebe Erfüllung sucht, während Sappho schon vor ihrer Beziehung zu Phaon eine ausgeprägte Individualität besaß. Eine solche scheint auch bei Melitta im Wachsen begriffen zu sein, und gegen Ende des Dramas bleibt es fraglich, ob sie Phaons Ansprüchen noch ungefragt nachkommen will.

Die griechische Gesellschaft spiegelt Grillparzers eigene, die aus Zensurgründen nicht dargestellt wird.[41] Ein so delikates Thema von Macht

---

41 „Ihr leugnet die Souveränität des Volkes, weil der Mensch, in einem gegebenen Staate geboren, als Untertan auf die Welt kommt. Nun also, das Sklavenkind auf Kuba wird als Sklave geboren, ist darum die Sklaverei ein rechtliches Verhältniß? Das Eine ist ein Faktum wie das andere. Und geht ihr bei Einem auf die Rechtsgründe zurück, warum nicht bei dem andern." (Tagebücher IV, S. 145, 1836) Er tadelt auch die „Nationaleitelkeit der Nordamerikaner", zu der sie, seiner Ansicht nach in Hinblick auf die Sklavenkodexe und Rassenumsiedlungen und -verfolgungen kein Anrecht hätten. (Tagebücher, IV, S. 175).

und Unterdrückung wäre aus zu großer Nähe kaum willkommen gewesen. Es bleibt der Eindruck von Lebensumständen, Sitten und einer Hierarchie, die die Mittelmäßigkeit und Unterwürfigkeit besonders der Frau fördern und Hervorragendes von innen und außen her vernichten. Empörung und Spott, die sich von der zeitgenössischen Kritik her verschiedentlich gegen das Drama wendeten, besonders bezüglich Sapphos Ansprüchen an das Leben, bezeugen das Beunruhigende an dem Werk.

Sappho bleibt in ihrer isolierten Position nur der Tod als Ausweg. Sie kann nicht hoffen, ihre Umwelt zu ändern. Vermochte es ihre Dichtung nicht, so noch weniger ihre geschwächte Person. Es lohnt sich für sie nicht, in einer so beschaffenen Welt weiterzukämpfen. Zu spät versteht Sappho, daß es nicht das individuelle Vergehen gegen sie ist, das sie zum Erliegen bringt, sondern die Dynamiken in einer patriarchalischen Welt. Sie findet sich daher bereit, Phaon und Melitta zu vergeben. Gefangen zwischen den Gesetzen einer Patriarchie, die ihr nicht erlaubt, einen hervorragenden Intellekt zu besitzen und gleichzeitig Frau zu sein, wählt sie den Freitod. Keine der möglichen Rollen: Frau, Mutter, freche Zitherspielerin, körperloser Intellekt oder Priesterin der Kunst wird gesondert ihrer Persönlichkeit gerecht.

Des Meeres und der Liebe Wellen

„Gesunde Sinnlichkeit" charakterisiere Grillparzers Hero und Leander, heißt es in Laubes Erinnerungen von 1883.[42] Oft ist die Hemmungslosigkeit der beiden in Des Meeres und der Liebe Wellen kritisch bemerkt worden. Thema und Ausführung des Dramas sind Beweis genug, daß sich Grillparzer nicht vor der Darstellung der gesellschaftlich nicht sanktionierten Lust scheute, wenn diese seinen literarischen Absichten gemäß war. Das Moderne und Gewagte ist bei Grillparzer, im Gegensatz zu vielen Autoren seiner Zeit, Begehren und Leidenschaft bei Mann *und* Frau darzustellen, ohne daß etwa „feinere" Emotionen dazu die Motivierung hergäben.

Des Meeres und der Liebe Wellen gehört thematisch zu der viel früheren Sappho. Dialektisch betrachtet ist es das Gegenstück. Grillparzer hatte die Hero-und-Leander-Thematik bereits 1819 in Erwägung gezo-

---

42 Grillparzers Gespräche und die Charakteristiken seiner Persönlichkeit durch die Zeitgenossen (Wien 1910), S. 4. (Bd. 12, 2. Abt.).

gen, also unmittelbar nach *Sappho*.[43]) Es geht um den Prozeß der sinnlichen Emanzipation, der in Sappho abortiv endete:

> Erhabne, heil'ge Götter!
> . . .
> Ihr habt der Dichterin vergönnt zu nippen
> An dieses Lebens süß umkränzten Kelch,
> Zu nippen nur, zu trinken nicht.
>
> (V, 1981 ff.)

Zwei unerfahrene Menschen wollen sich zunächst ihren Trieben entziehen. Sie können sich trotz der sozialen Hindernisse nicht zügeln. Hero hat sich in den Tempeldienst geflüchtet, um ihrem gesellschaftlich vorgezeichneten Schicksal als Mutter und Dienerin eines Ehemanns zu entgehen. Leander, wie Hero an die Mutter gebunden, wollte den Frauen entsagen. Beide Figuren sind jugendlich-naiv.

Steht *Sappho* im Zeichen der Vaterbindung, die von Melitta und Phaon zitiert wird, so besitzt in *Des Meeres und der Liebe Wellen* die Mutter die größere Bedeutung. Entsprechend geht es in *Sappho* um Besitz und Macht, hier um sinnlichen Genuß.

Die Mütter sind letztlich machtlos.[44]) Träger der Macht und Sittenrichter sind priesterliche Patriarchen und Väter. Hero ist weder durch ihre geistige und intellektuelle Begabung zur Ausnahmegestalt vorbestimmt. Sie möchte dem Los der Frau entgehen, das sie in der Gestalt ihrer moralisch gebrochenen, gedemütigten und demoralisierten Mutter, die durch jahrelanges Dienen und Kriechen feig geworden ist, vor Augen hat. Ihre Motive für den Tempeldienst lauten:

> Im Tempel hier hat auch die Frau ein Recht,
> Und die Gekränkten haben freie Sprache.
>
> (I, 279 f.)

---

43 JOACHIM MÜLLER, Franz Grillparzer (Stuttgart 1963), S. 48.
44 DOROTHY LASHER-SCHLITT, „Grillparzers ‚Hero und Leander.' Eine psychologische Untersuchung." JbGG, 3. F., 3 (1960), S. 106–107, weist auf Heros Abscheu gegenüber Männern hin, welcher daher rühre, daß der Bruder sie mißhandelt, der Vater aber sie und die Mutter unterdrückt habe. So glaube sie, alle Männer seien wie die ihrer Verwandtschaft. Leanders Tragödie dagegen liege in der tiefen Liebe zu seiner eben verstorbenen Mutter und der Melancholie, in die ihr Tod ihn gestürzt habe. So hasse Hero alle Männer, Leander meide die Frauen. Ihre Gegenwart „bereitet ihm Unbehagen".

Hero ist sich der Unterdrückung durch ihre Gesellschaft bewußt. Ihre Mutter aber sieht die Repressionen des Tempels:

> So siehst du nicht?
> Unschuldig fromme Vögel stören sie
> Und nehmen aus ihr Nest. So reißen sie
> Das Kind auch von der Mutter, Herz vom Herzen . . .
>
> (I, 337 ff.)

Die Frau hat keine Alternative. Auch die Freiheit des Tempels ist Schein. Innerhalb seiner von Männern gesetzten Grenzen bewegen sich die Mädchen in einer Atmosphäre der Sinnen- und Mutterfeindlichkeit. Draußen aber ist die Frau Anfeindungen und Demütigungen ausgesetzt, die sich am besten durch die Worte des Vaters wiedergeben lassen:

> Sie spricht wohl sonst, wenn's auch nicht an der Zeit,
> Im Haus, den langen Tag. Frag sie: warum?
> Und wieder ist's auch besser, spricht sie nicht.
> Wer Förderliches nicht vermag zu sagen,
> Tut klüger schweigt er völlig.
>
> (I, 252 ff.)

So Heros Vater über seine Frau. Dennoch sagt die Mutter, die ihre Lage verinnerlicht hat: „Das Weib ist glücklich nur an Gattenhand." (I, 320) Hero hält dagegen:

> Das darfst du sagen, ohne zu erröten?
> Wie? und mußt hüten jenes Mannes Blick,
> Des Herren, deines Gatten? Darfst nicht reden,
> Mußt schweigen, flüstern, ob du gleich im Recht,
> Ob du die Weisre gleich, stillwaltend Beßre?
> Und wagst zu sprechen mir ein solches Wort?
>
> (I, 321 ff.)

Hero glaubt, mit der Priesterschaft Selbstbestimmung zu wählen. Da ihre Göttin „ihre Frau" ist, (I, 333) bildet sie sich ein, unter weiblichem Schutz zu stehen und übersieht den männlichen Priesterapparatus, wie auch Sappho in ihrer Naivität die realen Machtverhältnisse hinter dem schönen Schein übersah.

Aus Verachtung der Männer, die sie aus ihrer Familie als Vater und Bruder, als Unterdrücker und Widersacher kennt, als anti-intellektuell und unkultiviert, begibt sich Hero ins Kloster. Sie schlägt den traditionellen Ausweg einer Frau ein, die ledig bleiben will in einer Gesellschaft, die ihr nur die Existenz als Eigentum eines Mannes zugesteht. Auch dieses Griechendrama ist unschwer als Zeitstück zu erkennen. Klöster, Nonnen und christliche Geistliche auf der Bühne darzustellen, war verboten. Dennoch mutet das griechische Kloster wie ein christliches, lustfeindliches Stift an.

War es in *Sappho* die außergewöhnliche Frau, die scheiterte, als sie ihren Platz in der Gesellschaft suchte, so ist Hero ein Durchschnittsmädchen.[45]) Hero ist aufgrund ihrer schonungslos ehrlichen Art der Identifikation durch das Publikum besonders zugänglich. So auch Leander – ein stürmischer, netter junger Mann, niemand, der auch nur eine Spur zeigt von Phaons ausbeuterischen, opportunistischen Zügen. Aber selbst der einfachen Hero genügt nicht, was die Gesellschaft ihr zu bieten hat.

> Ich weiß ja, was ich will und was wir wählten,
> Wenn wählen heißen kann, wo keine Wahl.
>
> (I, 144 ff.)

Die Selbstzerstörung der Heldin und des Helden liegt nicht in irgendwelchem Fehlverhalten begründet, sondern im Versagen des Staates und seiner Repräsentanten, denen es an menschlichem Einsehen und einem realistischen Verhältnis zur Wirklichkeit fehlt. Der Onkel-Priester zerstört nicht nur unausgebrütete Eier, sondern läßt auch im vollen Bewußtsein seiner Tat einen jungen Mann sterben. Der Grund ist derselbe: Sexualität und Fruchtbarkeit zu verhindern. Der heilige Onkel unterscheidet sich wenig von einem Haremseunuchen.

Das Hero-Drama entkräftet den im Falle Sapphos möglichen Einwand, die Zwangslage der Frau ergäbe sich aus der besonderen Situation der Heldin, ihrer Genialität. Aber auch für die einfache Hero genügen die für die Frau bereitstehenden Rollen nicht. Umsonst sucht sie einen Ausweg aus dem Ehezwang und der Sklaverei. Sie ist gewillt, ihr Geschlechtsleben und freie emotionale Entfaltung für die Unantastbarkeit ihrer Person hinzugeben. So beleuchtet Hero den Charakter der sozialen Strukturen. Einer Frau ist nur erlaubt, den Geist fortzuentwickeln, wenn sie ihren Körper verleugnet. Hero hat keine eigentlich asketischen Neigungen. Sie geht daran zugrunde, daß sie zu „normal" ist für die Welt, in der sie lebt. Daher ist es nicht möglich zu behaupten, Hero hasse die Männer, sie haßt nur deren bevorrechtigte Rolle.[46])

Kleine Ironien durchziehen das Drama wie zuvor schon *Sappho*. Heros Göttin ist Aphrodite. Die Priesterin dient den Bildern Amors und

---

45 GEORGE A. WELLS, The Plays of Grillparzer (London 1969), S. 69, vermeint, es gehe um „a study in a girl's growth to womanhood", ohne auf die weiteren Kontexte einzugehen.
46 Damit wird die Vorstellung der „Liebe" sehr zweideutig. Es ist nicht so einfach, wie Volkelt meinte, es gehe hier um das einzige Liebesdrama bei Grillparzer. JOHANNES VOLKELT, „Die Psychologie der Liebe in Grillparzers Dramen." JbGG, 19 (1910), S. 2.

Hymens, aber der Genuß ist ihr nicht erlaubt. Nicht nur Männer, auch männliche Tiere müssen von dem Tempel der Liebe außer an hohen Feiertagen vertrieben werden. Dies sind Ausgeburten männlich-asketischen Geistes. Der gesamte Tempeldienst scheint darauf gerichtet, natürliche, sprich weibliche, Daseinsäußerungen zu entfernen. Die Bezeichnungen, die der Priester für die keuschen Frauen, Handlangerinnen in seinem Machtgebiet, zur Hand hat, sprechen für seine Misogynie: „schwachmütig Weib" (I, 350), „Törin" (IV, 14107), „wahnsinnig" (V, 2106) und dergleichen. Aber auch außerhalb gilt, was die Mutter Hero sagt: „Kind, ich bin alt und bin allein." (I, 2907) Der Priester scheint Hero eine lesbische Bindung nahezulegen, als er ihre Einsamkeit sorgenvoll kommentiert:

> So sehr befremdet mich, ja ich beklag' es
> Daß dich zu Keiner unter deines Gleichen
> Des Herzen Zug, ein still Bedürfnis führte.
> Ein einsam Leben harrt der Priesterin,
> Zu Zweien trägt und wirkt sich's noch so leicht.
>
> (I, 116 ff.)

„Nie soll Hero darauf ein besonderes Gewicht legen, daß jenes Verhältnis verboten oder vielmehr strafbar sei. Es ist mehr ihr Inneres, das sich früher nicht zur Liebe hinneigte und das nicht ohne Widerstreben nachgibt, als daß sie ein Äußeres fürchtete", (Bd. 19, 1. Abt., S. 232) wies Grillparzer an.

Leander ist kein „Verführer", wie durch seine Kontrastgestalt Naukleros einsichtig ist. „Ich bin krank, zum Tod", (II, 659) schildert er seine Leidenschaft. Der Freund dagegen setzt die Verliebtheit dem Glück gleich. Was für Naukleros Abenteuer ist, ist für Leander Passion.

Hero und Leander sind durch den Priesterinnenschwur getrennt. Dennoch überwindet Hero in allerkürzester Zeit ihren Widerstand. Nachdem ihr Vertrauen in die Rechtlichkeit ihrer Umgebung schon durch die Worte der Mutter unterminiert wurde, führt die Liebe sie auf eine befreiende Art von der Religion weg.[47] Das Göttliche erweist sich, hier, wie anderswo bei Grillparzer, als menschliche Fiktion. An keiner Stelle wird die Macht einer Transzendenz greifbar. Dafür aber legen Menschen, wie überall in seinem Werk, die eigenen Taten und Gedanken als göttlich inspiriert oder göttliches Werk aus. Gegen die Konstrukte des Systems stellt Hero ihre empirische Erfahrung. (III, 1006 ff.) „Und meiden will ich's wohl." Bei weiterem Kontakt mit Leander gibt sie ihre Vorsätze auf: „Komm Morgen denn!" (III, 1229) eine Zeile, die unter Grillparzers

---

47 GERT KLEINSCHMIDT, Illusion und Untergang. Die Liebe im Drama Franz Grillparzers (Lahr 1967), S. 14. Freilich heißt Liebe hier weniger dauerndes Gefühl, Sentiment, Verbindlichkeit, sondern Sinnlichkeit, Begehren, Leidenschaft.

Zeitgenossen große Erheiterung hervorrief, möglicherweise eine nervöse Reaktion, daß ein Mädchen sich so leicht über die Restriktionen einer Gesellschaft hinwegsetzt, die mit großem Bombast – nicht anders als die eigene – ihre Heiligkeit und Legalität zur Schau trägt.

Hero ist nicht weniger sinnlich als Leander. Obwohl für sie keine Heirat in Frage kommt, ist sie keinesfalls die prüde Jungfrau einer viktorianischen Zeit. Es ist aber auch nicht ewige, unsterbliche Liebe.[48] Geweckt durch den körperlichen Kontakt, entbehrt Heros Leidenschaft des akzeptablen Rahmens, wie ihn Sappho – vergeblich – durch ihre Schenkungen an Phaon zu etablieren suchte.

Hero ist durch ihre Priesterschaft auf groteske Weise als Frau befreit worden – zu einer, die nichts zu gewinnen, nichts zu verlieren hat. So hat ihre Beziehung zu Phaon keinen Hintergrund, keine längere Bekanntschaft, keine Zukunftspläne, keinen sozialen Kontext. So isoliert Grillparzer in dem Werk die sexuelle Anziehung. Für junge Leute sind sozioökonomische Bedenken uninteressant, die Standesgrenzen aufgehoben.

Es sind nicht die Habgierigen noch die Lüstlinge des Dramas, die sich eines Vergehens schuldig machen. Letztere wären zu schlau für eine derartige Verwicklung. Zwei schlichte Kinder gehen durch ihren Enthusiasmus zugrunde. So enthüllten sich die Bestimmungen der Hero-Gesellschaft als jugendfeindlich und grausam und repressiv gegen die, die nichts Übles planen.

Die Frau und der ihr aufgezwungene Verhaltenskodex bilden auch hier den Kern der Tragödie. Eine Ehe, wie die von Heros Mutter wäre eine Tragödie an sich. Grillparzer stellt eine derartige Verbindung später in *Libussa* dar. Aber auch die Flucht ins Kloster führt zur Zerstörung. Die hohlen Rationalisierungen des Priester-Onkels können nicht darüber hinwegtäuschen, daß alle Unglücksfälle auf eine unhaltbare gesellschaftliche Situation zurückzuführen sind, die die Natur, besonders der Frau, tabuisiert.

Der Priester glaubt selbst nicht mehr an die Götter, mit denen er die ihm anvertrauten Frauen in Schach hält:

HERO	Nun Herr, vielleicht der Überid'schen Einer!
	Du sprachst ja selbst: in altergrauer Zeit
	Stieg oft ein Gott zu sel'gen Menschen nieder.
	Zu Leda kam, zum fürstlichen Admet,
	Zur strengverwahrten Danae ein Gott:
	Warum nicht heut? Zu ihr; zu uns, zu wem du willst.
PRIESTER	Sprach das der Spott? und dünkt das Heil'ge dir –
	(IV, 1403 ff.)

---

48 LASHER-SCHLITT, S. 108, beobachtet, daß weder sie noch er „ein richtiges Ziel in ihrer Beziehung zum anderen Geschlecht haben".

Glaubt der Priester nicht an die Götter, so spielt er doch selber Gott und
Schicksal:

> In gleichen Schalen wäg' ich euer Los.
> Die Namen beide ähnlichen Gehalts,
> Die Zahl der Laute gleich in ein und anderm,
> Desselben Anspruchs Jeder auf das Glück:
> Indes der Eine doch ein Lebender, Beseelter,
> Sein Freund ein Toter ist, schon jetzo tot.
> Denn weil sie fern, leg' ich die Schlingen aus,
> Die ihn verderben, kehrt der Kühne wieder.
> Unseliger, was strecktest du die Hand
> Nach meinem Kind, nach meiner Götter Eigen?
>
> (IV, 1509 ff.)

Wie Phaon Melitta, so nimmt der Priester das Mädchen für sich in Anspruch. Später noch wirft er sich zum Herrn über Heros Gefühle auf:
„Genug ward nun geklagt ob jenem Fremden!" (V, 2023) Janthe durchschaut die Strukturen ihrer Umwelt, die für Hero so verschleiert waren
und entzieht sich dem Machtbereich der Priester:

> Eine Dienerin begehrt die Freiheit,
> Ich kehre heim zu meiner Eltern Herd.
> (Der Priester geht, sich verhüllend, ab.)
>
> (V. 2113 ff.)

Hier, eher noch als in der Scheinfreiheit der Tempel und Klöster, wird eine
Befreiung anvisiert. Freilich bietet sich in der Familie auch keine optimale
Lösung.

Das Kloster bei Sendomir

Das Mörderische im Familienkreise verbindet die Erzählung *Das Kloster
bei Sendomir* mit *Sappho*, der *Ahnfrau* und vor allem mit *Des Meeres und
der Liebe Wellen* mehr als es zunächst dem Genre und der Entstehungszeit
nach scheinen will. Untertitel des 1828 erschienenen Textes ist „Nach einer als wahr überlieferten Begebenheit". Nach dem Abschluß der *Sappho*
jedoch erwog Grillparzer bereits das Konzept des Textes.[49]

---

49 Es wird spekuliert, daß der Stoff auf die Sage von Walther und Hildegund zurückgeht, so
MÜLLER, S. 57. Sauer betrachtet den Text als „eine Art Beichte oder Buße über das Ver-
hältnis mit Charlotte". (Werke I, S. 294) Grillparzer hatte ein zeitweiliges Verhältnis mit
Charlotte Paumgarten, geb. Jetzer, der Gattin seines Vetters. Die Kritik bewertet das
Werk weitgehend als unbedeutend. Gerhart Hauptmanns Aufnahme des Stoffes in sein
Drama Elga bezeugt die von der Geschichte ausgehende Faszination.

Patriarchie und Eros liegen miteinander im Konflikt. Inkongruenzen kennzeichnen den Text. Das neugotische Kloster, eine Nachahmung alter Gebäude, ist ein Anachronismus. Paradoxe vereinen sich und brechen auseinander in der Gestalt des Mönches, Gründer und Besitzer der Anstalt und zugleich ihr niederster Diener, in seiner Demut doch ein Wolf im Schafspelz und Mörder. Wie in *Die Ahnfrau* und aus denselben Gründen bleibt die Tat ungeahndet. Nur in der Psyche des Täters richtet sie andauernden Schaden an.

Das Erbe der Väter als Bürde und Verpflichtung bildet einen Hauptaspekt der Erzählung. Starschensky, der falsche Mönch, ist aufgewachsen im „Schlosse seiner Väter". Der Hausverwalter ist eine Mahnung an die Tradition. Mehr noch als materielles Erbe ist die Tradition eine psychologische Realität. Besitz und Macht sind Starschensky eins. „Ein über Alles gehendes Behagen am Besitz seiner selbst hatte ihm bis dahin keine Annäherung erlaubt. Abwesenheit von Unlust war ihm Lust."[50]

Durch die Begegnung mit Elga entgleitet dem damals schon mönchisch lebenden Starschensky die Kontrolle. Erotische Reize, das Schimmern von Hals und Armen durch die ärmliche Kleidung, die „Berührung der warmen Hand", (S. 10) und die Lust am Retterspielen erwecken Starschenskys Sexualität. Besitz ist ein Hauptmotiv. Elgas Armut appelliert an Starschenskys Großmut, seinen ritterlichen Instinkt, aber auch sein Gefühl für Sicherheit. Ein so armes Mädchen kann ihm schwerlich gefährlich werden.

Starschenskys Leben vor und nach der Ehe zeigt, daß Elga nur eine Episode war. Die sogenannte Buße nach ihrer Ermordung ist nicht mehr als eine Rückkehr zu bekannten Verhaltensmustern: der Askese und Isolation sowie dem Dienst am Erbe der Väter und dem patriarchalischen Ideal.

Dem Erzähler fällt es leicht, Sympathie für Starschensky zu haben. Schließlich sind beide Besucher ihm Gleichgesinnte. Der eine ist 45 Jahre alt und unverheiratet, der andere gehört selbst einem Orden an. Die Erzählerperspektive ist daher als wenig kritisch anzusetzen, von keiner Partei her Widerspruch zu erwarten, da die Welt des Textes frauenlos ist. Die Herrschenden, Überlebenden, erzählen ihre Geschichte. Die Geschichte der Besiegten ist daher nur indirekt zu erschließen.

Der Mord an einer Frau, welcher gleichzeitig der Tochter die Mutter raubt, wird als akzeptabel hingestellt und hingenommen. Widerspruchslos wird eine Geschichte, die einen Kauf zum Thema hat, als Liebesgeschichte ausgegeben. Eine mittellose Frau wird durch einen begüterten

---

50 „Das Kloster bei Sendomir." Prosa I, S. 3—32.

Mann nicht ohne kupplerische Mithilfe des verarmten und politisch in Schwierigkeiten geratenen Vaters an einen begüterten Herrn verheiratet. (S. 13)

Starschensky, der die gemeinen Worte des Vaters an die Tochter belauscht – wir werden lebhaft an die Szene zwischen Barbara und ihrem Vater in *Der arme Spielmann* erinnert – hält nicht mit der Werbung inne. Geld, Geschenke, alles setzt Starschensky ein, um Elga zu gewinnen. Es gelingt ihm, sie zu korrumpieren: „Als das Mädchen sich zum erstenmale wieder in anständigen Kleidern erblickte, flog sie ihm beim Eintritte aufschreiend entgegen, und ein lange nachgefühlter Kuß von ihren brennenden Lippen lohnte seine Vorsorge, sein Bemühn." (S. 12–13)

Nach dem Erwerb der Frau haben die Extravaganzen notgedrungen ein Ende. Elga folgt dem Gatten auf die belasteten Eigentümer. Der Leser erfährt wenig über den Hintergrund der Frau. Der Gatte weiß wenig und will wenig wissen, als sei es selbstverständlich, daß Elga keine Vergangenheit habe und man sie ohne weiteres von einer Umgebung in eine andere verpflanzen könne.

Wie Günther in *Die Ahnfrau* ist der Hausverwalter ein Faktotum, das eine bewahrende Rolle spielt. Darin ähnelt er auch dem Priester-Onkel. Der Verwalter erinnert, daß „der Väter ruhmwürdiger Namen" (S. 18) in Gefahr schwebe und mit ihm der Besitz. Erscheint der Verwalter als „alt und redlich", (S. 17–18) so sind die Verwandten Elgas und Elga selber das Gegenteil. Elgas Brüder sind Verschwender. Starschensky steht zwischen beiden Polen. Weniger bieder als der Verwalter, der selbst eine Art Erbteil ist, „vom Vater auf den Sohn", (S. 18) gebietet er seinen Ausgaben Einhalt.

Der finanzielle Mißstand bringt ihn dazu, die Ehe in Zweifel zu ziehen:

> Du kennst die Zerrüttung meiner Vermögensumstände, du kennst deren Ursachen. Was noch sonst mich drückt, weiß nur ich. Denn wenn diese Ereignisse schwer auf mir liegen, so martet nicht weniger der Gedanke, daß ich die Ursache wohl selbst herbeigeführt habe. Gewiß war der Leichtsinn tadelnswert, mit dem ich damals das Erbe meiner Väter verwaltete; vielleicht war ich aber sogar damals strafbar, als ich, der Störrische, an Abgeschiedenheit Gewohnte, um die Hand eines lebensfrohen Mädchens warb, unbekümmert über die Richtung ihrer Gefühle und Neigungen . . .
>
> (S. 26)

Sexualität und der Verlust an Vermögen gehen in dem Gedankenfluß Starschenskys eine enge Verbindung ein – ähnlich wie auch der von den Borotins angehäufte Besitz etwas Unfruchtbar-Steriles hatte. Die Anhäufung von Materiellem besitzt eine asketisch-lustfeindliche Qualität.

Die Erzählung ist perspektivisch gerichtet. Der Leser erfährt Wissenswertes über Emotionen und Motive des Schloßherrn. Elga kann nur geahnt werden.[51]) Zuerst ist es das Erotisch-Schillernde, das den Mönch betörte. Dann ist sie die mysteriöse Mutter eines seltsamen Kindes, das keine Familienähnlichkeit mit dem Vater aufweist. Die Zweifel an der Vaterschaft treffen überein mit der Zerrüttung des väterlichen Besitzes.

Die Gattin erhebt keine Einwände gegen den Umzug aufs Land. Sie hält sich zurück und erweist sich als loyal, indem sie für die eigenen Verwandten nicht Partei ergreift. Dem patriarchalischen Verwalter fallen die Besuche Oginskys auf. Mehr und mehr Indizien scheinen zusammenzutreffen – und doch, nichts, was eigentlich überzeugen müßte. Starschensky aber will überzeugt sein.

Auch in diesem Text ist die Frau isoliert. Männer arbeiten zusammen, um sie zu überwachen und zu überführen. Elgas Verstellung läuft parallel mit Starschenskys Rückzug, so daß Kommunikation zwischen Mann und Frau sich ausschließt. Als ein Gespräch zustandekommt, ist es wie eine Kriegserklärung. Starschensky hat alle Trümpfe seiner Indizienbeweise hinter dem Rücken seiner Frau gesammelt, als er sich zu der Inszenierung des sadistisch-melodramatischen Stückes entschließt, in dem er selbstherrlich entscheidet, daß Elga nicht des Lebens wert sei.

Fast könnte die Geschichte Starschenskys die Vorgeschichte zu der *Ahnfrau* sein. Nicht nur ist das Thema verwandt, es sind auch dieselben darstellerischen Effekte verwendet. In den scharfen, hell-dunkel-Kontrasten, den Lichteffekten, der Psycho- und Melodramatik, hat der Text viel von der Schauertradition in sich aufgenommen. Der gehetzte, gedrängte Stil läßt an Kleist denken, ebenso die kühnen Züge, mit denen die Figuren entworfen sind.

Der Ehebrecher, der Mörder und das Kind, das als Findelkind unter Köhlern aufwächst, entgehen dem Tod. Mehr noch, der Mörder und Brandstifter Starschensky erfährt eine partielle Rehabilitierung, da der König ihm nach einer Aussprache freie Verfügung über seine Lehensgüter gewährt. Es ist viel die Rede von den Seelenqualen des Grafen. Bis auf diese bleibt er unbestraft.

Die Rahmenerzählung weist darauf hin, daß der Mikrokosmos des privaten Lebens, den das Schicksal Starschenskys eröffnet hat, seine Entsprechung hat in der größeren Welt und deren Gegebenheiten. Auch die Reisenden sind ein Teil einer männlich dominierten Gesellschaft. Sie sind Boten des Kaisers, die sich an den Hof des kriegerischen Johann Sobiesky begeben. Krieg im großen ist, was die blutige Tat im kleinen Kreise ist.

---

51 RICHARD ALLEN, „The fine Art of Concealment in Grillparzer's Das Kloster bei Sendomir." Michigan German Studies, 1 (1975) S. 181–188.

Die reisenden Kumpane sind ehelos. Ihre Sphäre, die der Machtausübung, ist wie die der Politik ohne weiblichen Einfluß, ebenso wie die des Besitzes und der privaten Fehden.

Allen erwähnten Frauen in dieser Gesellschaft geschieht Unrecht. Elga wird ohne schlüssige Beweise oder Gericht gemordet, nachdem sie von ihrem Vater in eine lieblose Ehe manipuliert wurde, ihre Zofe wird zu Unrecht entlassen. Nur an dieser Stelle zeigt Elga statt ihrer üblichen Kühle Engagement. Sie setzt sich für das Mädchen ein. (S. 21) Sonst lebt sie als eine Fremde auf fremdem Gebiet. Sie wird nach fremden Maßstäben gemessen. Nicht sie definiert sich, sondern sie wird von außen her definiert. Ohne selbst die Gefühle der Mutterschaft zu kennen, macht Starschensky einen ihm selbst unbekannten Trieb zum Qualitätsmaßstab seiner Frau. Ohne die weibliche Sexualität erforscht zu haben, nimmt er an, die Monogamie sei die einzig akzeptable Lebensform.

Elga – und auch ihr offensichtlich androgyn wirkender vermeintlicher Liebhaber – steht außerhalb des männlichen Moral- und Wertgefüges. Trotz scheinbarer Anpassungsfähigkeit bleibt sie sich selbst treu. Leben und Überleben sind ihre höchsten Prioritäten, wie die Behendigkeit zeigt, mit der sie sich überall anpaßt, und wie sie auch in der Situation der „Probe" darlegt. Sie hat diese Eigenschaft mit Oginsky gemein, der das Duell verweigert und mit ihm das hohle Ethos des Heldentums und der Ehre.

So kristallisiert sich als Zentrum der Erzählung die lebensbedrohende Bürde der patriarchalischen Werte, Besitztümer und Lebensformen heraus, im Gegensatz zum kreatürlichen Leben und künftigen Überleben. Starschenskys Schicksal indiziert, wo der Autor steht: auf seiten des Lebens selbst und kritisch gegenüber abstrakten und weltfremden Konventionen, die es zerstören. Der falsche Mönch Starschensky, ein fanatischer Denker in Absoluta ist nicht darauf angelegt, beim Leser Sympathien zu erwecken. Daß er es bei seinen fiktiven Zuhörern tut, muß Skepsis erregen an der Gesellschaft, in der das mörderische Prinzip auf Sympathien stößt.

Humanität, Nationalität, Bestialität

Mit diesen Stichworten umschrieb Grillparzer 1849 den „Weg der neueren Bildung", ausgehend von der Klassik bis ins 19. und prophetisch für das 20. Jahrhundert. (*Gedichte* III, S. 213) Grillparzers Bruch mit der deutschen Klassik und Romantik, der Hegelschen Geschichtsphilosophie sowie dem liberalen bürgerlichen Gedankengut, das im Laufe der 30er Jahre eine zunehmende nationalistische Richtung einschlug, ist nicht etwa den Folgen der Revolution von 1848 zuzuschreiben, sondern läßt sich bis in die frühen Anfänge zurückverfolgen.

1817 mokiert sich Grillparzer über Kritiker aus Norddeutschland, die das „arme", in Dunkel befangene Österreich bilden wollen. (*Prosa* I, S. 87–88) Das Gedicht „Die Altdeutschen" (1818; *Gedichte* III, S. 2) und die „Korrespondenznachrichten aus dem Lande der Irokesen", wo der „ächt nazionelle Sinn, ächt volkstümliche Bildung, ächt vaterländisches Leben" verspottet werden, sprechen eine deutliche Sprache:

> Wenn wir so Abends, ich und meine edlen Wirte, bei einer Pfeife Taback, unter den uralten Eichen sitzen, und Bier trinken aus den Hirnschädeln erschlagener Franzosen und Engländer, und die Trinker nach der Reihe altväterliche Lieder singen; oder erzählen, wem der Schädel gehört habe, aus dem er jetzt trinkt, wie er gewonnen worden im ritterlichen Streit und dabei seine Streitaxt schwingt und schäumt und heult; wenn dann etwa ein Schaman hinzutritt, der Feuer und Wasser bespricht, Kobolde austreibt, aus der Hand wahrsagt oder klardunkle Märlein erzählt wunderlieb und wunderbar und wunderschaurig – o Freund!
>
> (*Prosa* I, S. 90–92)

Grillparzers Image formte sich bereits zu seinen Lebzeiten. Von der zeitgenössischen Kritik wurde er – oft mit negativem Vorzeichen – als Außenseiter wahrgenommen.[1] Die deutschen Romantiker, so Tieck und Solger,

---

1 So zum Beispiel HEINRICH LAUBE, Reisenovellen, zitiert in Grillparzers Gespräche und die Charakteristiken seiner Persönlichkeit durch die Zeitgenossen, ed. August Sauer, Bd. 3, 2. Abt. (Wien 1906), S. 59 ff.

verwarfen ihn grundsätzlich. Er stand aber auch den meisten Dichtern des deutschen Vormärz fern. „Er schrieb nicht für seine gerechtfordernde Zeit", heißt es bei Tauber.[2])

Grillparzer teilte weder den Franzosenhaß, noch die Germanenverehrung seiner Zeit. Er sah nicht einmal in dem Sieg über Napoleon und den Befreiungskriegen ein absolut Gutes, da er den europäischen Charakter der Ära Napoleon erkannte. Dagegen schienen ihm die neuen, deutsch-nationalen Tendenzen suspekt, engstirnig und eine Gefahr, da sie Fanatismus und Militarismus im Kerne in sich trugen. Er durchschaute den Propagandacharakter der jungen Germanistik, deren Mittelalter- und Deutschenverehrung er ablehnte wie auch die Totalität der neuen großen philosophischen Systeme, deren Universalitätsanspruch er hinterfragte.

> Man suchte in dieser Absicht Napoleon zu vertreiben, den Gemeinsinn unter den Deutschen zu wecken und sogar die allerhöchsten Personen sprachen jetzt von deutscher Volks-Vereinigung der christlichen und germanischen Stämme, von der Einheit Deutschlands. Man befahl uns den Patriotismus, und wir wurden Patrioten; denn wir tun alles, was uns unsere Fürsten befehlen. . . . Der Patriotismus der Deutschen hingegen besteht darin, daß er nicht mehr Weltbürger, nicht mehr Europäer, sondern nur ein enger Deutscher sein will. Da sahen wir nur das idealische Flegeltum, das Herr Jahn in ein System gebracht; es begann die schäbige, plumpe, ungewaschene Opposition gegen eine Gesinnung, die das Herrlichste und Heiligste ist, was Deutschland hervorgebracht hat, nämlich jene Humanität, gegen jene allgemeine Menschenverbrüderung, gegen jenen Kosmopolitismus, dem unsere großen Geister, Lessing, Herder, Schiller, Goethe, Jean Paul, dem alle Gebildeten in Deutschland immer gehuldigt haben.[3])

Grillparzers Ansicht deckt sich in etwa mit der Heines.[4]) Das Gedicht „Campo Vaccino" (*Gedichte* I, S. 31—36), das das Mißfallen der Majestäten und den anschließenden Skandal erregte, ist leicht erkennbar als ein

---

2 Josef Samuel Tauber, „Franz Grillparzer." Gespräche und Charakteristiken, Bd. 1, 1. Abt. (Wien, 1904), S. 59.

3 Heinrich Heine, Historisch-kritische Gesamtausgabe, ed. Manfred Windfuhr (Hamburg 1979), S. 140—141.

4 Der verdienstvolle Mitherausgeber des Gesamtwerkes, August Sauer, misrepräsentiert den Dichter, wenn er sich auf die vaterländischen Tendenzen bei Grillparzer beschränkt und ihn als „nationalen Dichter des 19. Jahrhunderts" feiert, der „erfüllt ist von der Größe seines Vaterlandes". August Sauer, „,Ein treuer Diener seines Herrn'." Jahrbuch der Grillparzer-Gesellschaft, 3 (1893), S. 6. Wenn Grillparzer 1860 an Stifter schreibt: „Denn ein gemeinsames Unglück nenne ich den Zerfall unseres Vaterlandes", so meint er keineswegs einen nationalen Verband im Sinne der Liberalen, sondern den übernationalen Staat.

antiklerikaler, liberaler Text und, noch darüber hinausgehend, als gemünzt auf die Kultur und Situation der Zeit. So wird das Ende des römischen Reiches beklagt, das Aufkommen des Christentums als Rückschritt betrachtet – ein Seitenhieb auf solche Werke, die im Römertum die Franzosen kodifizierten, so etwa Kleist in der *Hermannsschlacht*. [5]) Rechtfertigte sich Grillparzer in seinem Schreiben an Sedlnitzky damit, er kritisiere jenes Christentum, das „der Barbarei des Mittelalters mit allen ihren traurigen Folgen Thür und Thor öffnete", (*Briefe und Dokumente* I, S. 213 ff.) so ist dies nicht nur eine sehr zweideutige Aussage, insofern ja auch die Gegenwart eine dieser Folgen war, sondern wiederum eine Meinungsäußerung über die von den Romantikern und der jungen Germanistik vergötterten Zeit. [6]) Die Einstellung des vom Josephinismus geprägten Grillparzer war durchaus agnostisch, wie er 1820 ausdrückte: „Ohne *Ahnung* vom Übersinnlichen wäre der Mensch allerdings Thier; eine Überzeugung davon ist nur für den Thoren möglich und nur für den Entarteten notwendig." (*Tagebücher* I, S. 288) Wenn sich Grillparzer doch dem katholischen Kulturraum zurechnet, ist dabei kein kirchliches Dogma zu verstehen,[7]) noch viel weniger die nostalgische Rückschau der Romantik auf ein ganzheitliches, mittelalterlich katholisches Weltbild. Grillparzer befand sich in vehementer Opposition zu dem Einfluß der Kirche auf Bildungs- und Rechtswesen und stimmte in diesem Sinne auch als Herrenhausmitglied. Trotzdem setzte er mit den Jahren immer bewußter einen kulturellen Gegensatz zwischen der donauländischen und deutschen Sphäre an.

---

5 Tadel an der eigenen, „neuen, flachen Zeit" liegt offen. (Gedichte I, S. 31–36) Es fiel Grillparzer leicht, sich zu rechtfertigen. Er habe den Nebensinn der Worte nicht erkannt. Poesie befasse sich eben nicht mit Lehren, ungleich der Prosa, und das Gedicht enthalte keine Meinung, sondern sei die „Darlegung eines Eindruckes, einer Empfindung". (Briefe und Dokumente I, S. 213 ff.) Das Gedicht sei nur verständlich denen, die die Ruinen kennten und sich mit deren Geschichte intensiv befaßt hätten (wieder ein Seitenhieb auf die Bildung der Zensoren. „Daß ‚die Ruinen des Campo vaccino' den Niederschlag von Grillparzers antiklerikaler Gesinnung bildeten, ist über jeden Zweifel erhaben. An die fadenscheinigen Argumente seiner Verteidigungsschrift dürfte Grillparzer selber nicht geglaubt haben", stellt WALTHER LASKE, Staat und Recht im literarischen Schaffen Franz Grillparzers (Wien: diss. masch., 1961), S. 28, fest.

6 „Religion der Melancholischen und Hypochondristen", ist ein Kommentar zum Christentum, Tagebücher I, S. 236, und er fragt sich, ob in 300 Jahren die christliche Weltsicht noch bestehen würde. „Dieser schändliche Mystizismus des Christentums, der eher Sünden verzeiht als Mangel an Hingebung, die sie Liebe nennen." (Tagebücher II, S. 100, 1822). Seitenhiebe auf die museale und nostalgische Mittelalterverehrung seiner Zeit finden sich vielfach in Grillparzers Werk: „Kölner Dombau." Gedichte II, S. 177, „Mit Mittelhochdeutsch." S. 131, „Volkspoesie." Gedichte III, S. 189 u. a.

7 KARL VÖLKER, „Grillparzers Stellung zur Religion und Kirche." JbGG, 29 (1930), S. 72–99. „Meine kirchliche Richtung war übrigens nicht im mindesten religiös", Prosaschriften IV, S. 71. Sein „Und ich bin ein katholischer Dichter." Gedichte III, S. 278, ist gerichtet an die protestantische, norddeutsche Kritik.

Der Siebenjährige Krieg, die Auflösung des Reichs durch Napoleon 1806, bestätigt durch den offiziellen Rücktritt von Kaiser Franz, die Freiheitskriege und der Wiener Kongreß sind Krisenpunkte, an denen sich die Auseinanderentwicklung von Österreich und Deutschland ablesen läßt. Während der Befreiungskriege wuchs das Nationalgefühl. Fichte richtete seine „politischen Ermahnungen" als Deutscher an Deutsche. Es ist kein Zufall, daß die führenden pro-deutschen Ideologen aus dem Norden kommen: Schleiermacher, Arndt, Jahn und auch Kleist. Die von Franz betriebene Kompromißpolitik wurde von preußischen Historikern später verworfen.[8] Der Wiener Kongreß, der „den Sieg des monarchischen Prinzips und die Werte der alten Ordnung" bekräftigte[9] und als Resultat Österreich zur Hochburg des staatlichen Terrors werden ließ,[10] trennte die Donauländer kulturell und politisch vom Rest des lockeren und eigentlich ohnmächtigen Deutschen Bundes.

Die Begeisterung für das Deutschtum blieb auf deutsch-österreichischem Gebiet zunächst gemäßigt, wie selbstverständlich auch die Luther-Verehrung. Jahns anti-französisches Gezeter – 1817 schon etwas anachronistisch – stieß auf wenig Widerhall. Das Renouveau des Volksliedes, der mittelhochdeutschen Epen und des Minnesangs, die Bemühung um das Altdeutsche, das sich auch in volkstümelnden Kostümen bei Hofe manifestierte, entzündete Grillparzers unermüdlichen Spott. Dagegen war der Wiener Hof den studentischen Aktivitäten in Deutschland abhold. Auch Grillparzer erblickte in ihnen wenig mehr als bubenhaftes Treiben.[11]

---

8 Heinrich von Treitschke, Deutsche Geschichte im 19. Jahrhundert, Bd. 1, (Leipzig 1928), S. 339. Grillparzer selbst beschreibt seinen Landesfürsten kritisch. Prosaschriften I, S. 114 ff.

9 Victor-Lucien Tapié, Die Völker unter dem Doppeladler (Graz, Wien, Köln 1975), S. 245.

10 Metternich, ein erfahrener Staatsmann und Intrigant, der seine Praktiken an den Zuständen des 18. Jahrhunderts orientierte, war Franz' rechte Hand. „Völlig unwissend in allen Fragen der Volkswirtschaft und der inneren Verwaltung überließ er diese bürgerlichen Dinge nach altösterreichischem Kavaliersbrauch den Hofräten und Schreibern." (Treitschke, Bd. 1, S. 339). Dafür überwachte er Österreich durch Polizei- und Spitzelorganisationen. Metternichs Brief an den Polizeikommissar Noé gibt Einblick in den Umfang dieser Agenturen. Hans Adler, Literarische Geheimberichte. Protokolle der Metternich-Agenten 1840–43, Bd. 1 (Köln 1979), S. 3–5. Grillparzer konstatiert: „Man hält den Fürsten Metternich ziemlich allgemein für einen großen Staatsmann. Ich war nie dieser Meinung." Prosa I, 16 ff. Er beurteilt ihn als einen Intriganten, der seinen eigenen Gelüsten statt den Staatsinteressen folgte.

11 Auf breiter Ebene wurde der Nationalgeist durch die Burschenschaften und ihre Sprecher Laube und Menzel gefördert. Der Schweizer Nägeli initiierte Männergesangsvereine, die sich weit verbreiteten. „Von den österreichischen Hochschulen war nicht die Rede, da sie dem deutschen Studentenbrauche ganz fernestanden", merkt Treitschke mißbilligend an, (Bd. 2, S. 417) als 1817 die Entwicklungen in dem Jubelfeste auf der

Das 19. Jahrhundert brachte den Beginn des Nationalismus überhaupt, wie die Bewegungen in Ungarn, Kroatien und Böhmen zeigen, Gebiete, die sich noch auf alte Verfassungen berufen konnten. Der polnische Nationalismus war ein von gebildeten Europäern anerkanntes Phänomen, auch Grillparzer hatte hierfür Sympathien. [12])

Es war wohl zunächst auch eine defensive Haltung, die dem Neid auf die durch die Umstände begünstigten Preußen entsprang, die noch 1830 Grillparzer bitter von den „lutherischen Pastorensöhnen" reden ließ, die, im Gegensatz zu ihm, „arbeiten gelernt haben". (*Tagebücher* III, S. 5−6) Freilich führte er auch kritische Gründe an: „Deutschland hat angefangen sich auf das praktische Interesse zu werfen. Es ist mit der Kunst nichts mehr anzufangen, sie fängt an nachdem sie theoretisch geworden, didaktisch werden zu wollen." (*Tagebücher* I, S. 322, 1820−1821) Dazu mehren sich seine politischen Bedenken gegen ein Preußen, das eine „Herstellung der deutschen Einheit durch Blut und Eisen" könnte erzwingen wollen. [13])

Tatsächlich gingen mit dem Aufstieg des Bürgertums zur tragenden Klasse Militarismus und Imperialismus Hand in Hand. Die dynastische machte der nationalen Loyalität Platz. [14]) „Heldengeist" proklamierte sich auch in den Standbildern und der Gebrauchskunst der Zeit. Grillparzers fast pazifistisch zu nennende Einstellung lag mit diesen Tendenzen in Konflikt. Die Kehrseite der Medaille waren Massenkapitalismus und

---

Wartburg kulminierten. Daher trafen die Karlsbader Beschlüsse und die darauffolgenden Demagogenverfolgungen weniger das österreichische Gebiet als den Deutschen Bund. Es fanden kaum Verhaftungen statt. Die zunächst relativ wenigen Nationalisten in Österreich fanden ihre Vorbilder in Deutschland.

12 Grillparzer hatte schon die Haltung des Kaisers und Metternichs in der Griechenfrage kritisiert als „bildungslos genug . . ." Prosa I, S. 168. In dem Gedicht „Warschau" (Gedichte I, S. 110-4) kritisiert Grillparzer die Länder, die den Polen in ihrem Freiheitskampf nicht halfen.

13 AUGUST EHRHARD, Franz Grillparzer. Sein Leben und seine Werke, ed. Moritz Necker (München 1902), S. 97. Grillparzer entwickelte nach der Vlies-Trilogie ein aktives Interesse an der Geschichte der Donauländer.

14 Das konservative Agrarland wurde industrialisiert. Bergbau gewann gegenüber der Textilindustrie an Bedeutung. „Der Kapitalismus ist geboren und mit ihm das Proletariat", stellt Tapié fest. (S. 254) Die Technischen Hochschulen Prag, Wien und Graz wurden 1806, 1815 und 1821 gegründet. Erfindungen von Maschinen (Ressel, Madersperger) förderten die Produktion. Obwohl auf österreichischem Gebiet mit langsamerem Fortschritt zu rechnen war als etwa in Großbritannien, erlaubten großangelegte Spekulationen industriellen Fortschritt. Seit 1828 fuhr die Linie Budweis − Linz Salz für die Gerstnergesellschaft, freilich mit Pferden betrieben. Rothschild finanzierte die Eisenbahnlinie Wien − Brünn. 1845 wurde die erste Lokomotive in Prag, 1846 in Graz eingesetzt. 1829 wurde die Donau-Dampfschiffahrtgesellschaft gegründet. Ansteigende Auswandererziffern und das Lumpenproletariat in den Wiener Vorstädten sind Indizien für die Lage der Arbeiter.

Massenelend. „Wir fuhren schnell nicht, aber gut, / Den alten Weg zum Staatsbrankrutt, / Doch kommt man gar so langsam an / Drum baut man eine Eisenbahn." (*Gedichte* III, S. 129, 1841) Es war die Zeit der Spekulationen, der Landflucht und Vorstadtmisere. Der Untertanensinn des „Volkes" verlor sich.[15])

Kulturell isolierte sich Österreich mehr als je zuvor durch das Vorgehen im Bundestag 1835 gegen die Autoren des „Jungen Deutschland". Österreich wurde zum Buhmann des deutschen Sprachgebietes.[16]) Auch in den 40er Jahren lockerte man die Zensur nicht. Überall konnte man sich freier äußern als in den Donauländern.

Gegen die „Ideen der Volkssouveränität, des Nationalismus, des Sozialismus, des Liberalismus und der Konstitution, wie sie die Französische Revolution von 1789 entwickelte",[17]) – vorwiegend bürgerliche Gedanken – standen Interessengruppen, nicht zuletzt die um die Kaiserinwitwe Karoline Auguste und die kaiserliche Schwester Sophie, welche, katholisch bis zur Bigotterie, die Jesuiten in Österreich und die ultramontanen Bestrebungen unterstützten. Nicht weniger als gegen die Bestrebungen der Nationalliberalen wandte sich Grillparzer gegen diese und trug sich das Mißfallen beider Parteien ein.[18]) „Fronleichnams-Umgang" (*Gedichte* III, S. 483), „Die Weiber, wie vom Chor" (*Gedichte* III, S. 483, 1827), „Daß ihr an Gott nicht glaubt" (*Gedichte* III, S. 147–48, 1839), „An die Überdeutschen" (*Gedichte* I, S. 202–05, 1843), „Deutsche Ansprüche" (*Gedichte* I, S. 216–17, 1846) belegen sowohl das eine wie das andere.

---

15 1840 verließen 34.000 Personen das Land, zwischen 1830 und 1840 182.000. In den Fabriken war den Vorarbeitern körperliche Züchtigung der Arbeitnehmer erlaubt, Frauen und Kinder arbeiteten bis zu 13 Stunden, Mieten in den Städten stiegen aufgrund der Landflucht an.

16 TREITSCHKE beschreibt die Auswirkungen dieser Verfolgungen so: „Da und dort schritt man ein wider einzelne Bücher der Jungdeutschen; in Preußen wurde sogar der gesamte Verlag der Hamburger Firma Hoffmann und Campe, die Heines Schriften herausgab, einige Jahre lang verboten. Aber die Ausführung der Verbote geschah überall saumselig und unterblieb endlich ganz." (Bd. 1, S. 431) Trotzdem verbreiteten sich Heines und Börnes Schriften. GUTZKOW wurde freilich wegen seines Romans ‚Wally die Zweiflerin' inhaftiert. „Wie erträglich auch diese Leiden waren, so genügten sie doch, die Häupter der Jungdeutschen mit dem Heiligenscheine des Martyriums zu zieren." (ibid.)

17 LASKE, S. 52.

18 So durch das Campo vaccino-Gedicht, aber auch einige seiner dynastischen Gedichte, „Vision" Gedichte I, S. 76–78, und vor allem durch „Auf die Genesung des Kronprinzen." Gedichte I, S. 103–105. Auf den 1835 gestorbenen Franz I., II. war Ferdinand I. mit „gebrechlicher Gestalt mit dem großen, blöde lächelnden Wasserkopfe" (TREITSCHKE, S. 510) gefolgt, auf den Grillparzer das köstliche, wohl mehr als unfreiwillig-komische Gedicht mit dem penetranten Refrain „Du bist gut" schrieb, das gleichsam seine Satire mit dem Reim „Du bist dumm" provozierte.

Das goldene Vlies ist ein Wendepunkt in Grillparzers Schaffen. Die 1818—1821 entstandene Dramenfolge stellt den eigenen Kulturkreis kritisch in der Auseinandersetzung mit einem anderen dar. Durch den Kontrast werden die europäischen, z. T. auf der Antike fußenden Werte relativiert und in eine historische Perspektive gerückt. In Grillparzers Kolchos ist unschwer der schwarze Kontinent Afrika zu erkennen. Hans Henny Jahnn führt von daher die Thematik in seinem Drama konsequent weiter. Schon bei Grillparzer steht neben der kulturellen und ethnischen Frage die rassische. Grillparzer führt aus: ,,Für die Rolle der Amme brauchte ich eine Persönlichkeit im Organ und sonstigen Beiwesen noch um einige Tinten dunkler als die gewaltige Kolcherin . . . Die helle Kreusa paßte für Madame Löwe." (*Prosa* IV, S. 160) Auch Grillparzers späteres Bestehen darauf, daß Zanga als Schwarzer dargestellt werden sollte, beweist, daß er sich der ethnischen Fragen seiner Zeit bewußt war.

Die Trilogie ist vom Dichter selbst bewußt dialektisch aufgebaut worden. Er habe den ,,Mangel an Griechheit" in der ersten Hälfte ,,reif erwägt". (*Prosa* II, S. 37 ff.) Sprachlich habe er freien Vers und Jambus verwendet, um die verschiedenen Sprachen von Griechen und Kolchern zu bezeichnen. Durch die Folie des griechischen Mythos werden Fragen aus der Theorie und Praxis des 19. Jahrhunderts erörtert: das Streben des europäischen Mannes nach Dominanz über fremde, in sich geschlossene Kulturkreise.[19]) Der im Drama angelegte Standpunkt ist für das zeitgenössische Publikum absichtlich befremdlich. Im Gegensatz zu dem idealisierten Griechenbild des 18. Jahrhunderts ist Grillparzers negativ. Statt der großen Kultur stellt er eine Horde Ausbeuter dar. Am Ende der Trilogie eröffnet sich nicht Fortschritt, sondern Chaos. Die Geknechteten – Medea ist Symbolgestalt für ihr Land – wehren sich. Grillparzer huldigt keinem Glauben an den edlen Wilden. Ein solcher wäre leicht zu verwerfen in einer Zeit, die sich besser als Rousseau auskannte. Ohne daß die Schwächen der ,,Barbaren" verschwiegen werden, erscheinen diese jedoch im Vergleich zu den Griechen harmloser und als das kleinere Übel.

---

19 Preußens Aufschwung manifestierte sich in Expansionsgelüsten. Kolonialpläne, die sich auf Kalifornien, Mexiko, Oregon, Mittelamerika u. a. erstreckten, wurden geschmiedet, in Texas wurde ein Bund für deutsche Auswanderer gegründet in der Hoffnung, Texas möge deutsch werden. Bunsen stellt an Großbritannien das etwas seltsame Ansinnen, es möge einige der Kronkolonien an Preußen abtreten, worauf ihm dann im Scherze zu Puerto Rico geraten wurde. Grillparzer mokierte sich vielerorts über derartige Unternehmungen. Andererseits verband ihn auch ein herzliches Verhältnis mit Maximilian, dem unglückseligen Kaiser von Mexiko.

Der optimistische Aufklärungsglaube an das grundlegend Gute hat sich bei Grillparzer verflüchtigt. Schurkerei ist Bestandteil der Gepflogenheiten bei Griechen und Kolchern. Gut und Übel lassen sich viel weniger deutlich festlegen als bei anderen Autoren der Zeit.

Medea steht im Mittelpunkt des Zyklus. Sie hält die drei Werke zusammen. Als der ihr gemäße Umkreis wird eine rudimentär mutterrechtliche Lebensform umrissen. Im Vergleich zu Kleist kompliziert Grillparzer die Situation, indem er die amazonenartige Frau[20] nicht nur in einer geschlossenen Matriarchie und dann einer männlich dominierten Gesellschaft darstellt. Medea findet sich in Konflikt mit den kolchischen Männern und mehr noch dem griechisch-europäischen Wert- und Sozialgefüge.

Sie ist Jägerin, Anführerin ihrer Frauen, Priesterin. Ihre Gottheit ist weiblich – eine Variante der Großen Mutter, die Leben schafft, erhält und nimmt. Die Betonung der Jungfräulichkeit weist auf die Männerferne. Medea gleicht der von Leidenschaften noch unberührten Hero. Jedoch verfügt sie über geheimes Wissen und okkulte Kräfte, welche sie den Männern, so Aietes und Jason, unentbehrlich scheinen lassen. Ihre Stellung in Kolchos ist gefestigter als die der meisten Grillparzerschen Heldinnen, ausgenommen Libussas, zu Beginn der Tragödie.

Medea verachtet Peritta „so feig, so zahm" (*Der Gastfreund*, 47) wegen ihrer Verheiratung. Eifersucht klingt an, die eine erotische Deutung offenläßt: „Versprachst du nicht, du solltest mein sein, mein, und keines Mannes?" (54–55) Der erste Problemkreis ist derselbe wie in der *Ahnfrau*, *Sappho* und *Des Meeres und der Liebe Wellen* – das Mißverhältnis zwischen den Geschlechtern sowohl als Privatpersonen wie soziale Geschöpfe. Medea lebt in keinem abgeschlossenen Amazonenstaat. Die Tradition der Mutter und der väterliche Anspruch motivieren ihre innere Zerrissenheit, auf die Jason und Phryxus unmittelbar ansprechen. Vater und Tochter liegen miteinander in Konflikt. Ihm gilt die priesterliche Tochter als Instrument und nicht als verehrungswürdig in sich selbst, denn schon in Kolchos ist der Götterglaube nur noch oberflächlich. Es ist bemerkenswert, wie Grillparzer Spiritualität und Frauenrecht assoziiert.

Medea und ihre Frauen sind eine Art separatistischer Staat im Staat.

---

20 LUDWIG RADERMACHER, „Grillparzers ‚Medea'." JbGG, 32 (1933), S. 1–4, WILHELM HARTL, „Grillparzer und die Antike." JbGG, 17 (1907), S. 166 f. beobachtet, daß Grillparzer sich trotz seiner besseren philologischen Schulung im Gegensatz zu den meisten Dichtern doch auf den „äußeren Apparat" des Griechenstückes beschränkte. Freilich kümmere er sich bei der Bearbeitung griechischer Stoffe wenig um ihren eigenartigen Gehalt noch ihre historische Treue. Er nehme sie als Vehikel für seine eigenen Vorstellungen. S. 173 f. geht er auf ‚Medea', welches er auch als Zeitstück versteht, ein. „Für Euripides hat das Problem der Frau im Vordergrund gestanden", führt Radermacher, S. 1, an und zitiert Alkestis, Andromache, Hekabe, Elektra, Helena, Iphigenia, Medea.

Letzterer ist nicht unantastbar. Perittas Abwanderung zeigt die Grenzen des Einflußbereiches: Das praktische Recht liegt auf der heterosexuellen, männlichen Seite. Medeas Lage in Kolchos ist nur graduell verschieden von der Heros oder Sapphos. Ihre Unabhängigkeit ist gebunden an Keuschheit und Vermeiden heterosexueller Beziehungen. Medea ist emotional nicht in Kolchos integriert. Auf die Befürchtung des Aietes, Fremde könnten sein Land verwüsten – eine Reflektion auf seine eigene Mentalität – entgegnet Medea gleichgültig: „So geh und töte sie!" (104) Sie ist eine Fremde in ihrer Gesellschaft wie Bertha und Elga, fremd angesichts der väterlichen Wert-, Tugend- und Eigentumsbegriffe. Das Land der Väter ist nicht zugleich das Land der Töchter.

Diese hochpolitische Einstellung ist der Schlüssel zu Medeas späterem Verhältnis zu Jason, welches nicht durch eine plötzliche Liebesleidenschaft allein erklärt werden kann. Es wird gefördert durch das Nicht-dazugehören. Was den kolchischen Männern als Verrat erscheint, ist Medea nur individuelle Entscheidung. Als Frau hat sie keinen Grund, sich einer Gemeinschaft loyal gegenüber zu verhalten, wenn sie an der Peripherie gehalten wird. Durch die Hilfe verrät sie nur das Land des Aietes. Dem Land der Mutter entsagt sie erst mit dem Ablegen des Stabes und Schleiers – und auch nur vorläufig, denn sie bekennt sich wieder zu ihnen am Ende der Trilogie.[21]

Die Ankunft des Phryxus leitet den kulturellen Konflikt ein.[22] Da der Zuschauer zunächst bei den Kolchern eingeführt und mit deren Umständen vertraut gemacht worden ist, wirkt der Grieche auch auf ihn als Eindringling. Begriffe wie „fortgeschritten", „höherentwickelt" oder „bewundernswert" lassen sich nicht anwenden. Die Griechen wirken von der kolchischen Perspektive nicht positiv, aber auch die Kolcher – Medea eingeschlossen – lassen Habgier angesichts dem „vielen Golde, den bunten Steinen und reichen Kleidern" (131–39) sehen.

Phryxus' Reden reflektieren Arroganz. Er ist kein unschuldiges Opfer, als er der Tücke des von Medea unterstützten Aietes zum Opfer fällt.[23] Er behandelt Aietes als einfältigen Barbaren in seinen rhetorisch

---

21 Wie SIMONE DE BEAUVOIR es in Das andere Geschlecht (Hamburg S. 1951), S. 85, 186, darstellt, befindet sich Medea: „Die Gattin darf also am Mana des Gatten nicht teilhaben, sie muß eine Fremde sein, fremd also auch dem Klan." Männlich-weibliche Verhältnisse und Sexualität seien für den Mann „ein Modus der Besitzergreifung".

22 NORBERT GRIESMAYER, Das Bild des Partners in Franz Grillparzers Dramen (Wien: Diss. masch., 1970), S. 183, spricht von den zwei Welten, Griechenland und Kolchos, die sich schon linguistisch festmachen lassen. Sprache sei in Kolchos „aus der Kraft oder Bedrängtheit des Ich erwachsender Bannungsversuch, . . . eine Art sprachlicher Wirklichkeit, in der sich der Sprecher dem Partner gleichsam anverwandelt." Phryxus' und Jasons Sprechen sind besitzergreifend, einverleibend, unter das eigene System unterordnend.

23 LASKE, S. 121, glaubt, in ‚Der Gastfreund' läge die Entscheidung eindeutig für Hellas.

polierten Reden. In Medea sieht er das exotische Sexualobjekt: „Die roten Lippen und der Wange Licht, / Sie scheinen Huld und Liebe zu verheißen . . ." (246 ff.) Wie Kleist in „Die Verlobung in St. Domingo" erfaßt Grillparzer die unterschiedliche Behandlung der eingeborenen Männer und Frauen durch weiße Kolonisten. Werden die Männer als Kinder oder Idioten eingestuft, freilich insgeheim auch als sexuelle Rivalen von unheimlicher Potenz, so sind die Frauen aufregendes Freiwild für Sex ohne Verantwortung. Dasselbe Thema findet sich in *Die Jüdin von Toledo*.

Um die Kolcher zu dupieren, trägt Phryxus langatmige Reden zur Legitimierung seines räuberischen Vorhabens und Anspruchs vor:

> Geboren bin ich in dem schönen Hellas,
> Von Griechen, ich ein Grieche, reinen Bluts.
> Es lebet niemand, der sich höhrer Abkunft,
> Sich edleren Stammes rühmen kann, als ich;
> Denn Hellas Götter nenn' ich meine Väter,
> Und meines Hauses Ahn' regiert die Welt.
>
> (262 ff)

Er scheut sich nicht, Vision und Götterwillen anzuführen, um die Barbaren zur Herausgabe des Vlieses geneigt zu machen. (294 ff.) Phryxus hält sich für einen Herrenmenschen. Seine Annäherung jedoch ist komödiantenhaft und plump-vertraulich. (200 ff.)

> Verehrst du jenen dort als deinen Schützer,
> So liegt ein Bruder jetzt in deinem Arm,
> Denn Brüder sind ja *eines* Vaters Söhne.
>
> (233 ff.)

In der antiken Vorlage bringt der auf dem Vlies ruhende Fluch dem Besitzer Verderben. Bei Grillparzer ist es Symbol für die komplexen, unabwendbaren Entwicklungen, die sich in ihrer Gesamtheit der Kontrolle des Individuums entziehen. Griechen und Kolcher streben nach Kontrolle, sei es durch Versuche, die Götter zu manipulieren, durch Rhetorik oder Krieg und Mord. Von einem Glauben an eine Transzendenz läßt sich weder bei den einen noch den anderen sprechen.

Medea ahnt in ihren Visionen von Massakern und Invasionen die Folgen des Aufeinanderstoßens der eigenen Kultur mit der griechischen. Die Griechen sind Ausgang der Invasion. Die höher entwickelte Technologie gibt ihnen ein Übergewicht. Die Auseinandersetzungen finden auf dem Territorium der „Barbaren" statt, während sich die Griechen ihren Bereich unberührt erhalten.

Die dunklen Barbaren haben, was die Griechen gern für sich gewinnen wollen: einen Schatz, an dem sie sich bereichern, Frauen, die sie ausbeuten können. Reichtum, Sex und Abenteuer – die alte Formel für Eroberer. Schieben Phryxus und Jason auch idealistische Gründe vor, so straft ihr Verhalten die Worte Lügen. Dagegen lebt die Gesellschaft der Kolcher in sich abgeschlossen – ähnlich wie die Böhmen unter Krokus und Libussa, bis Primislaus den geschlossenen Staat in einen kriegerischen umwandelt. Phryxus' schwere Bewaffnung zeigt besser als seine Reden die Absicht. „Wer in des Krieges Kleidung Gabe heischt, / erwarte nicht sie aus des Friedens Hand" (341 f.) tadelt Aietes. Medea reagiert auf die Ansprachen des Phryxus: „Er spricht und spricht / Mir widert's." (368 f.)

Der Gastfreund eröffnet zwei Problemkreise: die Geschlechterproblematik auf privater und sozialer Ebene sowie den Konflikt zwischen Europäern und dunkelhäutigen Nicht-Europäern. Die Unterschiede zwischen Griechen und Kolchern sind sprachlich, ethnisch, rassisch, kulturell und sozial. Die sich ergebenden Schwierigkeiten werden auf persönlicher, politischer und sozialer Ebene ausgetragen.

Der einmalige Sieg der Eingeborenen über die Griechen ist nur ein Aufschub. Medea als Außenseiterin ist in der Lage, eine Vorstellung von der Zukunft zu entwickeln. (514 ff.) Der Fluch des Phryxus bewahrheitet sich dadurch, daß eine einmal begonnene internationale Aggression und Invasion nicht mehr aufzuhalten ist.[24]

Auch der zweite Teil, *Die Argonauten*, spielt in Kolchis. Wieder ist es kein „klassisches" Drama, sondern ein Vierakter. Schon zeigt Kolchis die Folgen des Kontaktes mit den Griechen. Wie Hero, wie Libussas Schwestern, lebt Medea jetzt zurückgezogen in einem Turm. Das Land ist verunsichert wie sie. Angst und Sorge beherrschen Kolchos. Aietes prahlt umsonst mit Gewalt, Waffen und Mut. Diese genügen dem historischen Augenblick nicht mehr.

Aietes und Absyrtus befürchten, belauscht zu werden. Das Vlies ist sicher, aber gefährlich, versteckt worden. Vorhandene Konflikte haben sich erweitert. Medeas Haß und Ekel gegenüber dem Vaterhaus liegen offen da. (I, 94 ff.) Korruption verbreitet sich. „Wie kläglich, Vater, ist der Schwester Stimme" (I, 74), stellt Absyrtus fest. Die Amazone ist für eine Art Liebe, die gleichzeitig Selbstzerstörung ist, verwundbar geworden.[25]

Medea fragt wenig nach materiellen Dingen. „Gib heraus, was du nahmst, Versöhnung bietend", so rät sie beim Ankommen der Argo-

---

24 PIERO RISMONDO, „ „Das zweite Gesicht' in Grillparzers ‚Das goldene Vlies'." JbGG, 3. F., 5 (1966), S. 141, führt aus, Grillparzer sei ein Dichter des „geschichtlichen Schicksals, eines geschichtlichen Endes und Unterganges, in dem der Mensch sich zu bewähren hat".

25 GERD KLEINSCHMIDT, Illusion und Untergang. Die Liebe im Drama Grillparzers (Lahr 1967), S. 77, führt an, Liebe offenbare bei Grillparzer die „tragische Grundbefindlichkeit des Lebens". So sei die Liebe Medeas ein „wesenloser Weg". (S. 86)

nauten. (I, 190)[26]) Während sich die Männer als Wertmesser auf Objekte beziehen, sind Medea und Gora auf Menschen und Kommunikation ausgerichtet.

Rauben, Töten, Versklaven – Verdinglichen – sind Sache der Männer. Die Überschätzung der Dinge – typischer für die eigene Zeit, um die es Grillparzer geht – trennt Vater von Tochter, Gattin vom Gatten. Sie entfremdet den Mann von sich selbst. Medeas Kinder sind später wenig mehr als Objekte, die den Besitzer wechseln. Freilich übertrifft Medea in Griechenland die Europäer noch in ihrem eigenen Spiel, indem sie die versachlichten Kinder in einem Akt von Insurrektion tötet, wie ihre Göttin, die Große Mutter, Kinder gebiert und frißt. Brutalisierung der Lebensbedingungen durch den Fortschritt, den die Pioniere bringen, sind Thema der Trilogie.

Durch Kunstgriffe gelingt es, die kolchische Gemeinschaft, korrupt, gewinnsüchtig, angreifbar wie sie sein mag, im Vergleich zu den Griechen als relativ harmlos darzustellen. In *Die Argonauten* steht ein Abenteurer, Jason, als Exponent für das Griechentum. In ihn, wie auch in Ottokar, Primislaus, aber auch Matthias und Ottokars Kontrahenden Rudolf, sind Aspekte von Grillparzers Napoleonbild eingegangen. Jason hat klare, kategorische Werturteile nach gut und schlecht, nützlich und unpraktisch. Diese Kategorien sind ihm identisch.[27]) Wie anderen Gestalten, denen das Prinzip äußere Hülle ist, fällt Jason wenig Sympathie zu.

Jason unterwirft sich nicht nur seine Umwelt physisch, er macht sie sich greifbar durch seine Kategorien. Diese sind rationalisierend-vereinfachend. Das Fremde und ihm Unverständliche ist „arg und hassenswert", das Nützliche „schön und liebenswürdig". (I, 439 f.) Sein abstraktes Denken – womit nicht etwa höhere Rationalität gemeint ist –, das einer chronologisch fortgeschrittenen Zivilisationsstufe entspricht, teilt Jasons Welt utilitaristisch ein. Als Beispiel gilt Medeas Zauberkraft. Solange sie sich potentiell gegen ihn richtet, verurteilt er sie, zögert jedoch nicht, sich ihrer zu bedienen, als er sich der Frau sicher sein kann. In Griechenland, wo er von ihrem Talent nichts mehr zu erhoffen hat, zwingt er sie, ihrer Kunst zu entsagen.

---

26 Das Vlies ist mehr als nur das Symbol für das Unerlaubte, unrechtmäßig Erworbene, wie LASKE meint, S. 120. Es ist Inbild der Dingbezogenheit, der Konzentration auf Objekt und Besitz, welche sich so von Medeas und Goras Mentalität unterscheidet.

27 HEINZ POLITZER, „Franz Grillparzer," Deutsche Dichter des 19. Jahrhunderts. Ihr Leben und Werk (Berlin 1969), S. 278, führt aus, Jason sei das „Zerrbild des Weibischen", wie Medea ein „Zerrbild des Männischen" sei, ohne diese Feststellung mit der sozialen Realität, sei es der des Stückes noch der eigenen, in Beziehung zu setzen. So kommt er auch zu dem einfachen Schluß, Medea könne sich in Griechenland nicht anpassen, da ihr die Konzilianz nicht gegeben sei. Vielmehr dagegen ist Medea die Symbolfigur für ihr Land und das, was mit ihrer Kultur geschieht.

Medea ist innerlich gespalten. Wille und Gefühl – Schillers Pflicht und Neigung – gehen in verschiedene Richtungen.[28] „Klar muß es sein um Medeen, klar!" (III, 1010) – ein unerfüllbarer Wunsch. Pessimismus gegenüber den Idealen des Rationalismus und der Aufklärung leuchtet auf. Medea wehrt die Kräfte des Unbewußten und Irrationalen ab, ohne sich ihnen entziehen zu können. Sie ist ein versagendes Kind der Aufklärung. Ihre Wurzellosigkeit, die früher schon durch ihre soziale Randstellung motiviert wurde, wird durch die Inkongruenzen von Verstand und Gefühl verstärkt. Jason erkennt es: „Wer bist du, doppeldeutiges Geschöpf . . ." (I, 438)

Jason stammt aus patriarchalischen Verhältnissen.[29] „Die energische und siegreiche Verteidigerin des Frauenrechts"[30] und er können einander als Menschen nicht schätzen. Die homosexuellen Beiklänge – Jasons Heer besteht aus Liebenden und Geliebten, Medea ist auf ihre Peritta eifersüchtig – macht eine Liebesverbindung unwahrscheinlich. Lesch erkennt, daß erheuchelte Liebe Jason zur Unterwerfung Medeas dient. (S. 20)

Bei dem Gegensatz Jason – Medea geht es um mehr als Psychologisches. Beide repräsentieren verschiedene Weltbilder. Während Medeas Realität punktuell und empirisch erfahren wird, ist Jasons Wirklichkeitsverständnis ideologisch-starr. Medea ist rational und daher wandelbar. Sie, nicht Jason, steht deshalb im Mittelpunkt der Trilogie. Sie ist interessanter, da sie sich entwickelt. Dynamische psychologische Prozesse sind für die statischen, ganz in ihrer Schablone des Griechentums befangenen Charaktere Jason, Kreusa, Phryxus und den König ausgeschlossen. Hans Henny Jahnn hat in seiner *Medea* dieses Motiv radikalisiert. Seine Medea altert, während der bisexuelle Jason ewige Jugend besitzt.

Die formvollendete griechische Sprechweise läßt die Welt nicht zu. Sie hat sich durch ihre Geschlossenheit in ein eigenes Bezugsnetz entwickelt, eine eigene Realität, der es sich einzufügen und unterzuordnen gilt. Die holprige kolchische Sprache ist „ein aus der Kraft oder Bedrängung

---

28 Medeas trotziges „Medea will!" (I, 254) zeigt Kontrollverlust an. Sie will heroisch mit Macht eine vernunftmäßige Entscheidung durchsetzen, wo ihre innere Sicherheit schon verloren ist. REINHOLD SCHNEIDER, Am Anfang liegt das Ende (Baden-Baden 1946), S. 31.

29 Medea ist aufgewachsen in „äußerer Freiheit," so daß „mutterrechtliche Erinnerungen in ihrem Unterbewußtsein schlummern" (POLITZER, „Franz Grillparzer", S. 278). Jason dagegen männlich-elominant, JOHANNES VOLKELT, „Grillparzer als Dichter des Willens zum Leben." JbGG, 10 (1900), S. 15. Er scheint die Gefahr zu suchen und zu lieben, solange andere die Verantwortung tragen. „Recht und Willkür sind ihm identisch." LASKE, S. 127.

30 HARTL, S. 176. HANS HENNY JAHNN, Werke und Tagebücher (Hamburg 1974).

des Ich erwachsender Bannungsversuch",[31]) eine unentwegte Auseinandersetzung mit der Wirklichkeit. Die Sprache vollzieht die inneren Befindlichkeiten nach.

Medea wertet und handelt der jeweiligen Situation entsprechend. Sie erfaßt präziser als Jason die Komplexität der individuellen Vorgänge, ist aber automatischer Reaktionen nicht fähig und daher im griechischen Sinne weniger leistungsfähig. Geht es bei ihr um eine Auseinandersetzung mit den Phänomenen, so schneiden Jason und Phryxus das Vorgegebene auf die in der eigenen Sprache enthaltenen Muster zu. Daher auch die radikal verschiedenen Medea-Bilder, die Jason – nicht aber das Drama – entwirft: eine böse Zauberin, als er sie zu töten droht, ein liebenswürdiges Mädchen, als er sie zu seinen Zwecken benutzt, eine widerliche Barbarin, als er sie verstößt.

Warum Grillparzer ein antikes Gewand wählte für ein Schicksal, das die eigene Zeit ansprüche,[32]) läßt sich sowohl aus Zensurgründen wie daraus erklären, daß die Antike ein günstiger geschichtlicher Zeitpunkt für die gewählte Thematik ist.[33]) Die griechische Antike konnte noch schaudernd zurückblicken auf eine nicht allzuweit zurückliegende matriarchalische Tradition. Das 19. Jahrhundert mag einen solchen Vorwurf nur als utopisch betrachten, denn tatsächlich hat es die historisch-soziale Möglichkeit für solche Frauenexistenzen nicht. Diejenigen, die sich der alten Fesseln entledigen wollten, traf schwere Diskrimination. Nur die Antike oder die böhmische Sage bietet Vorbilder für Frauen außerhalb der Restriktionen der viktorianischen Zeit. Grillparzers „Vergangenheit" ist ein Bildschirm, mit dessen Hilfe sich ein Modell entwickeln läßt, in dem die Probleme der eigenen Zeit mit Vorwürfen einer anderen, an Möglichkeiten noch reicheren verschmelzen. Mehr als um Nachahmung der Vergangenheit oder Gegenwart geht es um eine Projektion, in der das eine das andere erläuternd beleuchtet und kommentiert.

Ein Element im Brennpunkt ist die „Liebe", die sich in der bürgerlich-romantischen Form gerade etabliert hatte. Medea, die vorbürgerliche Frau, kennt sie noch nicht. Jasons schwärmerische Huldigungen ziehen

---

31 Grillparzer merkt an, er habe freien Vers und Jambus „gleichsam als verschiedene Sprachen hier und dort" gewählt. Prosa IV, S. 159. Es sei der Unterschied von Kolchis und Griechenland, „welcher Unterschied die Grundlage der Tragik in diesem Stücke ausmache". GRIESMAYER beobachtet über die griechischen Sprecher: „Ein sich erst im reichen wohl vertrauten Ausdruck fassendes Sprechen, die Errichtung einer Art eigener sprachlicher Wirklichkeit, in der sich der Sprecher den Partner gleichsam anverwandelt." S. 183.

32 RADERMACHER, S. 4, HARTL, S. 169.

33 Sind in der Antike noch immer dionysische Frauenkulte bekannt, ist die Erinnerung an die Amazonen noch immer lebhaft, so hat sich bei Grillparzer die Möglichkeit der freien Frau gerade erst wieder mit der Französischen Revolution gestellt.

an ihr vorbei: „holdes Bild", (II, 435) Mund, „der, eine Rose, wie die Rose auch nur hauchen sollte süßer Worte Duft . . ." (442 f.) „holdes Wesen". (479) Ihr Liebesgeständnis ist ohne Sentimentalität. Es impliziert kein idealisiertes Fremdbild noch Täuschung über ihr Gegenüber. Die Liebe ist ihr unwillkommen. Sie versucht, das Lager zu umgehen, Jason für einen Überirdischen zu erklären – alles, um der menschlichen Begegnung auszuweichen.

Medeas Wandlung von einer Amazone zu einer Verliebten bedeutet Konflikt, das Brechen von Loyalität, Verrat gegen die Landsleute, gegen die Tradition der Mutter. Medea selbst hält ihre Leidenschaft für verderblich. Jason ist ihr ein Frevler, der ihr aufgedrängte Kuß eine Schmach. (II, 675 ff.) Es geht nicht um Liebe im traditionellen Sinn, sondern um „Zwang, rohe Naturkraft", (III, 1024) eine „fluchenswerte Sache". (1036)

Medea begehrt den exotischen Eroberer körperlich und impulsiv. Als Person ist er ihr fremd wie ein Gott oder Teufel. Sie sieht den weißen Mann nicht anders als er sie: fremd und nicht als ihresgleichen. Schuldgefühl wegen der Phryxus-Episode mag eine Rolle spielen, daß Medea Jason zweimal verschont. Ihr Wunsch, ihm zu helfen, hält sich die Waage mit dem, ihn zu töten. Sie weiß, daß er der Aggressor und ihr Feind ist. Medea und Jason sind Führergestalten mit gleichen Ansprüchen, einer so wenig wie der andere zum Kompromiß bestimmt. Zudem erhebt Jasons Kultur einen Universalitätsanspruch, der ihm die Einordnung bei den Kolchern nicht erlauben würde. Für die Barbarin Medea jedoch gibt es an seiner Seite keinen Raum in der griechischen Gesellschaft.

Die Griechen sind in ihren Sensitivitäten modelliert am Österreich des 19. Jahrhunderts. Liebe und Ehe sind so konzipiert, daß im günstigeren Fall sich ein Partner verleugnen muß zugunsten der Lebensansprüche des anderen, wie Medea es versucht. Im ungünstigeren Fall erlaubt die romantische Liebe keinem Partner Lebensraum – eine Befürchtung, die Grillparzer privat hegte.

Die Argonauten thematisieren die Interaktion zwischen der ausgebeuteten schwarzen Frau und dem europäischen Ausbeuter. Ihre Liebesszene ist eine Kampfhandlung, in der die Widerstrebende mit körperlicher Gewalt in die Knie gezwungen wird. Nicht von Liebe, von Sollen und Wollen ist die Rede, Schmerz, Trug, Haß. (Die Argonauten, III, 1232 ff.) Jason proklamiert eine doktrinäre Mann-Weib Anschauung, die Liebe mit Machtanspruch verwechselt. Die Worte „ich liebe dich" (III, 1256, 1260, 1261, 1263, 1266, 1270) werden Medea von Jason in den verschiedensten Varianten eingesagt und sind Symbol einer physischen und intellektuellen Überwältigung, aus der Jason folgert: „Sie ist mein Weib!" (1329) Weib-Sein bedeutet ihm: die Unterlegene sein.

Zu dem Unrecht an der Frau tritt das Unrecht an den Eingeborenen.

Beide gehen, wie heute bekannt ist, Hand in Hand: Rassismus und Sexismus. Jason unterwirft Aietes' Tochter, bestiehlt ihn, verschuldet den Tod seines Sohns. Entfremdet wie er sich ist, hat er kein Verantwortungsgefühl:

> Ich selber bin mir Gegenstand geworden,
> Ein anderer denkt in mir, ein andrer handelt.
> Oft sinn' ich meinen eignen Worten nach,
> Wie eines dritten, was damit gemeint,
> Und kommt's zur Tat, denk' ich wohl bei mir selber:
> Mich soll's doch wundern, was er tun wird und was nicht!
>
> (II, 1196 ff.)

Unreife offenbart sich in dem pathologischen Umschlagen von Gefühlen: Zuneigung in Haß. Sachbezogene Intelligenz trifft sich in Jason mit kindischer Unreife, wie es bei zahlreichen Herrscher- und Führergestalten Grillparzers der Fall ist. Ein kulturkritischer Kommentar ist intendiert.

Medea, für die die Liebe soziale Implikationen hat, ist ebenfalls in einem Zustand der Verwirrung. Sie versucht vergeblich, den Loyalitätskonflikt, in den sie ihr Liebesgeständnis gebracht hat, rational beizulegen, indem sie für Jason um Asyl und Mitherrschaft in Kolchos bittet. Aietes, voreingenommen wie Jason, weigert sich, den Griechen als Sohn zu betrachten und wünscht der Tochter ein Schicksal als Ausgestoßene und Verhöhnte. (III, 1364 ff.) Er kann die Mentalität der Griechen so gut erraten, weil er ihnen an Härte kaum nachsteht. Auch er verhält sich Medea gegenüber wie ein Eigentümer. Nicht die Grundphänomene sind bei den männlichen Kolchern anders als bei den Griechen, es ist der Grad der Unterdrückung, z. B. der Frau, der sich mit dem sogenannten Fortschritt intensiviert. Medea kommt, nachdem der Vater ihr das Aufenthaltsrecht bei sich verweigert hat, bei den Griechen vom Regen in die Traufe.

In *Die Argonauten* ist Medea Jason ein Instrument für den Besitzerwerb. Die Beziehung zwischen beiden ist ein entlarvender Kommentar auf die Geschlechterrollen. Nicht Jason, Medea ist stark. Angesichts der Gefahr scheint er einem Nervenzusammenbruch nahe, während sie ihn beruhigt. (IV, 1481 ff.) Nicht einmal ihr Leben wäre ihm jedoch Preis genug für das Vlies. „Beweinen kann ich dich, rückkehren nicht." (IV, 1504) Gleich, nachdem sich Medea den Griechen angeschlossen hat, wird sie abgewertet. Roh reißt Jason ihr den Schleier vor seinen Genossen ab – eine symbolische Entjungferung: „Hier, Griechen, eine Griechin! Grüßet sie!" (III, 1406) Milos Worte an Gora reflektieren deutlich Medeas neuen Status: „Ganz gut kommst als Genossin du für sie, / Leicht fände sie sich einsam unter Menschen." (IV, 1646 f.)

Peritta und Gora sind in chorischer Funktion, da zwischen den Männern und Medea ein unüberbrückbarer Abstand ist, der Kommunikation ausschließt.[34] Die Frauengestalten kommentieren, interpretieren, kontrastieren. Medeas Gesinnungswandel gegenüber Peritta zeigt ihre neue Einstellung zur Sexualität. Goras Liebe bringt Medeas Menschlichkeit und Verwundbarkeit hervor, welche bei den Griechen immer mehr verschüttet werden und einer harten Fassade weichen. Auch Kreusa ist Kontrastgestalt und Katalysator. Die Szene, in der Medea die Leier zerbricht, ist der Wendepunkt der Geschehnisse.

Goras Treue legt nahe, daß Medea über das gesetzliche Maß vorschreibbare Loyalität verdient, denn die Amme ist die integerste Gestalt des Dramas. Sie läßt Medeas Festigkeit im Gegensatz zu Jasons Unzuverlässigkeit aufleuchten. Die Nähe der beiden Frauen demonstriert, daß Medea in Griechenland nicht einfach inkommunikabel ist, sondern ihr die Umgebung die Liebesfähigkeit an der Wurzel abgräbt. Gora ist auch Erinnerung an Medeas früheres Leben und Status. Bis zum Schluß hin ist die Amme das veräußerlichte Gewissen ihrer Herrin, bis sie sich in ihrem großen Kommentar an Jason in das normsetzende Sprachrohr des Autors verwandelt, wie Esther in *Die Jüdin von Toledo*. Es ist von Bedeutung, daß in der Trilogie die moralisch-ethischen Normen von einer schwarzen Frau getragen werden.

Auf den letzten Teil zielt die Trilogie ab. Prozesse werden in abstrahierter, kondensierter Form dargestellt, wie sie sich seit der Antike und, im großen Stil, seit der Entdeckung Amerikas abgespielt haben. Freilich sind in dem dialektischen Verfahren die Vorzeichen anders als bei Hegel gesetzt.[35] Das Ende der *Argonauten* korrigiert den Eindruck, daß die Griechen sich in irgendeiner Hinsicht im Recht befänden. Jasons manische Machtbesessenheit entlarvt sich selbst: „Ich töt' ihn nicht! / Allein gehorchen muß er, *muß – gehorchen*!" (IV, 1724–25) In Jason komplementieren sich existentielle Unsicherheit und Streben nach totaler Macht – das Material, aus dem moderne Machthaber gemacht sind.

Absyrtus wird, wie Medea, Spielball von Jasons und Aietes' Herrscheranspruch und wählt den Selbstmord. Aietes bleibt als gebrochener

---

34 RADERMACHER, S. 3–4.

35 So merkt er über den Idealismus an, er sei „doch eigentlich nichts als ein beim Schwanz aufgezäumter Materialismus, d. h. Vergeistigung der Materie, da die Verkörperung des Geistes nicht vorhalten wollte". Tagebücher II, S. 171. Er bedauert Hegels Weiterwirken in Geschichte und Ästhetik, besonders beanstandet er an ihm die „nachweisbare Notwendigkeit" als unhaltbares Postulat und den „immerwährenden Fortschritt". Tagebücher IV, S. 40.

Mann in Kolchos zurück. Der von den Griechen bei ihrem zweiten Kommen angerichtete Schaden ist größer als ihr ursprünglicher Verlust. Es geht also um eine Eskalation der Zerstörung, nicht des konstruktiven Fortschritts.

Die griechische Kultur hat vollends das Gleichgewicht verloren, das bei den Kolchern durch starke Frauengestalten gegeben war. Die Griechen auf Eroberungsfahrt waren ohne Frauen, aber auch in Griechenland wird der Eindruck der Frauenlosigkeit nicht durch die blasse Kreusa behoben. Sie ist das Geschöpf des Mannes, „weiblicher" als es Frauen von sich aus wären und wie der effeminierte Transvestit ganz Resultat der männlichen Phantasie. Da sie sich nur auf Schleichwegen ihr Recht sichern kann, ist sie hinterlistig und zeigt die Falschheit eines Geschöpfes, das immer nur als minderwertig und unterlegen behandelt wird.

Die ausschließliche Mann-Bezogenheit erlaubt dem Griechen Beweglichkeit und Veränderbarkeit. Familie und Heimat sind Jason keine Werte. Sein und seiner Leute Namen sind mit einem Schiff, nicht einem Land oder einer Familie assoziiert. Seine Normen sind stromlinienhaft wie das Schiff selbst, die Werte von Freibeutern. Sie haben nicht mehr den Ballast von Tradition oder persönlichen Bindungen. Daher kann sich ihr Träger überall oberflächlich anpassen, ohne dazugehören zu müssen. Jason schlüpft amöbenhaft in Lebensformen, die kein integraler Teil von ihm sind, da sie weder an innere noch äußere Notwendigkeit gebunden sind. Sobald der Grund für eine opportunistische Wahl aus der Welt geschafft ist, ist es auch die Bindung.

Aufgrund ihrer gesellschaftlichen Verformung ist die griechische Frau kein Faktor, nach dem sich der Mann richten müßte. Die doppelte Moral bietet sich deshalb an, weil das domestizierte Weibchen dem Mann kaum ein Gegenüber sein kann. War die Jugendromanze kein Grund, daß Jason bei Kreusa blieb, so sind Ehe und Kinder nichts, was ihn verpflichtet. Hatte sich Jason in Kolchos ein Bild von Medea geformt, welches seinen Vorstellungen von Weiblichkeit entsprach, so ist die spätere Enttäuschung und Abwendung schon miteinkalkuliert.

> Da fand ich sie, die dir so greulich dünkt;
> Ich sage dir, sie glich dem Sonnenstrahl,
> Der durch den Spalt in einem Kerker fällt.
> Ist sie hier dunkel, dort erschien sie licht,
> Im Abstich ihrer nächtlichen Umgebung.

(Medea, III, 457 ff.)

Jason rechtfertigt seine Neigung mit zeitweiliger Unzurechnungsfähigkeit. Seine und der Griechen Rassenvorurteile machen es leicht, Medea zu verdammen.[36]) Er gibt denen Recht, die ihn um ihretwillen meiden. (III, 507 ff.) Gleich wie sehr sich Medea den Normen Griechenlands anpassen will und die ihr angestammte Macht, Erbteil der Mutter, aufgibt – sie kann nicht integriert werden, denn sie wird nach ihrem Äußeren, nicht ihrem Verhalten beurteilt. Ihre Farbe zählt mehr als ihr Charakter. Die Griechen geben Scheingründe, weil sie der dunklen Frau menschliche Rechte absprechen.

Wenn Jason behauptet, er sei Kolcher unter Kolchern gewesen, und es läge an Medea, wenn sie sich nicht eingliedern lasse, (*Medea* I, 189 f.) so ist das der reine Hohn. Ein neues Licht fällt auf Jasons Gedächtnisfunktionen. Durch Uminterpretieren und Vergessen schafft er sich seine eigene Vergangenheit. Ohne Zeugen, Medea, Gora, die Kinder, wäre er frei, sich darzustellen wie er wollte. Seine Realität ist Fiktion, er selbst sein eigenes Image.

Dennoch gelingen ihm seine Unternehmungen nicht, da er als Ausbeuter nur so lange profitieren kann, als er unerkannt bleibt. Als er in Korinth eintrifft, hat er bereits eine lange Liste von Gewalttaten hinter sich. Er verliert sich im Netz des eigenen Bösen. Die mit ihm assoziierten Menschen werden in den Kreis der Vernichtung gezogen. Eine Kultur, die sich aus der Beherrschung und Übervorteilung anderer definiert, so wird deutlich, ist selbstmörderisch. Jasons Besuch in Kolchis und Korinth hat dieselben Ergebnisse: den Zusammenbruch der Herrschaftsverhältnisse, den Tod von Königskindern.

Unrecht ist selbstperpetuierend, vor allem, wenn die Grundsätze, nach denen gerichtet wird, auf Unrecht selbst beruhen. „Ich bin Hellene, du Barbarenbluts . . .“ (*Argonauten,* III, 1204) Blut ist ein geladener Begriff. An die biologischen Erbanlagen werden Wertvorstellungen geknüpft, rassische, charakterliche und intellektuelle Eigenschaften in Ver-

---

36 Ausgehend von der Physiognomik des 18. Jahrhunderts, die sich freilich auf den Phänotyp beschränkte, wuchs im 19. die Klassifizierungslust. Angeregt durch DARWIN (Origin of Species) begann die Rassenspekulation. Eines der bedeutendsten Werke der Zeit war JOSEPH ARTHUR COMTE DE GOBINEAUS Werk Essai sur l'inégalité des races humains, Bd. 1–4 (Paris 1853–1855) Bei der Frage, warum Völker nach einer Periode von Macht und Wohlstand der Dekadenz anheimfallen, kam Gobineau zu dem Schluß, Luxus, Sittenverfall und Religionslosigkeit seien nur Begleitumstände, nicht Ursache dieses Verfalls. Der Grund für den Untergang der Kulturen sei die Verdünnung des wertvollen arischen Blutes gewesen, welches in allen Hochkulturen, sei es die assyrische, griechische, ägyptische oder römische, vorherrschend gewesen sei. Mit pseudo-wissenschaftlichen Schädelmessungen weist er nach, daß gewisse Menschenrassen anderen intelligenzmäßig überlegen seien – Methoden, die noch in den 20er und 30er Jahren angewendet wurden, so HANS F. K. GÜNTHER, Rassenkunde des deutschen Volkes (München 1929). Die gesamte Menschheit sei dementsprechend auch nicht des gleichen Fortschritts fähig. Was für die Intelligenz gelte, gelte auch für die Schönheit, Stärke, Charakter. Selbstverständlich legt Gobineau seinen eigenen ethnozentrischen Standpunkt zugrunde.

bindung gebracht. „Ich frei und offen, du voll Zaubertrug", (*Argonauten*, III, 1205) Die Verkehrtheit von Jasons Selbsteinschätzung und der Charakterisierung Medeas ungeachtet der Tatsachen impliziert Kritik an Rassentheorien, die die konsequente Fortsetzung von nationalen oder ethnischen Überlegenheitsansprüchen sind. So spielt zum Beispiel Gobineau den Wert einer Rasse gegen die andere nicht weniger unbekümmert aus, als es Rousseau für die Geschlechter getan hat.

Grillparzer nimmt die immer aktueller werdende Rassenproblematik in sein Werk auf und entlarvt Rassismus als ein unhaltbares Vorurteil, das freilich schon einen gewissen Grad an Sozialisierung voraussetzt. Die Kolcher akzeptieren die Griechen als Menschen. Die Bosheit des Aietes richtet sich nicht gegen Phryxus und Jason als Weiße, sondern gegen die Eindringlinge, die sich bereichern wollen. Daher kommt es erst zu der Minoritätenproblematik, als sich Medea und die Kinder in Griechenland befinden. Die Diskrimination gegen die Lebensart, Kultur und den Körper des Gegenübers geht von den Griechen aus, die die Kolcher zu Barbaren, also weniger als sie selbst, erklären, und so die eigenen Übergriffe rechtfertigen.

So sichert sich Grillparzers Grieche – wie der Weiße des 19. Jahrhunderts – einen gleichsam angeborenen Vorteil, indem er sich als privilegiert von Natur her ausgibt. So kann er mit zweierlei Maß messen. Was er tut, ist richtig, denn Griechen können als das vorrangige Volk nicht fehlen. Dagegen können die Barbaren nichts tun, was sie rechtfertigen würde.

> Du liebst mich. Ich verkenn' es nicht, Medea;
> Nach deiner Art zwar – dennoch liebst du mich:
>
> (*Medea*, I, 229 ff.)

Zunächst kann sich Medea die Tiefe des griechischen Vorurteils nicht vorstellen, hätte es doch in Kolchis nur der Zustimmung des Vaters bedurft, Jason zu integrieren. Bei den Griechen ist eine Rehabilitierung Medeas ausgeschlossen, da Rassismus ein Glaubenssystem ist, dessen oberster Grundsatz die Minderwertigkeit der anderen auf jedem Gebiet ist. Die Barbaren können sich höchstens Zustimmung von oben herab erringen, wie Medea von Jason, Milo oder Kreusa, wenn sie den Interessen der Griechen entsprechen und die eigene Identität verleugnen. Die Anerkennung ist einer Art, wie man sie Kindern oder geistig Behinderten zugestehen mag.

Die griechische „Vernunft" ist nichts als Eigennutz. Ein guter Barbar ist einer, der sein Land verrät und sich selbst unterwirft, ein schlechter einer, der seine Identität behält. (II, 782 ff.)

Nach eben diesem Prinzip schon lobte Aietes seine Tochter. Nicht zufällig wird vom Rassismus zur Mißhandlung der Frau eine Brücke geschlagen. „Törichte" (*Gastfreund*, 237), „Ungeratne" (*Argonauten*, III, 1001), „Törin" (1061) ist sie, wenn sie eigenen Einsichten gemäß handelt, aber ein „wackres Mädchen!" (1048), wenn er Willfährigkeit entdeckt. Genau so nennt Milo sie, wenn sie Jason rettet. (II, 782) Grillparzer vermittelt eine Erkenntnis, die sich mit der des Sozialismus trifft: gleich wo, nimmt die Frau die niedrigste Stellung ein. Bei den Kolchern wie den Griechen wird sie von den Männern unterdrückt.

Medea ist vieles in einem: Problemstück über eine verunglückte Ehe, über das Schicksal einer entwurzelten Minderheit, das soziale Dilemma der Frau im Konflikt mit der Patriarchie. Das Trauerspiel beginnt mit der endgültigen Niederlage der Kolcherin, die Stab und Schleier ablegt, an welche sich ihre Kräfte knüpfen. Gora kommentiert Medeas Statusverlust und nennt ihre Herrin eine Sklavin. (I, 71 ff.) Medea klagt Kreusa, ihrer sich geneigt gebenden Gegnerin:

> Weil eine Fremd' ich bin, aus fernem Land,
> Und unbekannt mit dieses Bodens Bräuchen,
> Verachten sie mich, sehn auf mich herab,
> Und eine scheue Wilde bin ich ihnen,
> Die unterste, die letzte aller Menschen,
> Die ich die erste war in meiner Heimat.
> Ich will ja gerne tun, was ihr mir sagt,
> Nur sagt mir, was ich tun soll statt zu zürnen!
>
> (I, 406 ff.)

Medea zeigt guten Willen bis zur Demoralisierung, als Jason in Korinth um Asyl bittet, obwohl ihm ein schlechter Ruf vorausgeht. Er allein hat jedoch keine Schwierigkeiten, denn man ist gern bereit, ihn zu akzeptieren und zu reinigen, und Medea als Sündenbock zu benutzen. Zur Eingliederung steht ihm nur seine Ehe im Wege, da ihm nur als Verbrechen angerechnet wird, was er an den Griechen, nicht aber an den Kolchern verbrochen hat und die Schuld auf Medea und ihre vermeintliche schwarze Kunst abgewälzt wird. Medea ist bei den Griechen Unperson.

> KÖNIG   Du arme, kleine, nestentnommene Brut!
> KREUSA   Kommt her zu mir, ihr heimatlosen Waisen!
> . . .
> Bleibt hier, ich will euch Mutter, Schwester sein!
>
> (*Medea* I, 351 ff.)

Der König verwendet auf Medeas Kinder ein Tierbild. Kreusa verleugnet die Mutter ganz, die Tatsache, daß Jason mit ihr Kinder hat, und nennt die Kinder Waisen, obwohl die Mutter danebensteht. Dementsprechend verhält sich Kreusa, als sei Jason noch ihr lediger Freier. (II, 863 ff.) Der König tut nichts, den Gedanken abzuwenden, daß Jason noch immer sein Schwiegersohn werden könnte. Jason selbst minimalisiert seine Ehe. (I, 472 ff.) Die Griechen rechnen es sich zuletzt als Großzügigkeit an, wenn sie Medea freien Abzug ohne die Kinder bieten.

Kreusa will Medea zähmen wie ein Tier, ihr griechische Künste beibringen, ohne sich zu fragen, ob diese überhaupt wissenswert seien. Sie interessiert sich nicht dafür, was Medea wissen könnte. Man erinnert sich an die Hofbesitzer in Stifters *Katzensilber* dem braunen Mädchen gegenüber. Der Zuschauer, der Medea aus den früheren Dramen kennt, weiß, daß die Griechin ihr mit ihren kleinen dummen Liedchen nicht das Wasser reichen kann. Freilich wird Medea nie mit Kreusa auf deren Spezialgebiet konkurrieren können. So bewirkt die Griechin durch ihre scheinbare Aufopferung zweierlei: sie gibt sich den Anschein von Großzügigkeit und geht sicher, daß sie neben der Rivalin immer die bessere Figur macht.

Medeas Selbstverleugnung (I, 47 ff.) wird zu Selbstverachtung. (I, 193 f.) Indem sie ihre kulturelle und persönliche Identität aufgibt, entfremdet sie sich von sich wie auch später Libussa. Ihre kriecherisch-unterwürfige Haltung Kreusa gegenüber zeigt das Ausmaß des Verfalls an, welchen Kreusa für natürliche Veranlagung hält.

In der Hoffnung, durch Demut sich Sympathie zu erkaufen, erniedrigt sich die Kolcherin. Wie in *Die Jüdin von Toledo* mag auch eine zeitweilige Fremdüberschätzung eingetreten sein, hervorgerufen durch die Unterdrückung. (II, 678 ff.) Freilich auch mehr – die Aggression Medeas ist nicht geschwunden, sondern nur in den Untergrund gegangen, wie es typisch ist für ausgebeutete Minderheiten und Frauen. „Wie eine Magd" will Medea arbeiten – hierin liegt auch Kritik an der Rolle der griechischen Frau und ihrer Arbeit. Ambivalent ist die Art, wie sich Medea Kreusa nähert: mit Schmeichelworten wie in Griechenland der Mann der Frau sie sagt. Auch hierin offenbaren sich Medeas wahrer Anspruch und ihre Selbsteinschätzung. An der Oberfläche unterwirft sie sich, der Struktur ihrer Sprache nach aber übt sie Kritik an der patriarchalisch-heterosexuellen Ordnung. Rahels an die Königin gerichtete Bitte um Schutz manifestiert dasselbe Bewußtsein der eigenen Überlegenheit. Kreusa vermutet nichts dergleichen in Medea, die sie für ein wildes Tier erachtet. (I, 405) Sie ist auch dumm, wenn es um Offensichtliches geht, wie im Falle des Liedchens, das sie Medea lehrt:

O ihr Götter,

. . .

Daß den Männern
Ich obsiege
Und den zierlichen
Mädchen auch.

MEDEA	Ja, ja, sie haben's ihm gegeben!
KREUSA	Was?
MEDEA	Des kurzen Liedchens Inhalt.
. . .	
KREUSA	Daran hatt' ich nun eben nie gedacht.
	Ich sang's nur nach, wie ich's ihn singen hörte.

(II, 609 ff.)

Medeas Versagen, dann auch das Lied vorzutragen, ist eine der furchtbarsten Szenen in Grillparzers Werk. Nicht nur sind durch Demütigung und Unterordnung Medeas Würde und Charakter gebrochen, sie wird erniedrigt vor den Augen des Gatten in ihrem Versuch zu gefallen, während er gerade Kreusa mitgeteilt hat, er könne Medeas Anblick nicht ertragen. Nach dem Tiefpunkt regeneriert sich Medeas Kraft. Sie setzt die Energien frei, die sie verwendet hatte, zu gefallen. Sie zerbricht die Leier, symbolisches Objekt der weiblichen Erziehung in Griechenland und nutzloser Schöngeisterei für Machtlose, und besinnt sich auf ihr Leben. (II, 915 ff.) Die Szene ist ein Kommentar auf die weibliche Sozialisierung in Mitteleuropa, die Bebel so charakterisiert:

> Der Grundzug der geistigen Ausbildung bei dem Manne richtet sich, das behauptet man wenigstens zu wollen, obgleich der Zweck durch die angewandten Mittel sehr oft nicht erreicht wird, auch vielfach nicht erreicht werden soll, auf die Entwicklung des Verstandes, die Schärfung des Denkens, die Erweiterung des realen Wissens, die Festigung der Willenskraft, kurz auf die Verstandesfunktionen. Bei der Frau hingegen erstreckt sich die Ausbildung, soweit sie überhaupt in höherem Maß vorhanden ist, vornehmlich auf die Vertiefung des Gemüths, auf die rein formale, schöngeistige Bildung, durch welche hauptsächlich die Nervenreizbarkeit und die Phantasie erhöht wird; wie durch Musik, Bellestristik, Kunst, Poesie . . .[37])

Mit Medeas innerer Wandlung tritt eine äußere Änderung ein. Der Bann wird über Medea und Jason ausgesprochen, der König aufgefordert, beide nicht mehr zu beherbergen. Jason macht sich keinen Begriff von den Möglichkeiten Medeas als Gegnerin, da weder er noch Kreusas Vater an Frauen gewöhnt sind, die sie bekämpfen. Jason und die Königsfamilie laden sich Medeas Rache gleichsam ins Haus, indem sie Medea ihrer Rolle als Gattin, Herrscherin und Mutter berauben wollen. Medea, die mutterrechtlichen Verhältnissen entstammt, kann nicht zulassen, daß man ihr die Kinder stiehlt, gleich, ob Jason und dem König es selbstverständlich ist, daß die Kinder dem Vater gehören.

---

37 AUGUST BEBEL, Die Frau und der Sozialismus (Stuttgart 1891), S. 109.

84

War zuvor von der destruktiven Macht der Griechen in Kolchos die Rede, so zeigt sich jetzt, daß das Unrecht in ihr eigenes Land eingeführt wurde. Man hält bei Medea für Schwäche und Niederlage, was nur guter Wille war. Es erweist sich, daß der Zwang an den Kolchern nicht ungestraft bleibt. Griechenland befindet sich, wie Kolchos zu Beginn der *Argonauten*, in einem Zustand der Alarmbereitschaft. Weil Medea sich dem Verständnis der Griechen entzieht, ist sie unheimlich. Jason wagt erst, sie zu verstoßen, als sie ihre Werkzeuge vergraben hat. (I, 178 f.) Medeas Sprüche haben freilich nur Einfluß auf die Gemüter. Die Zauberei liegt in der Einbildungskraft der Männer. Die Klarheit des patriarchalischen Griechenlands ist Überbau einer unterliegenden Angst, die sich als Angst vor dem „anderen" deuten läßt. Die Angst ist wohlbegründet in der Schuld, in dem berechtigten Verdacht, daß sich die Mißhandelten eines Tages aufraffen und an den Ausbeutern Rache nehmen könnten. Medeas Kräfte sind männliche Angstprojektionen gegenüber Frauen und Schwarzen.

Freilich trifft Medea der Vorwurf der Verantwortungslosigkeit, da sie sich von den Eroberern derart manipulieren läßt. Gora macht ihr diesen Vorwurf schon früh. Wenn sich endlich zeigt, daß die Entmachtung Medeas nicht vollständig war, bedarf es doch eines Massakers, die alte Unabhängigkeit wiederzuerlangen. Willkür der Sieger und Fahrlässigkeit der kolchischen Frau komplementieren einander und führen zu den Schrecken einer Revolution.

Irrationalität, Grillparzer zeigt das wiederholt, liegt bei den männlichen Charakteren. Im Untergrund der Welt Jasons, aus der die Götter und Geister ostentativ vertrieben sind, schwelt die abergläubische Furcht. Allein die Besessenheit zu kontrollieren, sich alles Konträre einzuverleiben, läßt auf eine innere Explosivität schließen, die die äußere Form bedroht. Innerlich ist Chaos, was nach außen schöne Klarheit scheint. Unangenehmes wird aus dem Sichtfeld gerückt, wie die naheliegenden Assoziationen an Jasons Liedchen. Das Griechenbild ist schon ähnlich wie das Nietzsches in *Die Geburt der Tragödie*. Es ist aber auch ein Bild Österreichs, Erbe der an Repression reichen Epochen der Aufklärung und Klassik, gefangen in Metternichs Zwangsjacke, eine Welt des Verleugnens, die nur ein Minimum des menschlichen Potentials zuläßt.

Diese Welt stellt Medea in Frage. Ihre ungeheuren Kräfte sind nichts anderes als das Ergebnis einer in relativer Freiheit verbrachten Jugend. Die griechische Kultur ist zerbrechlich, artifiziell und angreifbar trotz aller zwischenmenschlichen und politischen Finessen, welche Medea durchschaut, als sie die selbstauferlegte Beschränkung abtut. (II, 1121 ff.)

Griechenland hat ein System der legalisierten Unterdrückung. Den Privilegierten stehen Mechanismen zur Verfügung, ihre Interessen straflos durchzusetzen. Andererseits ist es der zornigen, alle Konventionen mißachtenden Medea ausgeliefert wie es Kolchos Jasons überlegener Technologie und Kunst der verfeinerten Verstellung war. Die Unterdrückkung von Medeas natürlichen Kräften kann nur zeitweilig sein. Erhebung ist zu erwarten von der zu Unrecht geknechteten Minderheit und den Frauen. Medea verkörpert die drohende Revolution beider.

Grillparzers Griechenland ist Warnung, Medea ein Greuel und eine Hoffnung zugleich. Der europäische Eroberer ist nicht das *non plus ultra*. Zweifel an der Gültigkeit des eigenen Kulturkreises werden deutlich. Die Konflikte werden nicht harmonisiert. Die Symbiose zwischen Griechen und Kolchern mißlingt, weil sie auf Ungleichheit basiert sein soll. So stellt die Trilogie Mechanismen dar, die Grillparzers Zeit bestimmen: den Trend zur Vereinheitlichung im Zuge des jungen Kapitalismus und der Industrialisierung, die Ausbeutung der Rohstofflieferanten, die damit verbundene Unterdrückung und Verschleppung der „Wilden", die Verbrechen der westlichen Länder an nicht-europäischen.

Dem Phänomen „Fortschritt" wird Skepsis entgegengebracht. Griechenland ist anders, aber nicht besser als Kolchis. Die griechische Zivilisation wurde durch große Opfer erreicht: die Entfremdung des modernen Menschen von sich selbst und der Natur, die Verkürzung seines Potentials, wobei besonders die Frau als Maßstab gilt. Die Wahl dieses Vergleichspunktes „von unten her" statt anderer Aspekte, z. B. Kunst, Technologie etc., läßt den Schluß zu, daß kulturelle Leistung angesichts der Unmündigkeit eines gesamten Geschlechts wenig wert ist.[38]

Der Charakter Kreusas, die von Jason um ihrer Schwächlichkeit bewundert wird, ist nicht Geschlechtscharakter. Die Barbarenhaftigkeit des Aietes, wie Gora, Medea, Absyrtus und Peritta bezeugen nicht Rassencharakter. Weiblichkeit und der „Wilde" sind Sozialprodukte. Erstaunlich ist an Medea nicht die Rache, sondern die Langmut, wo Gora schon viel früher zur Rache riet. Erst als der Verlust der Kinder droht, die von der polierten Oberfläche Kreusas fasziniert sind, greift Medea zum Äußersten. Das thronfolgerlose, zukunftslose Korinth ist ein pessimistischer Anblick auf die selbstzerstörerischen Tendenzen des imperialistischen 19. Jahrhunderts.

Die Trilogie ist revolutionär. Alle männlichen Herrschergestalten sind korrupt.[39] Rache trifft die Herrschenden durch eigenes Verschul-

---

38 Im Gegensatz dazu liest WILHELM KOSCH, Österreich im Dichten und Denken Grillparzers (Nymwegen, Würzburg, Wien 1946), S. 13: „Wie österreichisch wirkt so z. B. Kreusa, die mit Frauengestalten Walthers von der Vogelweide verglichen worden ist, an Österreichs mittelalterliche, von zartester Kultur durchtränkte Jahrhunderte gemahnend."

39 Eine Studie über den thematischen Zusammenhang der Trilogie gibt CHRISTA SUTTNER BAKER „Unifying Imagery Patterns in Grillparzer's ,Das goldene Vlies'." Modern Language Notes, 89 (1974), S. 392–403.

den. „Um deine Tochter klag' ich nicht; ihr ward Recht!" (V, 2190 ff.)
sagt Gora zum König. Sie beklagt nur das Ausmaß der Katastrophe und
den Tod der Kinder.

> Und du,
> Du falscher König mit der Gleisnermiene?
> Habt ihr es nicht umstellt mit Jägernetzen
> Des schändlichen Verrats, das edle Wild,
> Bis ohne Ausweg, in Verzeiflungswut,
> Es, überspringend euer Garn, die Krone,[40])
> Des hohen Hauptes königlichen Schmuck . . .
>
> (V, 2249 ff.)

Utopie am Ende ist ausgeschlossen. Medea und Jason überleben unver-
söhnt. Noch immer versuchen die Griechen, die Verantwortung abzu-
wälzen auf andere. „Tat ich ihr Unrecht – bei den hohen Göttern, / ich
hab' es nicht gewollt!" (V, 2269 ff.) Die Dramenfolge schlägt keine Lösungen vor, erlaubt keine Harmonisierung.

Weh dem, der lügt

Bereits Minor konstatierte 1893 zwischen Grillparzers *Weh dem, der lügt*
und *Das goldene Vlies* Parallelen. Der Stoff sei der gleiche: die Konfrontation der Barbaren mit der Zivilisation. Nach Minor entsprechen die Kolcher den Heiden, die Griechen den Christen und diese wiederum den
Franzosen. Die Deutschen seien in den Kolchern respektive Christen repräsentiert.[41]) „Wie Medea so trägt auch Edrita die Sehnsucht nach einer
höheren reineren Menschlichkeit in ihrer Brust." (S. 49)

---

40 Der politische Aspekt dieses Bildes, des Dramas überhaupt, wird durch die folgende Ta-
gebucheintragung gestützt: „In Östreich zieht man aber die Gränzen immer enger, und
das Geistige muß daher entweder ganz erliegen, was doch die Regierung selbst nicht wollen kann, oder es muß einen Satz wagen, wie der eingehegte Hirsch, und – im Springen
kömmt man leicht weiter als man glaubte und wollte." (Tagebücher II, S. 242, 1826).
41 JAKOB MINOR, „Grillparzer als Lustspieldichter und ,Weh dem, der lügt'." JbGG, 3
(1893), S. 49. RUTH K. ANGRESS, „ ,Weh dem, der lügt': Grillparzer and the Avoidance
of Tragedy." Modern Language Review, 66 (1971), 355, stellt fest, ,Weh dem, der lügt'
sei eine der drei großen, deutschen Komödien zusammen mit ,Minna von Barnhelm' und
,Der zerbrochene Krug'. Der „apparent harmless content" habe das Drama zu einem
Lehrstoff an Oberschulen relegiert. Gleichwohl aber wohne ihm eine „unsettling quality
of make-believe" inne, eine Nähe zur Tragödie, etwa Medea oder Ein Treuer Diener seines Herrn. „And while Medea must remain an outsider, ultimately an outcast to Greece,
Edrita has access to her new country through conversion."

Jedoch übersah Minor fundamentale Unterschiede zwischen Sachsen und Kolchern in dem Versuch, die „reinere Menschlichkeit" nachzuweisen. Die Gleichheit in der Erscheinung erlaubt die relativ leichte Eingliederung Edritas in die fränkische Gesellschaft, so daß aus „demselben Stoff" eine Komödie werden kann. Zwei Problemkreise, die ausreichend wären, dem Drama eine tragische Wendung zu geben, stehen im Vordergrund, der ethnische Konflikt und das Wahrheitsproblem.[42] Das Drama ist intellektuell schwer belastet. Das Mißverständnis, das Grillparzer bewog, sich von der Öffentlichkeit der Bühne zurückzuziehen, kann leicht motiviert werden.[43]

Etwa zwei Jahre vor dem Fragment „Korrespondenznachrichten aus dem Lande der Irokesen" hatte sich Grillparzer mit der *Historia Francorum* des Gregor von Tours befaßt, der Quelle für *Weh dem, der lügt,* das bei der Uraufführung am 6. 3. 1838 am Burgtheater in Wien ein glatter Durchfall war. Das Drama enthält wie die Prosaaufzeichnungen Spott auf die schwammige, romantische Unklarheit und die emotionale und intellektuelle Verwahrlosung, die Grillparzer an der nationalen Bewegung wahrnimmt. Generationen von Kritikern haben sich gewundert, warum die Komödie beim Wiener Publikum der höheren Mittelklassen und der privilegierten Klassen Empörung hervorrief. Bei den Ingredienzen des Werks ist die Rezeption nicht verwunderlich.

Weh dem, der lügt rührt an die Heiligkeit des „deutschen", des „germanischen" Erbes, das seit dem Barock in Werken mit germanophiler Tendenz zelebriert wird, man denke an Rists *Das Friede wünschende Teutschland,* Lohensteins *Großmütiger Feldherr Arminius . . . nebst seiner durchlauchtigsten Thusnelda,* Klopstocks *Hermanns Schlacht* und Kleists – freilich viel ambivalentere – *Hermannschlacht.*

Bei Grillparzer werden die christianisierten Franken mit den heidnischen Sachsen, die das reine, urwüchsige Germanentum signalisieren, kontrastiert. Wie anders aber nehmen sich die „Altdeutschen" in diesem Germanenstück aus: nicht groß, nicht nobel, sondern geizig, verschlagen und primitiv. Da die Freiheitskriege und die romantische Bewegung mehr denn je den germanophilen Nationalsinn auch in den Donauländern erweckt hatten, läßt sich schon von daher die negative Aufnahme begreifen. Auch in Wien trugen die Damen des Hofes, die Kaiserin eingeschlossen, altdeutsche Tracht, fanden Aktionen gegen französische Ausdrücke und

---

42 HERBERT SEIDLER, „Grillparzers Lustspiel ‚Weh dem, der lügt'." JbGG, 3. F., 4 (1965), S. 7–8.

43 „Der wenig durchgreifende Erfolg des goldenen Vlieses, insofern er mit meinen eigenen Bedenklichkeiten zusammenfiel, hat mir übrigens in meinem Innern großen Schaden getan", (Prosa IV, S. 162) merkte Grillparzer an. Er reagierte sehr empfindlich auf Kritik.

Moden statt, und die Arbeiten der Berliner Sprachreinigungsgesellschaft blieben nicht ohne Wirkung. Grillparzer tat das Treiben als Nonsens ab. Die germanische Kultur hielt er für „biedere Rohheit".[44])

Grillparzers ablehnendes Geschmacksurteil traf sich mit politischen Ansichten, der Furcht, daß die Überbetonung der Deutschen zu einer Isolierung von der westlichen Welt führen könne, deren Folge Provinzialismus sei. Seit 1820 befaßte sich Grillparzer zunehmend mit dem Gegensatz deutsch und österreichisch, wobei seine Kritik an dem norddeutschen Geistesleben besonders die Deutschtümelei als Zielscheibe hatte.[45])

Weh dem, der lügt ist unter dem Eindruck der französischen Julirevolution entstanden. Grillparzer hielt diese für einen hoffnungsvollen Impuls für ganz Europa, da ihm Frankreich ein positives Vorbild war. „So hält er nicht allzuviel von den politischen Bestrebungen der Deutschen. Sie führen nicht dazu, dem deutschen gebildeten Stand die Kraft zu geben, die diesem fehlt, sondern führen ihn nur zur Rohheit." (Patzaurek, S. 80)

Folglich wendete sich Grillparzer auch von der deutschen Sprach- und Altertumswissenschaft ab, die seiner Ansicht nach aus politischen und propagandistischen Gründen die mittelhochdeutschen Gedichte verherrlichte, die sich mit den Meisterwerken der Weltliteratur seiner Meinung nach nicht messen konnten.[46]) Neben Grillparzers negativem Eindruck von der deutschen Volkskunst schlugen sich in *Weh dem, der lügt* auch auf den Reisen durch England und Frankreich gewonnene Erkenntnisse nieder. Grillparzer würdigte in beiden Ländern, in England mehr noch als in Frankreich, die Freiheit des öffentlichen Lebens.[47])

Der Geist der Komödie ist demokratisch.[48]) Leons Karriere läßt „die bürgerliche und politische Gleichberechtigung kommender Zeiten vorausahnen". (Laske, S. 180) Keiner der Privilegierten des Lustspiels kommt ungeschoren davon. Galomir, sächsischer Edelfreier, beleidigt den hochadligen fränkischen Gefangenen, Edrita, die Tochter des Grafen, verheiratet sich mit einem fränkischen Küchenjungen statt mit einem der

---

44 SUSANNE PATZAUREK, Grillparzer und die deutsche Frage (Wien: diss. masch., 1944), S. 43.

45 Grillparzer lehnt die Vorstellung, Berlin sei das Zentrum des deutschen künstlerischen Lebens ab. (PATZAUREK, S. 45—52)

46 Grillparzer studierte die mhd. Epen selbst im Original, um nicht zu verurteilen, was er nicht kannte.

47 Tagebücher IV, S. 317.

48 ALEXANDER V. MICHAILOW, „Grillparzer in der Sowjetunion." Das Grillparzer-Bild des 20. Jahrhunderts, ed. Heinz Kindermann. (Wien 1972), S. 293: „Als dramatischer Dichter ist Grillparzer auf dem Wege zum realistischen Drama, . . . ‚Weh dem, der lügt' – das demokratischste Stück Grillparzers, in dem das Echo der Revolution von 1830 nicht zu überhören ist."

adligen Bewerber, Kattwald, der Graf, wird von dem Koch und seiner Tochter, die rechtlich sein Eigentum ist, an der Nase herumgeführt. Atalus, der Neffe des Bischofs, ist arrogant bis zur Debilität, der Bischof selbst ein wohlmeinender Idealist ohne Weltkenntnis. Galomir, Edelmann und Bräutigam der Grafentochter, ist Grillparzers eigener Beschreibung nach „thierisch, aber nicht blödsinnig", denn Tiere seien nicht dumm. (*Tagebücher*, IV, S. 290) Der sprachlich unmündige Germanenheld wird obendrein von einer Frau gründlich übertölpelt. Bei weitem der positivste Charakter ist Edrita.

Grillparzer kombiniert die Kritik an der Germanentümelei und dem Nationalismus mit der Klassen- und Geschlechterfrage. Die Bevorrechtigten in der weltlichen und kirchlichen Hierarchie werden als inkompetent – Atalus und der Bischof – beschränkt – Kattwald – oder tierisch dargestellt, also der Herrschaft weder fähig noch würdig. Besonders im vormärzlichen Wien nach der Julirevolution mußte die abwertende Darstellung der Herrschenden unangenehm berühren. Verständlicherweise geriet bei dem Publikum des Burgtheaters, welches den gehobenen Kreisen angehörte, die Komik ins Hintertreffen, da ein Teil derselben auf Kosten der Zuschauer ging.

„Was nun mein Vorsatz ist: der Verstandes- und Meinungs-Poesie unserer Zeit nicht nachzugeben", (*Tagebücher* IV, S. 229) hält Grillparzer nach dem Durchfall des Stückes fest. Es reflektiert auf den historischen Stand der Dinge eher denn das Drama, wenn eine Konfusion über Genre wie Inhalt entstand. Laube z. B. versuchte nachzuweisen, daß Grillparzer mit der Bezeichnung „Lustspiel" einen Fehlgriff getan habe. Das Drama ein „Thesenstück" zu nennen, hilft bei der Definition auch nur wenig.[49]

Auch das Wahrheitsproblem, welches lange für das Hauptanliegen des Werkes galt, ist eng mit der Klassenfrage verquickt. Nicht jeder kann sich die Wahrheit leisten. Die Ehrlichkeit im Sinne des Bischofs ist nur den Privilegierten, wie ihm selbst, verfügbar, da andere für ihn tun, wovor er aufgrund seiner Position geschützt bleibt. Er bewegt sich in einer abgeschirmten Sphäre, isoliert von der Realität der meisten. Der Kontakt mit einer anderen Wirklichkeit durch den Raub des Neffen bringt ihn aus dem Gleichgewicht. Er klagt, leidet körperlich und seelisch und verzweifelt. Die selbstauferlegte Armut genügt nicht, Atalus zu befreien. Aber auch sie ist ein Luxus, da dem Bischof *de facto* Geld zur Verfügung stünde, das er aus freier Wahl nicht verwendet. So ist sein Sparen im Rahmen seines Lebensstils ein Statussymbol. Gregor, Leon und Atalus sind sozial motiviert. Das Fehlverhalten des Bischofs ist kein Laster, sondern Folge einer spezifischen Konditionierung.

---

49 FRANZ GRILLPARZER, Sämtliche Werke, 1. Abt., Bd. 5 (Wien 1936), S. 335–336.

Leon kommt aus einer niederen Sphäre und ist für die Handlanger-
dienste zuständig, damit sich die Privilegierten ihre „Güte" oder Arroganz erlauben können. Gregors und Atalus' Charaktereigenschaften sind
nicht grundsätzlich verschieden, sondern nur Kehrseiten einer Medaille.
Gemeinsam ist beiden die Untätigkeit, während die unteren Klassen aktiv
sind. Leons Rolle ähnelt der Medeas gegenüber Jason.

Leon ist in seiner untergeordneten Position an Lügen gewöhnt.
Wenn er dem Wortlaut nach ehrlich ist, ist er es der Intention nach nicht.
Edrita bezeichnet seine Ehrlichkeit als Grobheit. (II, 654) Später durch-
schaut sie sie ganz:

> Und darum hältst du dich für wahr? Nicht so?
> Hast du die Wahrheit immer auch gesprochen,
> (Die Hand aufs Herz legend.)
> Hier fühl ich dennoch, daß du mich getäuscht.
>
> (III, 1136 ff.)

Leon kann sich die Luxusgüter der höheren Klasse nicht leisten. Er steht
daher der Realität näher. Anders als die Geistlichen ist er nicht der Askese
zugeneigt. Es fehlt ihm im Gegensatz zu Atalus die Arroganz, deren
Hauptbestandteil Dummheit ist. Grillparzer schreibt diese Eigenschaften
den Herrschenden zu als integralen Teil ihrer Position. Edrita reagiert auf
Atalus: „Schütz mich vor Dem!" (III, 1198)

Die Franken gehören einer Kultur an, die sich für besser als die Sachsen hält. Als Christen sind sie sich ihrer Auserwähltheit bewußt, die sich
in einem unreflektierten Selbstbewußtsein niederschlägt. (II, 662 ff.,
815 ff.) Die ethnische Arroganz trifft sich bei Atalus mit einem Klassen-
stolz, der ihn paralysiert. Auf Leon, der ihn, um ihn zu retten, in der Küche anstellen will, reagiert er:

> Weit lieber hier gefangen, oder sonst,
> Als schänden meiner Väter Namen.
>
> (II, 827 ff.)

Die Sachsen sind Angehörige der gehobenen Schicht und haben Rang und
Besitz. Die Franken jedoch können sie nicht als Ihresgleichen sehen. Die
Sachsen erkennen ihrerseits die Überlegenheit der Franken an. Kattwald
wünscht sich einen fränkischen Koch, für den er einen hohen Preis zahlt.
Auch Edrita weist auf den Ruf der Franken hin. (II, 692 ff.) Allerdings ist
sie bald desillusioniert.

Edrita fällt als Frau aus dem heimatlichen Verband. Leicht kann sie
die nationalen Grenzen überspringen, da sie, als rechtlich Unmündige
kein Interesse an Staat, Sitte, Tradition und Territorium des Vaters haben
kann. Sie teilt Stand und Position des Mannes, dem sie angehört. Was bei

einem Mann Verrat wäre, entspringt ihrer Gleichgültigkeit gegenüber dem Gemeinwesen, an dessen Peripherie sie steht. Obwohl Leon sie nicht anstiftet, verhilft sie ihm zur Flucht. (III, 1140 ff.) Wie Medea wird Edrita von ihrem Vater verflucht. (IV, 1555 ff.) Auch wenn Kattwald lustspielhaft den Fluch abschwächt, ist Edrita am Ende den Fremden ausgeliefert, Atalus, den sie nicht will, Leon, der sich nicht für sie verantwortlich erklärt, dem Bischof, den sie noch nicht kennt.

Edrita ist äußerlich von den Franken nicht zu unterscheiden. Sie wirkt auf die fränkischen Männer ohne die Einschränkungen, die Jason bei Medea macht, schön. Sie ist zudem lernwillig und will gern Christin werden, nicht ohne Grund. Als Frau hat sie von der Konversion einen Statuszuwachs zu erwarten. Bei den Franken hat sie die Möglichkeit, allein zu leben statt in einer unerwünschten Ehe. (V, 1775 ff.) Edrita bedeutet auch für Leon einen Statuszuwachs, denn seine Verlobung mit ihr geht mit seiner Gleichstellung mit dem bischöflichen Neffen Hand in Hand. Medea dagegen bedeutet dem Gatten nur ein gesellschaftliches Handicap.

Die ursprünglichen Bindungen der Sächsin werden weniger problematisiert. Edrita steht dem Vater nicht nahe, obwohl sie Leon zurechtweist, als er sich ihm gegenüber ungebührlich verhält. Ihre Verwandten befinden sich nicht in akuter Gefahr durch die Franken. Leon holt nur den eigenen Mann zurück, während Jason das Vlies raubt. Mit Galomir verbindet Edrita nichts. Sie hat ihm gegenüber Verachtung, da er, unkultiviert wie er ist, kaum ein ernstzunehmender Partner ist.

Edrita hat auch keinen Konflikt mit der fränkischen Gesellschaft, die wie die eigene patriarchalisch ist. Das Christentum wird nur am Rande gestreift. Bei dem Bischof scheint es eine pedantische Marotte, bei Leon tritt es als verinnerlichtes Ethos nicht auf. Es steht der Kommunikation zwischen den Liebenden nicht im Wege.

Bei den Franken treten keine Frauen auf, bei den Sachsen nur Edrita. Der ranghöchste Franke ist der Bischof, eine paternalistische Gestalt, obwohl selbst ehelos und kein Vater. Er ist von Männern umgeben, die alle nicht ganz erwachsen scheinen. Dies ist eine Grundbedingung für eine Patriarchie, in der der „Landesvater" über seine gleich alten „Landeskinder" waltet.[50] Kattwald, der willkürliche, trunksüchtige „Barbar" ist der höchste in Erscheinung tretende Sachse. Die Männerherrschaft bei den Franken ist verbrämt durch die Religion und wirkt durch den Grad der Verfeinerung disziplinierter. Das Prinzip ist aber hier wie da dasselbe. Der

---

50 „In manchen Ländern Europas faselt man noch von der Möglichkeit einer patriarchalischen Regierung", Tagebücher IV, S. 256, merkt Grillparzer 1838 an. Er hofft, „daß man endlich einen Absolutisten auslachen werde wie Einen, der einen rothen Rock trägt oder eine Weste mit langen Schößen". (S. 317).

Bischof übernimmt die Vormundschaft für Edrita und übergibt sie – zwar ihren Wünschen entsprechend – dem Gatten.

Edrita, anders als Medea, kennt das erwartete Spiel. Sie unterstellt sich formhalber auf der Flucht dem Atalus, wenngleich sie ihm nicht zu gehorchen gedenkt. Sie kennt keine anderen als die patriarchalischen Gepflogenheiten. Leon ist das bewegliche Element. Gregor von Châlons und Atalus klagen zwar, aber tun von sich aus nichts zur Veränderung der Zustände. Auch Edrita versucht nicht, bis zu Leons Kommen, der unerwünschten Ehe zu entgehen. Die Privilegierten sind gewissermaßen weltfremd. Hervorgerufen ist ihr Zustand durch die sichere Ruhe, die ihnen ihre Stellung verleiht, sie aber im Notfalle hilflos läßt.

Die Art, wie Leon den Bischof und Kattwald behandelt, paßt nicht in den ihnen vertrauten Rahmen. Sie haben ihm gegenüber keine Handhabe. Eine Quelle der Komik ist also schon die Spannung zwischen den angeborenen Privilegien und tatsächlicher Wirkungskraft. Daß der statuslose Leon begabter und einsichtsvoller ist als der hochgeborene Atalus oder der adelige Galomir, und auch das adelige Mädchen erhält, das die Nebenbuhler umsonst umwerben, könnte zu einer Zeit, in der die Reaktion liberale Kräfte unterdrückt hält, sowohl Lachen wie peinlichen Anstoß erregen.

Edrita und Leon unterwandern die Kreise der Herrschenden in Franken. Beide werden in den Adelsstand erhoben – es kann also von einer eigentlichen Demokratisierung noch nicht die Rede sein. Nach ihrer Aufnahme jedoch ist der herrschende Stand nicht mehr, was er vorher war. In ihn gehen neue Impulse ein, so daß er durch die neuen Mitglieder modifiziert wird. Der Bischof sieht die Unhaltbarkeit seiner Ideale ein. (V, 1805 ff.) Das adelige Ideal von der geburtsmäßigen Bevorrechtigung wird durch das des Verdiensts erweitert.

Atypisch für die Tendenzen der Zeit ist die kulturelle Perspektive. Die Franken, Vorläufer der Franzosen haben das geistige Übergewicht. Dazu passen Bemerkungen Grillparzers, der die Franzosen für die gebildetste Nation Europas hielt, von dem Kriterium her, daß an der Bildung das ganze Volk beteiligt sei und das Bedürfnis nach Bildung verspüre.[51]

Auf der sächsischen Seite dagegen findet sich Bildungsfeindlichkeit gekoppelt mit Neid auf die Franken. (II, 619 ff.) Stillschweigend wird Leon rechtgegeben. Der fränkische Fortschritt erscheint im Gegensatz zu der Krudität der Sachsen als ein Positivum – ein fundamentaler Unterschied zu *Das goldene Vlies*. Edritas Verrat erscheint so als poetische Gerechtigkeit.

---

51 „Ich wollte, ich wäre in Frankreich und ein Eingeborener", stellt Grillparzer 1830 fest. (Tagebücher III, S. 3–4 und S. 257).

Der von Grillparzer für das Ende des Stückes gewählte Zeitpunkt bedingt die Leichtigkeit des Dramas. Weder die fränkische Gesellschaft noch die Ehe zwischen Edrita und Leon sind so einer engeren Betrachtung ausgesetzt. Die Phantasie des Zuschauers kann bei der Eheschließung zweier Verliebter nach überstandenen Gefahren stehenbleiben. An diesem Punkt jedoch setzte *Medea* erst ein. Im Ausblick von *Weh dem, der lügt* werden glückliche Lösungen angedeutet: Eine Versöhnung von Vater und Tochter ist nicht ausgeschlossen. Edrita will dem Vater die Religion ihrer Wahl bringen, (V, 1751 ff.) die Besserung des Atalus, das Umdenken des Gregor, suggerieren zukünftige Harmonie.

Auf fränkischem Gebiet ist der Feudalismus durch eine gewisse Aufgeklärtheit gemildert, während bei den Sachsen Willkür das Verdienst ersetzt. Die von Grillparzer verabscheute Sklaverei wird nur bei den Sachsen dargestellt.[52] Soziale Mobilität macht die Überlegenheit der fränkischen Gesellschaft aus. Selbst der Franke mit den eingefleischtesten Standesdünkeln ist bildungsfähig. (II, 826)

> Ich denke, Herr, das Mädchen dem zu gönnen,
> Der mich gerettet, ach, und den sie liebt.
>
> (V, 1808 f.)

Bei Galomir ist keine solche Einsicht zu erwarten. Ohne daß er und Kattwald eigentlich verächtlich gemacht werden, ist verständlich, warum Edrita gegen die Sitten ihres Landes rebelliert und flieht. Wenn auch Leon eine Rolle dabei spielt (V, 1792) ist Edritas spontane Neigung eine rational nachvollziehbare, nicht etwa ein Wahnsinn wie bei Medea. Die Faszination der Sachsen für die fränkische Kultur, die Verlobung mit Galomir, die unwillkommene Werbung des Atalus, die rohe Behandlung durch den Vater, ihre eigene Position, motivieren sie hinreichend. Edrita ähnelt Leon, der sich aus List freiwillig in die Sklaverei verkaufen ließ, da er seinen Herrn nicht als überlegen fürchtet. Er ist sich seiner Vorteile gegenüber den Sachsen bewußt.

Leon hat seinen eigentlichen Status nicht verinnerlicht, wie Edrita den ihren nicht zu einer psychischen Realität hat werden lassen. Sie hat sich, wohl gerade weil sie bei den Sachsen eine so geringe Rolle spielt, eine gewisse Freiheit bewahrt. Es kann daher ihre Wahl als freie Liebeswahl dargestellt werden – eine Seltenheit in Grillparzers Werk. Freilich fehlt die große Romanze. Die Liebeshandlung ist eher nüchtern und humorvoll.

Indem in *Weh dem, der lügt* eine klare Dualität zwischen dem eigenen Willen und den Zwängen der Außenwelt errichtet wird, in der der

---

52 Tagebücher IV, S. 175, spricht Grillparzer von den amerikanischen Sklavenkodexen und kritisiert die „Nationaleitelkeit der Nordamerikaner".

Wille die Hindernisse bezwingt, kann Komik aufkommen.(V, 1738 ff.)
Edrita mißachtet die patriarchalische Ordnung. Sie beantwortet Gregors
zweifelnde Frage, ob sie denn auch ohne Einwilligung ihres Vaters bei den
Franken bleiben wolle:

> Holt er sie selbst, gibt ihm zurück die Christin,
> Dem Christen nur, vertrau ich, gibst du sie.
> So pflanzt sich fort des Guten schwacher Same . . .
>
> (V, 1751 ff.)

Weh dem, der lügt wirft komplexe soziale Fragen auf. Diese werden durch
die glücklichen Konstellationen und die relativ hohe Einsicht einzelner
Figuren glücklich gelöst. Bezeichnenderweise beherrscht die Vernunft,
nicht die Leidenschaft, die Handlung. Lustspiel ist kein willkürlich ge-
wählter Terminus. *Weh dem, der lügt* zeigt Protagonisten, die frei ihre
Entscheidungen treffen. Lust oder Lustigkeit, legt das Drama nahe, kann
nur in einer Atmosphäre der Freiheit und des Spiels aufkommen.[53]

Die Jüdin von Toledo

Die *Jüdin,* eine der umstrittensten Tragödien Grillparzers, spielt zu einer
der Krisenzeiten, die für das Werk Grillparzers so bezeichnend sind. Der
historische Enrique, Alfons' einziger Erbe, starb als Kind durch einen fal-
lenden Ziegelstein. Grillparzers König setzt das Kind ,,zum Schutzgeist
von diesem Lande" ein. (*Jüdin* V, 1870) Schon um 1180 hatten Pogrome
begonnen. Die Schlacht, auf die sich die Spanier im fünften Akt mit Heil-,
Gottes- und Siegesrufen vorbereiten, ging 1195 bei Alarcos verloren und
die spanische Halbinsel wurde nochmals von den Mauren unterworfen.

> Drum kehrt euch nicht verachtend von dem Weib,
> In deren Armen ein König ward zum Mann,
> Sie gab dem besseren Gedanken Leib,
> Verlor sich selbst, allein die Welt gewann.
>
> (*Gedichte* II, S. 201)[54]

Grillparzers versöhnliche Haltung Lola Montez, der Geliebten Ludwigs
von Bayern, gegenüber, die, wie Rahel den christlichen Staat in Frage

---

53 Vgl. Zum Konzept des Spiels JOHAN HUIZINGA, Homo ludens. Vom Ursprung der Kultur im Spiel (Hamburg 1956).
54 PATZAUREK weist auf den tiefen Eindruck der französischen Julirevolution auf Grillparzer hin. S. 55. Sie führt aus, daß der bayrische König unter dem Einfluß von Montez ein
liberales Ministerium berufen hatte, sehr zur Billigung Grillparzers. S. 71.

stellte und die er für die Trägerin liberalen Gedankenguts hielt, ist nicht ernst genug genommen worden.[55]) In der Zeit der werkimmanenten Interpretation wurde die historische Basis für den Text generell nicht hinreichend berücksichtigt.

Eine Schwierigkeit beim Lesen der *Jüdin* mag auch offener und latenter Antisemitismus auf seiten der Kritiker gewesen sein, die die Möglichkeit ausschlossen, daß ein „klassischer" Autor in seinem Text einem herrschenden Vorurteil widersprechen könnte. Es ist daher in der Kritik Brauch, Rahel abzuwerten und dem König die Rolle des tragischen Helden zuzusprechen.[56]) Koch ist einer der wenigen, die darauf hinweisen, daß Grillparzer in den letzten Dramen „den idealen Herrscher entlarvte". (S. 23)

Die Jüdin von Toledo ist auch als Drama mit einer privaten Problematik gedeutet worden. Seit Laube werden Liebe und Sexualität in den Vordergrund gestellt. In einer solchen Interpretation geht es um einen König zwischen Pflicht und Neigung, öffentlicher Rolle und Leidenschaft, beide verkörpert durch die zwei Frauen in seinem Leben.[57]) Rahel ist dann ein Katalysator, der dem bedeutenden Mann zur Menschwerdung verhilft.

---

55 JOACHIM MÜLLER, Von Schiller bis Heine (Halle 1972), S. 259, stellt fest, die Jüdin schließe mit einem kreatürlichen Appell.

56 „So schließt der fünfte Aufzug mit der Offenbarung des Widerspruches der gegenseitigen Bezogenheit der göttlichen und menschlichen Seinsordnung", heißt es bei WOLFGANG VON WURZBACH, „Die ‚Jüdin von Toledo' in Geschichte und Dichtung." JbGG, 9 (1899), S. 92 f. „Die Jüdin von Toledo (1851 vollendet, 1872 uraufgeführt) ist im Grunde ein mythisches Spiel vom Sündenfall . . .", so HERBERT SEIDLER, Studien zu Stifter und Grillparzer (Wien, Köln, Graz 1970), S. 145. Dagegen bemerkt FRIEDRICH KOCH, „Grillparzers Staatsdramen." Germanisch-Romanische Monatsschrift, Neue Folge, 6 (1956), S. 23 an dem Trauerspiel Grillparzers „fast versteckte, verwegene Seite".

57 NORBERT GRIESMAYER, Das Bild des Partners in Franz Grillparzers Dramen (Wien: diss. masch., 1970), S. 374, meint, das Intime trete gegenüber dem Staatlichen in den Vordergrund. Freilich sei Rahels und des Königs Verhältnis seltsam unpersönlich. Er nenne sie nie bei Namen und bedenke sie mit wenig schmeichelhaften Epitheta. CHARLENE ANN LEA, The Image of the Jew in German and Austrian Drama 1800−1850 (Univ. of Massachusetts diss. masch., 1977), S. 169 ff. wie auch JOACHIM KAISER, Grillparzers dramatischer Stil (München 1961), S. 117 f., halten die Abwendung des Königs von Rahel für eine Veränderung zum Guten. Selten ist über eine dramatische Figur so wenig Schmeichelhaftes gesagt worden wie über Rahel. HANS SITTENBERGER, Grillparzer (Berlin 1904), S. 202. HEINZ POLITZER, „Franz Grillparzer." Deutsche Dichter des 19. Jahrhunderts, ed. Benno von Wiese (Berlin 1969), S. 287−288, erblickt in der Tragödie die Psychologie der Wollust und faßt Garcerans „das Weib und nichts als ihr Geschlecht" wörtlich auf. Der Bewahrung des Fürsten, um die es gehe, sei die Jüdin nicht umsonst zum Opfer gefallen. GERT KLEINSCHMIDT, Illusion und Untergang. Die Liebe im Drama Grillparzers (Lahr 1967), S. 74 f. bemerkt, Rahels sei „zweifellos in ihrer Menschlichkeit mißbraucht worden", trotzdem aber sei ihre Leidenschaft und Lebensäußerung primär passiv und ihr Los das einer existentiell Einsamen, eben Frauenschicksal. (S. 64).

„Sie ist genug geadelt, wenn sie einem edleren Menschen hilft, sich auf sein besseres Sein zu besinnen", heißt es bei Lier. Rahel sei „keine Cleopatra, sondern ein eitles, lüsternes Judenmädel", urteilt Gundolf, „eine arme Hure".[58]

Selten ist wahrgenommen worden, wie sorgsam Rahel soziologisch motiviert worden ist. Alfons selbst hat im Vorübergehen und mit der Geste des Überlegenen auf Gründe für Isaaks Verhalten hingewiesen.[59] Grillparzer beobachtete an Lope, daß die Jüdin durchaus edel gehalten sei, ein Beweis für die Vorurteilslosigkeit des Spaniers. Er hält den Frieden, den das Königspaar über der Leiche der „von allen am wenigsten schuldigen Jüdin" schließt *(La pazes de los Reyes)* für Ironie auf seiten des Dichters.[60]

„Der König, mit allen Gaben des Geistes und der Würde der Majestät ausgestattet, gewährt Rahel seinen Schutz. Ob dies aber ein Bekenntnis des Königs zu den natürlichen Rechten des Menschen war, die dieser, unbeschadet von Rasse, Religion und Hautfarbe mit der Geburt erhält, bleibt dahingestellt, darf aber in Hinblick auf das schreckliche Ende der Jüdin verneint werden", stellt Laske fest.[61] Der tragische Gehalt der *Jüdin von Toledo* ist oft bezweifelt worden. Das Subjekt sei von vornherein

---

58 Schon AUGUST SAUER, Einleitung, Sämtliche Werke, 1. Bd., 7. Abt., S. 172, betrachtete Rahel als eine Bagatelle, die Neigung des Königs krankhaft. „Rahels innere Leerheit wird durch ihre Vorliebe für Schmuck und Äußerlichkeiten charakterisiert", stellt er fest. (S. 172) „Das sprunghafte, launenhafte Wesen Rahels, das von einem Gegensatz zum anderen überspringt, erinnert an den Charakter Kleopatras in Shakespeares ‚Antonius und Kleopatra'." Für Sauer ist der König, dem er tragische Substanz zuschreibt, die Hauptfigur. LEONHARD LIERS Zitat findet sich in „Grillparzers ‚Jüdin von Toledo'". Kunstwart, 12 (1899), S. 340. FRIEDRICH GUNDOLF, „Franz Grillparzer." Jahrbuch des Freien Deutschen Hochstifts (1931), S. 76 und 81. „Sie vermag keineswegs die Spannung mühelos auszutragen, welche Shakespeares Cleopatra adelt, Herrscherin in einer Welt und Göttin der Lust. Rahel bleibt abhängig vom Augenblick, wo Cleopatra ihm überlegen sich erweist, selbst wenn sie ihm untertan." GERHARD BAUMANN, „Grillparzers dramatisches Spätwerk." Jahrbuch der Grillparzer-Gesellschaft, 3. F., 4 (1965), S. 112–113. Indem Rahel nichts sei als „flatternde, zuckende, blitzende Sinnlichkeit", stelle sie für den König das Leben dar. JOHANNES VOLKELT, „Grillparzer als Dichter des Willens zum Leben." JbGG, 10 (1900), S. 26. „Der Dichter entläßt uns mit dem Eindruck: es sei recht und gut, daß der König mit scharfem Schnitt die Jüdin aus seinem Wesen ausgeschlossen habe." (S. 32) Rahel zählt für Volkelt zu den Charakteren, die dem Leben nicht gewachsen seien. Daher zählt er sie, zusammen mit Bancban, unter die humoristisch-tragischen Gestalten. „Grillparzer als Dichter des Komischen." JbGG, 15 (1905), S. 10.

59 SAMUEL LUBLINSKI, Jüdische Charaktere bei Grillparzer, Hebbel und Otto Ludwig (Berlin 1899). W. E. YATES, Grillparzer. A Critical Introduction (Cambridge 1972), S. 182. Lea, S. 189.

60 KARL PÖRNBACHER, ed. Franz Grillparzer, Dichter über ihre Dichtungen (München 1970), S. 100.

61 LASKE, S. 215. Laske zieht zu seiner Interpretation historische Fakten zu Rate.

bagatellisiert.[62]) Grillparzer selbst merkt an, daß „äußerste Gräueltaten"
die Inhalte des spanischen Dramas bildeten, jedoch sei „eigentlich selten
der letzte Eindruck, mit dem sie den Zuschauer entlaßen, ein trauriger",
denn maurische Anklänge überwiegen das Christliche. (*Tagebücher* II,
S. 163) Doch hält Grillparzer an dem Titel *Trauerspiel* für sein Drama
fest.

> Die Jüdin von Toledo. Trauerspiel. Die Geschichte Alonso des Gu-
> ten von Kastilien und jener Rahel, die ihn nicht ohne Verdacht der
> Zauberei, so lange umstrickt und die zuletzt von den Großen des
> Reichs im Einverständnis mit der Königin ermordet wurde. Alon-
> so . . . ohne die Liebe eigentlich zu kennen, schon früh mit einer
> Prinzessin vermählt . . . Ein Herz und eine Seele mit ihr, beide gut-
> artig, edel, vornehm, wohlerzogen wie Bruder und Schwester . . .
> Alles ist gut, da erscheint eine Jüdin, und ein Etwas wird rege von
> dessen Daseyn er bis jetzt noch keine Ahnung gehabt: die *Wol-*
> *lust* . . . ihr üppiger Busen wogt an seine Knie gepreßt . . . Das Bild
> dieser schwellenden Formen, dieser wogenden Kugeln . . . verläßt
> ihn nicht mehr.
>
> (*Tagebücher* II, S. 139–40)

Ein Teil der Tragik ist, daß ein essentieller Teil der menschlichen Existenz
unterdrückt bleibt. Rahels Tod ist ein Verlust, denn „in the Jewess he
loses a part of life and truth that no one at court, least of all his cold Queen,
can replace". (Lenz, S. 28) Die Konfrontation Christ-Jüdin ist nicht zufällig.[63]) Eine Affäre mit einer Jüdin ist ein Tabu, ein erfolgloser Akt der
Insurrektion. „The moment Alfonso shows an inclination toward her he
breaks with the social order that has ostracized her race." (Lenz, S. 75) So
erklärt sich die unnötige Grausamkeit Rahel gegenüber. „The point of
significance is that when he goes to the Jewess he breaks with a regime that
he knows full well – only too well. Can that possibly be a credit for the
state?" Lenz weist auf „the utterly contemptible representation of the
state and its champions" hin. (S. 78 ff.)

Rahel ist „ein Produkt ihrer Verhältnisse, als die Tochter einer unterdrückten Rasse und mit den unausbleiblichen Folgen einer tausendjäh-
rigen Sklaverei". (Lublinski, S. 108) So sei sie eine der „merkwürdigsten
Frauen der Grillparzerschen Muse". In ihr träfen sich „vollendete Ge-
dankenöde" mit „unbekümmerter Eitelkeit, rauschender Phantasie und

---

62 GUNTER SCHÄBLE, Grillparzer (Velber 1967), S. 95.
63 HAROLD LENZ, Franz Grillparzer's Political Ideas and ,Die Jüdin von Toledo' (New
    York 1938), S. 27. „The state destroys the objects of the poet's affection", führt Lenz
    aus.

grenzenloser Feigheit". (S. 109)[64] Rahels Spiel mit der Schwarzen Magie enthüllt ihre Wünsche.

Ehe Grillparzer in der Prager Judenstadt die drei Jüdinnen sah, von denen eine ihm als „griechisch und ideal" erschien, war ihm die jüdische Rahel ein Anliegen gewesen. 1815/16 finden sich schon Anmerkungen. Das Drama enthält Hauptkomponenten des Grillparzerschen Schaffens: Kompromißlose Verweigerung einer „poetischen Gerechtigkeit" verhindert, daß der Mord an der Heldin Rahel zu einer Katharse oder Lösung der untrennbar verbundenen privaten, sozialen und politischen Konflikte führt. Wie auch bei Shakespeare hat das scheinbar Persönliche immer Folgen in anderen Daseinsbereichen. Rahel ist keine Märtyrerin für einen höheren Zweck, da der König weder zu Beginn noch zu Ende des Dramas über eine nennenswerte Statur verfügt. Der Ehebruch Alonsos ist ein Akt gegen private Gegebenheiten sowie staatliche und geistliche Werte. Auch Rahel, die ihn zu einem intimen Verhältnis provoziert, stellt sich außerhalb des eigenen Wertgefüges, wobei ihr die finanzielle Unabhängigkeit durch das mütterliche Erbe das außerordentliche Verhalten ermöglicht. Indem sie in den Garten eindringt, setzt sie sich über die christlichen Gesetze hinweg, lehnt sich gegen die Diskrimination gegen ihr Volk auf. Indem sie den Vater verspottet, rebelliert sie gegen die patriarchalischen Regeln des Juden- und Christentums, die Moral. Sie sucht einen Liebhaber, nicht zukünftigen Gatten. Rahel ist der personifizierte revolutionäre Geist und scheint darin würdige Nachfolgerin ihrer Mutter.

Andererseits ist sie ein Paria, gesellschaftlich so gut als tot. Der Vorteil für die Unperson ist freilich Ungebundenheit, Handlungsfreiheit, Verpflichtungslosigkeit Systemen gegenüber. Rahel hat durch die Unterwerfung unter patriarchalische Regeln weder Aufwertung ihres Status noch Macht zu gewinnen. Also wirbt sie um den Mann, der ihr gefällt und denkt nicht daran, sich zu zügeln.

Ihre Freizügigkeit macht sie zur Feindin des Staates. Sie gefährdet die Ordnung der ersten Familie Spaniens und damit das christliche Familiensystem und die allgemeine Repression. Die Eifersucht der Königin ist nicht nur persönlich motiviert. Ihr stehen daher auch mehr als nur private

---

64 MAX MILRATH, „Das Goldene Vlies, Libussens Geschmeide und Rahels Bild." JbGG, 20 (1911), S. 252, tut das Zaubermotiv ab. „Rahel selbst ist nicht im geringsten abergläubisch, doch spielt sie mit dem Aberglauben der anderen", erklärt Lublinski. Die Juden werden von den Kastilianern der Zauberei verdächtigt. „Diese Volksmeinung ist thöricht und albern, entspringt aber, wie immer einem richtig beobachteten Seelenzustand, dem man freilich eine Macht zuschreibt, welche er nicht besitzt. Rahel möchte in der That gern dunkle Künste treiben und über Kräfte verfügen, welche Don Alfonso, den König von Kastilien, auf ewig an ihre Person ketten. Da sie das nicht vermag, so gestaltet sie wenigstens diese Wünsche zu einem Spiel." (S. 110)

Mittel zur Verfügung. Mögen Leonorens Beweggründe emotional sein – ihre großen Worte über die Heiligkeit der Ehe haben Gewicht. Die Todesstrafe an Rahel rechtfertigt sich daher, daß die Jüdin sich herausnimmt, worauf die Spanierinnen zu verzichten gezwungen sind: Freiheit. Sie hat sich gegen die Grundprinzipien Spaniens vergangen.

Der Kern des Staates ist die Familieneinheit. Die Königsfamilie ist repräsentativ. Ein Angriff auf sie ist ein Angriff auf die staatliche und göttliche Hierarchie. Die Konflikte der Tragödie sind also aktuell. Neben der Parallele zu Montez eröffnet sich die Revolution. Nicht zufällig signalisiert der englische Garten nicht das 12. sondern das 18. oder 19. Jahrhundert. Durch die Vermischung der historischen und zeitgenössischen Aspekte schafft Grillparzer Raum für Kommentar auf die eigenen Zustände.

Das Mätressenwesen des 18. Jahrhunderts wird nicht mehr ungefragt hingenommen. Liebe und Ehe sind im Gegensatz zu der vorbürgerlichen Gesellschaft keine getrennten Phänomene mehr. Vom Ehepartner wird mehr als nur Materielles gefordert. Man möchte an die „Liebesheirat" Franz Josephs denken,[65]) die Riegel und Vorlegeschlösser, mit denen Elisabeth ihre Gemächer von den seinen abtrennte. Die Vielzahl der Erwartungen werden von den Ehepartnern nicht erfüllt. Ohne eine schlechte Frau zu sein, ist Eleonore nicht die ideale Bettpartnerin für den König, ohne daß er ein schlechter Mann sei, ist er ihr nicht gleichgestimmt genug, um sie spontan erfreuen zu können.

Rahel inspiriert in dem latent rebellischen Alfons Leidenschaften als Echo auf ihr aufsässiges Ungestüm. Freilich affiziert der Leib-Seele-Dualismus des Puritanertums Rahel sozial und persönlich. Der König, von früh auf gelehrt, seinen Körper zu verachten, kann die Frau, auf die seine Sinne ansprechen, nicht achten. Hinter Rahels schwellenden Formen sucht er keine Persönlichkeit. Weib und Sinnlichkeit bedeuten ihm Niedriges. Rahel ist für ihn, im Gegensatz zu Eleonore, nie ein ernstzunehmender Faktor.[66])

Auch der König ist Rahel nicht die Erfüllung ihrer Wünsche. Sie durchschaut seine konstitutionelle Kälte.[67]) „Er liebt mich nicht, ich hab es längst gewußt . . . Unglücklich bin ich, Schwester, rettungslos!" (III, 1095, 1108) Die mechanistischen bürgerlichen Ehe- und Liebesauffassungen spiegeln die Gesellschaft, die sie geschaffen hat. Der Eindruck

---

65 „Ein Hochzeitsgedicht." Gedichte I, S. 248.
66 III, S. 978.
67 „Ich habe nie geliebt. Doch könnt ich lieben / Wenn ich in einer Brust den Wahnsinn träfe / Der mich erfüllte, wär' mein Herz berührt. / Bis dahin mach ich die Gebräuche mit, / Die hergebracht im Götzendienst der Liebe, / Wie man in fremden Tempeln etwa kniet." (III, S. 957 ff.)

ist entmutigend. Es gibt, ausgenommen Eigenliebe, wenig Liebe in der Tragödie der Jüdin. Zentral sind Macht und Machtpolitik.[68]

Korruption verbirgt sich unter dem Mantel der Wohlanständigkeit. Durch Überraschungseffekte – Epiphanien, könnte man sagen – werden die herrschenden Kreise im Laufe des Dramas als Schurken, ihre Moral als verbrecherisch entlarvt. Rahel, Esther und Isaak treten als erste auf, um den Eindruck einer homogenen Judengruppe auszuschließen. Der von Angst und Geldgier motivierte Isaak, die vernünftige Esther, die von Neugierde, Rebellion und dem Spieltrieb motivierte Rahel unterscheiden sich durch Interessen und Idiosynkrasien, daß der Gedanke an ein jüdisches Komplott von vornherein abwegig ist.

Einiges macht die kleine Gruppe verdächtig – so Isaaks Kleinlichkeit und Korruption, die so weit reicht, daß er zum Zuhälter für die eigene Tochter wird. Rahel, lange Zeit nur von außen her als exotische Schöne gesehen und durch die Kommentare anderer charakterisiert, scheint launisch, prinzipienlos, weichlich, dumm und ehrgeizig – eine Hure, nicht einmal Kurtisane – wäre da nicht ihr Reichtum, auf den sie über die Maßen stolz ist, daß sie sogar dem König Geld bietet. Wirtschaftlich hat sie es nicht nötig, sich mit Hilfe ihrer handgreiflichen Reize zu prostituieren. (I, 315 ff.)

Die wahre Rahel offenbart sich erst später. Meist versteckt sie sich hinter ambivalenten Aussagen Menschen gegenüber, denen sie nicht traut. Rahels Gründe für die Annäherung an den Herrscher sind nicht wie die Esthers im *Esther-Fragment* ein vorbedachter Plan.

> Ich muß 'mal den König sehen,
> Und er mich, ja, ja, er mich.
> Wenn er kommt und wenn er fragt:
> Wer ist die schöne Jüdin?
> Sag', wie heißt du? – Rahel, Herr!
> Isaaks Rahel! sprech ich dann,
> Und er kneipt mich in die Backen.
> Heiße dann die schöne Rahel.
> Mag der Neid darob zerplatzen,
> Wenn sie's ärgert, kümmert's mich?
>
> (I, 68 ff.)

Isaak hat die Gesetze der Spanier verinnerlicht bis hin zu deren Urteil über die Juden als minderwertiges Volk.[69] Esther, das macht ihre Weisheit

---

68 GERHARD MEYER-SICHTING, „Grillparzers dramatisches Spätwerk." JbGG, 3. F., 4 (1965), S. 82.

69 Ganz richtig merkt DOROTHY LASHER-SCHLITT, Grillparzer's Attitude Toward the Jews (New York: diss. masch., 1936), S. 72 ff. die Ungerechtigkeit der Christen gegen die Juden an.

aus, hat sich abgefunden, wenn sie auch nicht die Kriecherei ihres Vaters teilt.[70]) Rahel hat nichts verinnerlicht, sich nicht abgefunden, sondern fordert, was sie für ihr Recht hält als reiche und schöne Frau.

Sie glaubt, daß der ranghöchste Mann des Staates auch der beste sein müsse. Sein Lob soll ihr die Schmach aufwiegen, die ihr und ihrer Familie angetan wird. Rahel erhofft sich im Innersten Rehabilitierung und Liebe. Daher wendet sie sich auch nicht gleich an den König, sondern an Eleonore, ein Mutterbild. Durch die harte Abfuhr ergibt sich Rahels Zuwendung an den Herrscher und das Weitere: Eine unterprivilegierte Frau wird von einem mächtigen Mann als Sexualobjekt ausgebeutet – sicherlich mit ihrer Beihilfe, aber ohne ihre Einsicht in die größeren Zusammenhänge und die Wahrheit ihrer prekären Situation. Die Affäre findet auf dem Terrain des Königs statt unter von ihm kontrollierten Bedingungen, die er jederzeit widerrufen kann.

Rahels Bewunderung läßt den König seine Männlichkeit fühlen. So und durch ihre geringe soziale Position motiviert sich die Kühnheit des unerfahrenen Mannes. Seine eben erlittene Kränkung durch die Gattin tut ihr übriges. Gekränkte Eitelkeit, Feigheit und der Wunsch, einen unterdrückten Trieb auszuleben, vereinen sich. Bei Rahel geht der König kein Risiko ein. Niemand kann wirkungsvoll für sie Rechenschaft fordern.

Um die Liebe – Eros oder Agape – steht es schlecht im christlichen Spanien. Zwischen den Geschlechtern gibt es nichts dergleichen. Das Königspaar liefert einander subtile Machtspiele. Garceran und Clara wetteifern darum, wieviel er ihr abtrotzen, wieviel sie ihm vorenthalten kann. Isaak hat seine Gattinnen nicht geliebt. Die unmittelbarste Beziehung besteht zwischen den jüdischen Schwestern.

Von daher muß der tragische Aspekt des Dramas noch einmal untersucht werden. Nichtadelige Helden hatten sich auf der Bühne eingebürgert. Man war noch nicht so weit gegangen, Angehörige einer unpopulären Minorität einem König und seinem ganzen Hof gegenüber in die Waagschale zu werfen wie es Grillparzer tut. Rahels Gehabe wegen hat man sich oft gescheut, sie als tragische Heldin zu interpretieren. Eine andere jedoch findet sich nicht. Mit all ihren Schwächen ist die kokette Jüdin ein besserer Mensch als jeder einzelne der Spanier.[71])

---

70 Esther scheint die Resignation auch deshalb leichter gefallen zu sein, da sie nicht, wie Rahel, über ungewöhnliche Reize verfügt.

71 FRANZ FORSTER, Grillparzers Theorie der Dichtung und des Humors (Wien 1970), S. 51. „Die sogenannte moralische Ansicht ist der größte Feind der wahren Kunst, da einer der Hauptvorzüge dieser letzteren gerade darin besteht, daß man durch ihr Medium auch jene Seiten der menschlichen Natur genießen kann, welche das Moralgesetz mit Recht aus dem wirklichen Leben entfernt hält." (Tagebücher II, S. 369).

Rahels ethnische Zugehörigkeit ist oft bagatellisiert worden. Lublinski weist darauf hin, daß Alfonsos Interesse speziell der Jüdin gilt, denn anders als Ahasver des *Esther-Fragmentes* sei er sich jederzeit ihrer Herkunft bewußt. (S. 109) So tritt Rahel nicht nur als „impulsives, eigensinniges Kind – nicht als Jüdin – auf".[72] Die Dimension der Minderheit gibt dem Trauerspiel Aussagekraft und Tiefe. Kaum könnte sich Engagement mit mehr Pathos dartun als an der Gestalt Rahels, die als Mensch und Minorität gegen das Establishment steht und im dramenexternen Sinne recht behält. Engagement gegen den Adel, den etablierten Antisemitismus, die Unterdrückung der Frau und die Repression des Menschen durch die christliche Moral und die Ehe drücken sich in *Die Jüdin von Toledo* aus.

Die Machtstrukturen von Grillparzers Spanien scheinen fest verankert. Dem Land stehen eine Königin mit den höchsten Tugendidealen, ein König, der ein Kriegsheld und frugaler Ehemann zu sein scheint, vor: ein vorbildliches Paar. Bald werden Brüche und Lücken sichtbar. Die grandiose Geste des Königs beim ersten Auftritt ist hohler Absolutheitsanspruch. Er betrachtet sich als Zentrum der Macht und die Gattin nur als Gehilfin. Dabei dominiert sie jedoch den häuslichen und ehelichen Bereich. Bezeichnenderweise verhält sich der König in Gesellschaft der Mutter seines Sohnes wie ein trotziger Knabe. Auch seine Konversation mit Rahel ist Machtspiel – ähnlich wie der verletzte viktorianische Ehemann schmollend ins Bordell laufen mag.

Die Liebschaft demonstriert, daß der König eigentlich keine Macht hat. Er ist personifiziertes Herrschaftssymbol, kann aber den Mord an Rahel nicht verhindern und muß den Mördern Gnade und Anerkennung zuteilwerden lassen.[73]

Menschliche und familiäre Beziehungen sind gestört. Die Repression der Sinnlichkeit bedingt Ausschweifung, die zur Schau getragene Selbstgerechtigkeit ist nichts als emotionale Rohheit, die ihren Ausdruck in Brutalität findet – dem Mord an Rahel, dem Vandalismus in ihren Räumen,

---

72 ERIC A. BLACKALL, „Grillparzer ‚Die Jüdin von Toledo'." ed. JOST SCHILLEMEIT, Deutsche Dramen von Gryphius bis Brecht (Frankfurt 1965), S. 241.

73 JOACHIM MÜLLER, „Die Staatsthematik in Grillparzers Drama ‚Die Jüdin von Toledo'." Die Andere Welt, ed. Kurt Bartsch et al. (Bern, München 1979), S. 71–96. Gewiß trifft es nicht zu, wenn Müller konstruieren will, die Zeit, die der König mit Rahel verbracht habe, reiche nicht einmal für einen näheren Kontakt aus, denn zwischen Akt 2 und 3 sei nicht einmal eine Nacht verstrichen, „in der es zu einer sexuellen Vereinigung hätte kommen können". Es gehe daher nur um „Präliminarien des Liebesspiels", keinen „eklatanten Ehebruch". (S. 75.) Die Annahme, es bedürfe einer Nacht für den Ehebruch ist rührend naiv. Aber Müller übersieht den Ortswechsel von Toledo nach dem Lustschloß Retiro sowie auch die inzwischen etablierte Position Isaaks als Zuhälter. (Beginn des 3. Aufzugs) „Mein Rahelchen steigt täglich in der Gunst" setzt eine schon langfristige Verbindung voraus.

dem Krieg gegen die Mauren. Die starre Prinzipienhaftigkeit ist Intoleranz, Mordlust, Verachtung des Fremden.

Das patriarchalische System der Juden und Christen funktioniert nicht mehr. Grillparzer stellt das dar, um zu verhindern, daß etwa die Lebensweise der Minorität als ideal verkannt werden könnte. Isaak will seine Gattinnen und Töchter nicht weniger ausbeuten als die Christen die ihren. Die doppelte Moral der Christen fördert Unaufrichtigkeit. Garceran befriedigt seine Gelüste bei maurischen Frauen, während er bei Clara den Troubadour spielen muß. Freundschaften zwischen Männern gibt es nicht. Isaak ist ganz isoliert. Die Kameradschaft zwischen dem König und Garceran erweist sich als oberflächlich, die Loyalität der Höflinge als situationsgebunden. Liebe und Freundschaft sind korrumpiert durch die Machtverhältnisse.

Bindungen wie die der jüdischen Schwestern gibt es bei den Christen gar nicht. Rahel bewundert ihre Schwester, die für sie Schutz und Gewissen bedeutet:

> Wär' meine Schwester hier! Sie ist besonnen
> Und klüger weit als ich; doch fällt der Funke
> Von Willen und Entschluß in ihre Brust,
> Dann lodert sie in gleichen Flammen auf.
> Wär' sie ein Mann, sie wär' ein Held. Ihr alle
> Erläget ihrem Blick und ihrem Mut;
> Ich will indes nur schlafen, bis sie kommt,
> Bin ich doch selbst der Traum nur einer Nacht.
>
> (III, 971 ff.)

Die entfremdete Moral der Spanier verbietet es, das Menschlich-Gebrechliche ernstzunehmen. Der König verachtet Rahel, da sie ihm Befriedigung gewährt. (III, 989 ff.) Achten kann er nur, wo Zwang und Disziplin vorliegen, in seiner militärischen Laufbahn und seiner Ehe. Die sado-masochistischen Elemente der puritanischen Askese werden deutlich, das kompromißlose Entweder-Oder des europäischen Menschen. Entscheidungen und Bewertungen werden gefordert, wo mit einem Sowohl-als-auch operiert werden könnte. Das Doktrinäre der westlichen Konventionen macht logisch Vereinbares unvereinbar. Ohne Doktrin könnten die Königin und Rahel koexistieren, denn ihre Interessen konfligieren kaum. Irrationale Faktoren – Konvention, Religion, Tradition und Sitte – stehen der rationalen Lösung entgegen.

Die Relativität grundlegender Axiome des westlichen Kulturkreises werden nachgewiesen. Wie der Judenhaß ist die Verleumdung Rahels als Hexe irrational. Ebenso ist es das Streben nach dem Ideal entgegen den realen Verhältnissen. Grillparzers Drama ist bewußt antifaustisch. Irrational ist die doppelte Moral, es sei denn, man folge Engels' Überlegungen und betrachte sie als Instrument der Eigentumssicherung.[74]) Bei den Christen bringt sie die übelsten Aspekte hervor; gilt aber doch als unerläßlich. Ein Teil der Frauen muß keusch sein, ein anderer darf es nicht. Nur schlecht verhehlt die Königin ihren (gerechtfertigten) Sexualneid:

> Ist denn die Ehe nicht das Heiligste,
> Da sie zu Recht erhebt, was sonst verboten,
> Und, was ein Greuel jedem Wohlgeschaffenen,
> Aufnimmt ins Reich der gottgefäll'gen Pflicht?
>
> (IV, 1202 ff.)

In der Maria – Eva, jungfräuliche Mutter – große Hure Dualität werden die „willigen" Frauen der Verachtung preisgegeben. Nicht nur die tugendhaften Frauen verachten die freizügigen, auch die Männer werten die ab, die mit ihnen schlafen und verlassen sie. Alfons beantwortet Rahels Bitten, er möge bleiben:

> Das Schloß ist fest, der Kastellan bewährt,
> Er wird Euch schützen mit dem eignen Leben.
>
> (III, 1073 f.)

Härte und Unerbittlichkeit sind Ideale für Mann und Frau in Spanien. Garceran stellt fest: „Das edle Weib ist halb ein Mann, ja ganz / Erst ihre Fehler machen sie zu Weibern." (III, 861 ff.) Fast ebenso findet sich die Zeile in Grillparzers Aufzeichnungen. Vielleicht hat er selbst den Satz einmal für bare Münze genommen. Das Trauerspiel jedoch zieht ihn in Zweifel, indem er seine Auswirkungen unter den Spaniern darstellt, in der Königin, die entschlossen bis zum Mord ist, in den Männern und Frauen, denen die Ehe ein blutiges Geschäft ist wie der Krieg. (V, 1921 ff.)

Auf Rahel paßt das Bild einer solchen „edlen" Frau nicht, denn sie läßt sich nicht vermannen. Mit den Accessoires des Krieges und der Männlichkeit treibt sie ihren Spott, da sie die Männer nicht eigentlich ernstnimmt. Ihr auf Kampf und Aggression gegründetes Wertsystem ist ihr eklig. Spielerisch funktioniert sie die Waffen des Königs zu friedlichen Gegenständen um: zu Zelt und Spiegel und verkleidet sich mit dem Helm. Es ist das Spiel einer Machtlosen, die sich eine andere Welt träumen möchte, fort von der Brutalität ihrer Umgebung.[75])

---

74 Außer man berufe sich auf die Thesen Engels' in Vom Ursprung der Familie, des Privateigentums und des Staates, welche die historischen Entwicklungen logisch zu erklären suchen.

75 Eine Parallele zu diesem Phänomen findet sich in der Biographie der Dichterin Else Lasker-Schüler, die mit ihren Verwandlungen und Masken einer bedrängenden Realität entgehen wollte.

Rahels Welt ist Sinnenfreude und Liebe. Man mag darüber hinweg-hören, wenn sich Isaak an den König wendet:

> Mein Rachelchen, sie spricht gar viel von Euch,
> Sie hat Euch lieb.

(II, 520 f.)

Rahels letzte Worte können nicht ignoriert werden. Als Bekenntnis und letzte Aussage enthüllen sie nun ganz die Statur der Jüdin, nachdem für sie alles verloren ist:

> Und hab' ihn, Schwester, wahrhaft doch geliebt.

(III, 1136)

Damit hat ihr Maskenspiel ein Ende. Ihre Liebe für einen Mächtigen, der sie zum Spielzeug degradierte, entlarvt Alfons wie kaum einen anderen Herrscher in Grillparzers Werk.[76]

> Sieh Garceran, ich fühle ganz mein Unrecht;
> Doch weiß ich auch, daß eines Winkes nur,
> Es eines Worts bedarf, um dieses Traumspiel
> Zu lösen in sein eigentliches Nichts.

(III, 903 ff.)

Rahels vorgetäuschte Kindlichkeit ist Reaktion auf das Verhalten der Herrschenden, denen sie als Jüdin nichts bedeutet. Verhaltensformen wie die ihren lassen sich bei Angehörigen unterdrückter Minoritäten überall nachweisen. Es handelt sich um einen protektiven Mechanismus, der vor exzessiver Mißhandlung schützen soll. Das fremde Gegenüber bekommt nur die Maske zu sehen. Die Verstellung enthält auch passive Aggression, ein Boykott des dominierenden Wertsystems. Der Unterlegene redet sich auf Inkompetenz und Schwäche aus. Das Sich-Kleinstellen läßt auf eine – wie auch immer verächtliche – Zärtlichkeit des Höhergestellten hoffen. So macht der Druck den Unterprivilegierten zu einer Karikatur seiner selbst.

Rahel hat aber auch die scharfen Augen der Niedergehaltenen. Sie erkennt die Neigung des Königs als ein „verstecktes Hassen", (III, 927) welches ihr als Frau und Jüdin gilt. Wie Garceran wünscht sich der König

---

76 LOTHAR BEINKE, „Unterschiede in den Auffassungen von Grillparzer und Hebbel. Untersuchungen an ‚Die Jüdin von Toledo' und ‚Agnes Bernauer'." JbGG, 3. F., 9 (1972), S. 184–185.

die Frau auf einem Podest. Daher auch seine Versuche, Rahel aufzuwerten, trotz seines Antisemitismus:

> Ich selbst lieb' es nicht, dies Volk, doch weiß ich,
> Was sie verunziert, es ist unser Werk;
> Wir lähmen sie und grollen, wenn sie hinken.
> Zudem ist etwas Großes, Garceran,
> In diesem Stamm von unstet flücht'gen Hirten:
> Wir andern sind von heut, sie aber reichen
> bis an der Schöpfung Wiege, wo die Gottheit
> Noch menschengleich im Paradiese ging . . .
>
> (II, 485 ff.)

Einmal erhört, ist es dem König eine psychologische Notwendigkeit, zu erniedrigen. So erklärt sich sein Wunsch, er möge doch Fehler an seiner Frau erkennen, damit er ihr etwas zu verzeihen habe. Bald ist er Rahel gegenüber ernüchtert. Er beschreibt sie *e post facto,* nachdem er sie intim kennt, so:

> Nimm alle Fehler dieser weiten Erde,
> Die Torheit und die Eitelkeit, die Schwäche,
> Die List, den Trotz, Gefallsucht, ja, die Habsucht.
> Vereine sie, so hast du dieses Weib.
>
> (IV, 1455 ff.)

Dies ist Alfons' Beschreibung der Jüdin der Gattin gegenüber. Rahel dagegen hat den Geliebten nicht idealisiert und ihn schon früher durchschaut.

	Er liebt mich nicht, ich hab' es längst gewußt.
ESTHER	O Schwester! nutzlos ist das späte Wissen,
	Das kommt, wenn uns der Schade schon belehrt.
	Ich warnte dich, du hast mich nicht gehört.
RAHEL	Er war so heiß und feurig im Beginn.
ESTHER	Nun aber gleicht er kühl die Übereilung aus.
RAHEL	Was aber wird aus mir, die ich vertraut?

(III, 1095 ff.)

Wie Rahel bis zu ihrem Tod zu ihrer Liebe steht, setzt sich Esther für die Schwester mit Leib und Leben ein, wenn auch ihre körperlichen Kräfte nicht ausreichen. Wie Rahel liebt Esther trotz kritischen Bewußtseins. Obwohl ihr die Schwächen der Schwester und des Vaters bewußt sind, steht sie zu ihnen. Die Liebe der jüdischen Frauen ist bedingungslos, unabhängig von Leistungen.

Da bei den Christen Verdienst und Würdigkeit die Gewährung der

Intimität und selbst die schon gelobte Treue bedingen, muß Rahel ihre sie
ausliefernde Liebe verbergen. Neben dem Verhalten bedingt die äußere
Erscheinung die Liebe der Spanier:

KÖNIG   Was hieltest du von ihr, da sie lebte noch?
GARCERAN   Herr, sie war schön.
KÖNIG   So, und was weiter noch?
GARCERAN   Doch auch verbuhlt und leicht, voll arger Tücken.
             . . .
KÖNIG   Ich sage dir: sie war nicht schön.
GARCERAN   Wie meint Ihr?
KÖNIG   Ein böser Zug um Wange, Kinn und Mund,
             Ein lauernd Etwas in dem Feuerblick
             Vergiftete, entstellte ihre Schönheit.
             Betrachtet hab' ich mir's und hab' verglichen.

                                               (V, 1835 ff.)

So kommentiert der König Rahels Leiche.

Rahels private Entscheidung veränderte die Realität des Königs
nicht. Es geht in seiner Sphäre nicht um private Entschlüsse, sondern Dynamiken, die von Ideologien geschaffen, den Einflußbereich des einzelnen
übersteigen. In der Hierarchie stehen die Juden ganz am Ende. „Schon
ward ein Jude hier und da mißhandelt", (I, 287) merkt Garceran gleichgültig an. Die Macht des Königs, der mit Rahel eine Ausnahme statuieren
will, reicht nicht aus. Sein persönliches Wort ist nicht gut, seine Autorität
gilt nichts. Sein Kontakt mit Rahel macht ihn zum Ausgestoßenen, der
erst wieder akzeptiert wird, als sie tot ist.

Die Verhältnisse sind in dieser Gesellschaft nicht, was sie scheinen.
Ist die alte Machtstruktur noch dieselbe, so ist *de facto* eine Revolution
eingetreten: Die Höflinge sind mächtiger als Alfons. Die leeren Beschwö-
rungsformeln an die höchste Instanz, Gott, belegen den Unterschied von
tatsächlicher und scheinbarer Macht. Der König spielt mit dem Namen
Gottes und der biblischen Tradition, um Rahel das Stigma zu nehmen.
Für Isaak ist der göttliche Name eine Leerformel. (I, 4, 9, 13, 27, 66 u. a.)
Die ostentative Frömmigkeit ist bei ihm Bigotterie und deutet Machtlosigkeit an. Der König verwendet Gottes Namen, sich zu legitimieren und
seine Entschlossenheit zu betonen. (I, 288 f., 302 f., II, 643) Er will sich
den Anschein der Vertrauenswürdigkeit verleihen. Am Ende, wo er doch
weiß, daß er verloren hat, dient der Name Gottes dazu, die eigene Niederlage und die verrichteten Untaten zu kaschieren. „Geliebt es Gott: zum
Sieg." (V, 1920)

Nicht weniger benutzen die Aufrührer den Namen Gottes, um den
Mord an Rahel zu rechtfertigen. „Gott geizt mit seiner Menschen Leben
nicht; / Und soll man ängstlich sein, da, wo sein Wort, / Die heilige Ord-

nung, die er selbst gesetzt, / Den Tod des einen fordert, der gefrevelt?"
(IV, 1236 ff.) Esther ruft: „Ich lobe mir die Jüdin, weiß es Gott!"
(V, 1797) und gebraucht seinen Namen zum Aufruf zur Menschlichkeit.
(V, 1948)

Gott offenbart sich nicht. Der Charakter des Dramas ist agnostisch.
Die verschiedenartigen Nennungen des göttlichen Namens weisen auf das
spirituelle Chaos. Jeder gibt vor, Gott auf seiner Seite zu haben, aber niemand ist nachweislich im Recht. Die verschiedensten Zwecke werden me-
taphysisch gerechtfertigt. Auch hier leuchtet noch einmal Rahels Statur
auf: Selbst in der Not nimmt sie keine Zuflucht zu Gottesbeschwörungen.
Sie bleibt irdisch. Alfons dagegen wird zum selbstberufenen Priester, der
sich selbst Absolution erteilt, (IV, 1346 ff.) Rahel von Schuld freispricht,
als er sie gemein und eitel nennt (IV, 1419 f.) und am Ende den ganzen
Hof absolviert. (I, 1897 ff.)

Am Ende des Dramas wird nicht harmonisiert. Die durch den Mord
zustandegekommene Versöhnung der Herrscher überzeugt nicht. Die
Ernennung des Kindkönigs ist eine traurige Farce. Ehen werden im Vorzeichen des Krieges gestiftet. Töten scheint den Spaniern Antwort auf alle
Probleme, Gewalttat die Regel. So droht der König, seine Gattin zu ver-
gewaltigen, als sie sich vor ihm einschließt. Der Staatsstreich resultiert in
externer und interner Gewalt. Mißachtung ist die Basis des mitmenschli-
chen Umgangs. So wenig die Spanier die Juden und Moslems achten, so
wenig respektiert der König seine Gattin *vice versa*, Garceran die Frauen
und die Frauen die Männer usf. So wenig achten die Spanier auch ihren
König. Unter den oberflächlich beachteten starren Formen tut sich das
Chaos auf. Der Mangel an Integrität kulminiert in allgemeiner Verantwortungslosigkeit, typisch für moderne Regimes. Arendt nennt es „rule
of nobody".[77] Der einzelne verbirgt sich in der Anonymität der Masse.
Die Selbstanschuldigung aller im fünften Aufzug bedeutet nicht etwa
Reue oder Verantwortungsgefühl, sondern schützt als Schutzmechanis-
mus alle Schuldigen. Der König kann nicht den ganzen Hof und seine
Gemahlin hinrichten lassen.

So schließt er sich dem gegebenen Beispiel an und wälzt die Verantwortung für seinen Seitensprung auf Rahel ab, die er der Hexerei bezich-
tigt, da sie nun tot ist – ein Mittel, sich reinzuwaschen. Nicht einmal Eleonore kann widersprechen, denn sie hatte die Anschuldigung der Hexerei
in die Welt gesetzt, obwohl ihre irdischen Intrigen zeigen, wie wenig sie
übernatürlichen Kräften traut.

Die Eingangsszene des letzten Aktes stellt die Verwüstung einer He-
xenjagd und eines Pogroms in einem dar. In dieser Kombination liegt eine

---

77 HANNAH ARENDT, On Violence (New York 1969), S. 38.

Stellungnahme an ein Publikum, dem Hexenjagden nicht mehr akzeptabel waren, Judenverfolgungen jedoch durchaus. Die Gleichstellung beider in der realistischen Terrorszene bezeugen Abscheu vor den Praktiken sowohl des Mittelalters wie der Neuzeit. Es besteht kein Zweifel, daß die „Hexe" unschuldig ist. Die Christen finden einen Sündenbock, nach dessen Ermordung sie sich in widerlichen Akten gegenseitiger Vergebung reinigen.[78])

Viele Kritiker erblickten in dem Rücktritt des Königs und der Einsetzung seines Sohnes ein Hoffnungszeichen. Sie beriefen sich auf das Kindersymbol des Christentums und der Romantik. Im Kontext kann die Apotheose des sicherlich unschuldigen, aber auch inkompetenten Kindes nur als Akt unerhörten Zynismus gelesen werden. Alfons hat die Verantwortung satt. Ein kindischer König, nie recht erwachsen, hat bisher regiert, bis er durch ein richtiges Kind ersetzt wird. Wer aber anders als der korrupte Hof wird den Kinderkönig erziehen und regieren? Die Verbrecher, die fünf Akte lang agiert haben, werden das Kind in ihrem Sinne konditionieren.

Die Fehler der Unterprivilegierten sind angeführt worden, Isaaks Habgier ist hinlänglich bekannt. (V, 1654) Jedoch ist der Jude ein altmodischer Schurke im Vergleich mit den moderneren Übeltätern – und harmlos. Auch Rahels Verfehlungen sind kleinlicher, da individueller Natur; sie wird zudem gleich zur Rechenschaft gezogen. Bei den Christen dagegen finden Bluttaten großen Stils – die Kriege gegen die Mauren, die Judenverfolgungen – statt im Namen Gottes und der Gerechtigkeit. Verbrechen ist nicht mehr persönlich, sondern erwächst aus einem verbrecherischen System, das die Täter unverfolgbar macht. Individuelle Laster stehen gegen legalisiertes Verbrechen.

Durch den krassen Utilitarismus der Spanier erfahren die Juden wiederum eine Aufwertung. Der König ist zunächst verärgert über den Mord an seiner – immerhin lustbringenden – Mätresse. An ihrer Leiche stellt er fest, daß die Tote nicht so attraktiv ist wie die Lebende. Da ihm die Tote nichts mehr einbringt, verleumdet er sie, um sich reinzuwaschen. Es bedarf Esthers kommentierender Rede kaum, um zu verstehen, daß mit Rahel der menschlichste Charakter des Dramas beseitigt worden ist.[79]) Das ist tragisch. Spanien in der Hand von Rahels Mördern ist hoffnungslos. Das ist der andere Teil der Tragödie.

---

78 dies., Eichmann in Jerusalem (New York 1963), S. 296.

79 ZDENKO SKREB, „Rahel." Die Andere Welt, S. 96–105, ROY C. COWEN, „The Tragedy of ‚Die Jüdin'." German Quarterly, 37 (1964), 39–53, wie EGBERT KRISPYN, „Grillparzer's Tragedy ‚Die Jüdin von Toledo'." Modern Language Review, 68 (1965), 405–415, betrachten Rahel als Zentrum des Dramas.

Die Entwicklungslinie des Dramas ist antiklimaktisch. Die zu Anfang wenig positiven Zustände entwickeln sich und werden schlechter. Auch Esthers großmütige Geste des Verzeihens vermag das vorangegangene Säbelrasseln der Höflinge nicht aufzuwiegen.

Das Trauerspiel ist Grillparzers Kommentar auf die zeitgenössischen sozialen und politischen Tendenzen, die ihn wenig optimistisch stimmen. Das europäische Wertgefüge ist brüchig. Aus dem wachsenden Militarismus und Antisemitismus deutet sich kein Ausweg an. Das Drama entwickelt das Ineinanderspielen der künstlich getrennten Bereiche des Privaten und Öffentlichen. Doppelte Moral, puritanische Sinnenfeindlichkeit, Aberglaube und Abwehr des Unbekannten und Streben nach absoluter Kontrolle bedingen einander.[80])

Die Krankheit von Alfons' Spanien repräsentiert die Österreichs um und nach 1848. Durch die Verbindung mit dem mittelalterlichen Thema zeigt Grillparzer, daß die Grundlagen der westlichen Gesellschaft bereits den Keim der eigenen Mißstände in sich tragen. Um wirkungsvoll zu verbessern, gilt es, diese Grundlagen ideologiekritisch zu analysieren – das scheinbar Unbezweifelbare zu hinterfragen und drastisch zu reformieren, auch wenn das Christentum selbst, die monogame Ehe, die Kleinfamilie, die monarchistische Staatsform, alle Vorstellungen von Gut und Böse betroffen wären. *Die Jüdin von Toledo* fordert nichts Geringeres als die Umwertung aller Werte.

---

80 „Der Dichter wählt historische Stoffe, weil er darin den Keim zu seinen eigenen Entwicklungen findet, vor allem aber um seinen Ereignissen und Personen eine Konsistenz, einen Schwerpunkt der Realität zu geben", hält Grillparzer fest. Prosa IV, S. 166.

Der Monarch

Grillparzers Bewunderung für Joseph II., dessen drastische Reformen möglicherweise verhinderten, daß revolutionäre Aktivitäten von Frankreich auf Österreich übergriffen, ist bekannt. Züge dieses aufgeklärten und liberalen Herrschers, der jedoch nicht populär war,[1]) finden sich in Rudolf II. und Libussa. Letztere Gestalt erinnert auch an Maria Theresia, ohne deren wegbereitende Reformen der unter Joseph vorübergehend erreichte Fortschritt nicht denkbar gewesen wäre.

Den Herrschern seiner eigenen Zeit steht Grillparzer eher ablehnend gegenüber. Napoleon, den er in den Tagen der Wiener Besatzung aus der Ferne beobachtet hatte, betrachtete er mit einer Mischung aus Ehrfurcht, Faszination und Widerwillen:

> Dich lieben kann ich nicht, dein hartes Amt
> War: eine Geißel Gottes sein hienieden
>
> (*Gedichte* I, S. 60)

Freilich kommt Grillparzer Zeit seines Lebens nicht von dem Napoleonstudium los, wie seine Aufzeichnungen über die verschiedensten einschlägigen Veröffentlichungen belegen.

Franz I., nach dem Wiener Kongreß Franz II. und gleichsam Napoleons Widersacher, bringt Grillparzer unverhohlene Verachtung entgegen. Tatsächlich hatte Grillparzer durch das Franz-Metternichsche Regime verschiedentlich Rückschläge erlitten und unter der reaktionären Bildungs- und Publikationspolitik des Kaisers zu leiden gehabt.[2]) Aus

---

1 Joseph war mit Subventionen weniger großzügig als Maria Theresia. Er besaß bei seiner dynamischen Innenpolitik nicht die Unterstützung der Bevölkerung und befand sich in einer durchaus isolierten Position, wie das Pamphlet „Warum wird Kaiser Joseph von seinem Volke nicht geliebt?" von 1787 beleuchtete. VICTOR-LUCIEN TAPIÈ, Die Völker unter dem Doppeladler (Graz, Wien 1975), S. 236.

2 Es sei an die verschiedentlichen Zensurschwierigkeiten, die um das Gedicht ‚Campo Vaccino‘, ‚König Ottokars Glück und Ende‘, ‚Ein treuer Diener seines Herrn‘, sowie den Skandal um die Ludlumshöhle erinnert. Weitere Gründe für Grillparzers Abneigung gegen den Adel liegen auf der Hand: seine unglückselige Anstellung als Hofmeister bei dem Grafen von Seilern. Grillparzer wurde, schwerkrank, von seinen Arbeitgebern für ster-

nächster Nähe hatte er die Willkür bei Hofe anläßlich einer Audienz erfahren. In seinem „Nekrolog auf Kaiser Franz I.", 1835, entwirft Grillparzer ein schonungsloses Bild des Verschiedenen.³) Über die rechte Hand des Kaisers, Metternich, der auch nach dessen Tode bis 1848 im Amt bleiben sollte, hält Grillparzer fest, daß der Leitstern des Fürsten seine eigenen Gelüste gewesen seien und spricht ihm jedes Talent als Staatsmann ab. „Daß dieser Staatsmann es unterließ, die gute Stimmung Deutschlands zu benützen, um die Reichskrone auf Österreich zurückzubringen, daran tat er recht. Denn dieses Haus ist unfähig, der Träger einer großen Idee zu sein . . ." (*Prosa* I, S. 165)

Wie wenig letztere Äußerung einer impulsiven Anwandlung entsprang, belegt die Tendenz von Grillparzers „Habsburgerdramen" und seinen dynastischen Gedichten. Die Zustände in Österreich, die auf „Fürst Metternich mit seinen antidiluvianischen Ansichten" zurückgingen (*Tagebücher* V, S. 2) verurteilte Grillparzer durchaus: Die österreichischen Kriminalprozesse gleichen Glaubens- und Hexenprozessen und das Wort Aristokratie habe mit Recht einen üblen Klang. (*Tagebücher* V, S. 75, S. 87, 1843–1844)

> Der lange Frieden, hört man wohl,
> Verweichlicht nur die Leut;
> Drum setzest du, ein Feind der Rast,
> Im Frieden fort des Krieges Last,

höhnte Grillparzer schon 1836 in „An den Fürsten Metternich" über dessen Schuldenpolitik. (*Gedichte* II, S. 127) Anerkennendes wußte er auch weder über Ferdinand I., über dessen Bahnspekulationen und horrende Unglücksfälle mit diesem Projekt er sich lustig machte, (*Prosa* I, S. 124 f.) noch über Franz Joseph zu sagen. Er bedauert das unter Franz Josephs Regierung zustandegekommene Konkordat, da es „Erziehung, Unterricht, Ehe, alle bürgerlichen und menschlichen Verhältnisse mehr oder weniger unter die Herrschaft einer Kirche gebracht hat, die nothgedrungen ist sich aller Verstandesentwicklung entgegenzusetzen, weil nur der Unverstand ihre übernatürlichen Voraussetzungen annehmen kann". Zudem „räumt die Kirche als Gegengabe dem Monarchen göttliche

---

bend aufgegeben und ohne Fürsorge verlassen, Auseinandersetzungen mit der kaiserlichen Bürokratie, so wurde Grillparzer 1833 bei einer Audienzvorladung durch die Willkür von Türhütern etwa 6 Stunden warten gelassen (Tagebücher III, S. 122 f.) und dgl.
3 Franz' eigentliche Natur sei „ordinär" gewesen, habe „keine Elevazion, keine Art Hoheit" besessen. (Prosa I, S. 162.)

Rechte ein". Auf diese Weise würden Willkür und Eigendünkel das Land zugrunderichten. (*Tagebücher* VI, S. 42)

> Mir galten drei Schneider im Theater
> Mehr als ein König in seinem Zimmer,
> > („Vox populi", *Gedichte* III, S. 158, 1844)

drückt die Hochschätzung dem einfachen Publikum gegenüber aus, eben jene demokratische Tendenz, die Michailow und andere an Grillparzer wahrgenommen haben. Noch deutlicher spricht sich Grillparzer in „Rußland" aus:

> Denn erst gestützt des Rechtes heilig Haus
> Ziehn wir einher als unserer Führer Gleiche
> Und tilgen dich als letztes Unrecht aus.
> > (*Gedichte* II, S. 2–4)

Einen solchen zeitweiligen Gleichheitsoptimismus jedoch dämpft immer wieder die Erkenntnis:

> Doch, wo ein Herr ist, ist auch der Deutsche Knecht
> > („Warschau", *Gedichte* I, S. 111)

Es war gewiß nicht zuletzt das Auftreten Goethes – das eines Großen, fast eines absoluten Monarchen in seinem Reich –, welches Grillparzers Enthusiasmus, aus „echt katholischer Reliquienandacht" (*Prosa* IV, S. 182) heraus, deutsche Dichtergrößen zu besuchen, dämpfte. „Endlich öffnete sich eine Seitentüre, und er selbst trat ein. Schwarzgekleidet, den Ordensstern auf der Brust, gerader, beinahe steifer Haltung, trat er unter uns wie ein Audienz gebender Monarch." „Ich gestehe, daß ich mit einer höchst unangenehmen Empfindung in mein Gasthaus zurückkehrte." (*Prosa* IV, S. 194) Neben allen – gerechtfertigten – sachlichen Einwänden gegen die Konzentration der Macht in einer Person zeigt Grillparzer auch eine persönliche Antipathie gegen die Zurschaustellung persönlicher Größe, die ihm bombastisch erscheint.

Sich Grillparzer, wie er sich in seinen Aufzeichnungen, Tagebüchern und Briefen offenbart, anders als Satiriker in seinen Gedichten auf die Persönlichkeiten des Hofes vorzustellen, ist unmöglich. Peinlich übertrieben sind die Bilder und Vergleiche in diesen Texten. So wird z. B. in „Willkommen", einem Gelegenheitsgedicht auf Karoline Auguste, der 4. Gemahlin von Franz I., die Monarchin mit der Mutter Gottes verglichen und als „die Hohe, die Liebliche" bezeichnet. (*Gedichte* I, S. 4 ff.) Boshafterweise ist der Sprecher ein Gänsejunge. „Bei der Geburt eines Prinzen" (*Gedichte* I, S. 103 ff.) betont Grillparzer das allgemein menschliche

114

Schicksal, das auch die höchste Frau trifft. Er stiehlt sich um die Adelsverehrung, und es ist leicht, auch hier in der penetranten Wiederholung „Du eines guten Mannes gute Tochter / Und eines frommen Kaisers Schwiegerkind" die unterdrückte, nicht aussprechliche Kritik zu spüren. Diese Unter- und Obertöne wurden auch gespürt und Grillparzer kam wiederholt wegen seiner Gedichte auf das Herrscherhaus in Schwierigkeiten.[4]) Im Falle des Gedichtes auf die Genesung des Kronprinzen riet Baron Brettfeld sogar auf Hinrichtung des Dichters.

König Ottokars Glück und Ende

Schwierigkeiten gab es auch bei Grillparzers historischen Dramen. *König Ottokars Glück und Ende* lag zwei Jahre lang bei der Zensurbehörde, wie es bei unbequemen Werken leicht der Fall sein konnte.[5]) In das Drama gingen Grillparzers Theorien über die Monarchie und den Monarchen ein. Grillparzer gibt zu, sich an einem seiner zeitgenössischen Herrscher orientiert zu haben: „Es war also nicht Napoleons Schicksal, das ich in Ottokar schildern wollte, aber schon eine entfernte Ähnlichkeit begeisterte mich . . ." (*Prosa* IV, S. 166) Für Ottokar gilt, was der Dichter über Napoleon sagt: „Wie du, gewollt, nur nicht, wie du gekonnt . . ." (*Gedichte* I, S. 59—61, 1821) Keinesfalls habe er Ottokar oder die Böhmen verunglimpfen wollen. Aber es sei „unrecht, Ottokar, den die Tschechen mit Recht als Glanzpunkt ihrer Geschichte ansehen, nur löbliche Eigenschaften zuzusprechen, da seine neuen Untertanen sich gegen ihn gewendet und seine alten ihn verlassen haben". (*Prosa* IV, 177)

Ottokar ist ebensowenig wie Rudolf der ideale Herrscher. Er ist ein Exemplum für das, was mit dem Herrscher durch sein Amt geschieht. Grillparzer stellte Geschichte dar, um seine Zeit anzusprechen, nicht um

---

4 Grillparzers einziger Beitrag zu den Darbietungen der Künstlergruppe Ludlumshöhle, in die ihn Joseph Freiherr von Zedlitz eingeführt hatte, war das Gedicht ‚Vision'. Kurz darauf wurde der Verein durch eine Polizeirazzia gestört, die Mitglieder wie Verschwörer behandelt, Grillparzer selbst einer Haussuchung, einem Arrest und einem scharfen Verhör unterzogen. Ärger gab es auch um Grillparzers Gedicht auf den Kronprinzen.

5 Erst eine Gefälligkeit des Dichters Collin, der der kranken Kaiserin das Manuskript als Bettlektüre verschafft hatte, so daß diese selbst die Aufführung erwirkte, ließ das Drama wieder auftauchen. Im Druck war Ottokar ungemein begehrt, da es sich um ein fragwürdiges Stück Literatur handelte. Grillparzer selbst schreibt an Sedlnitzky 1823: „Ich habe ein Recht auf Berücksichtigung von Seiten der Zensur. Wenn E. E. meinen Ottokar verbiethen, rauben Sie mir die Früchte jahrelanger Arbeiten, meine Aussicht auf die Zukunft, vernichten mich . . ." (Briefe und Dokumente I, S. 300) Die Uraufführung wurde durch die Heiserkeit des Hauptdarstellers beeinträchtigt, trotzdem war die Aufnahme positiv. Das Drama wurde jedoch bald vom Spielplan abgesetzt, da tschechisch-nationale Kreise an dem Charakter Ottokars Anstoß genommen hatten.

das Haus Habsburg zu verherrlichen oder um des musealen Interesses willen.[6] „Der politische Charakter der Grillparzerschen Dichtung läßt sich nicht länger übersehen, und im selben Moment beginnt auch das politische Mißverständnis der politischen Funktion dieser Dichtung", beobachtet Greiner.[7] Tatsächlich folgte auf das erste Gefallen, das *Ottokar* erregt hatte, Wut.[8] (*Tagebücher* II, S. 229)

Der Mensch in seinem staatlichen Gefüge ist Thema des Dramas. Die intimen Beziehungen sind nur als Teil des Ganzen von Bedeutung.[9] Fehlen von heroischer Größe ist an Ottokar bemängelt worden. „Es ist der schwerste Einwand gegen Grillparzer, daß er napoleonische Seelen nicht einmal verstehn konnte. Nicht, daß er sie gehaßt hätte! . . . Aber Grillparzer glaubte wirklich das Bild einer napoleonischen Hybris gezeichnet zu haben, wenn er einen öd hochmütigen Wüterich über die Bühne rasseln und knirschen ließe."[10]

Es ist Grillparzers Desillusionierungskunst, das Heldische und Dämonische ihres Glanzes entkleidet zu haben. Aus der Perspektive der nicht Bevorrechtigten wirkt der Heros immer schäbig. In Grillparzers Werk gibt es keine positiven Helden, wohl aber Gestalten mit vorbildhaften Zügen, wie Esther in *Die Jüdin von Toledo*, Medea, Gora u. a. Diese sind im traditionellen Sinn keine Helden und auch keine statischen Modelle. Ottokar ist zu Beginn der Krise kein „Held", erst am Ende, als er überwunden ist, wird er tragischerweise zu einer positiven Gestalt. Die Konsequenzen seiner früheren Verfehlungen holen ihn ein, als eine entscheidende Wandlung mit ihm eingetreten ist.[11] Es ist nicht so, daß einem unwürdigen Ottokar ein glänzender Rudolf gegenübergestellt würde. Griesmayer beobachtet den bürokratischen, pedantischen Zug an Habsburg, dem Amt und Person verschmelzen.[12]

---

6 JEAN PIERRE LAVANDIER, Grillparzer, der österreichischen Zensur und dem Habsburger Herrscherhause gegenüber (Bordeaux: diss. masch., 1973), S. 105.

7 MARTIN GREINER, Zwischen Biedermeier und Bourgeoisie (Göttingen 1933), S. 68.

8 „Wer mir die Vernachlässigung meines Talentes zum Vorwurf macht, der sollte vorher bedenken, wie in dem ewigen Kampf mit Dummheit und Schlechtigkeit endlich der Geist ermattet", merkt Grillparzer in den Tagebüchern II, S. 204 an.

9 NORBERT GRIESMAYER, Das Bild des Partners in Franz Grillparzers Dramen (Wien: diss. masch., 1970), S. 212.

10 FRIEDRICH GUNDOLF, Beiträge zur Literatur- und Geistesgeschichte (Heidelberg 1980), S. 367–368.

11 Solche drastischen Veränderungen kommen bei Grillparzer vor. Otto von Meran z. B. sei nicht eigentlich wahnsinnig, sondern in einem Zustand vorübergehenden Blödsinns, in welchem er stumpf sei. Im fünften Akt sei jedoch „keine Spur von Irrsinn mehr", was Bancban auch wisse. (Briefe und Dokumente II, S. 14).

12 S. 215. Der bürokratische Zug schlägt sich auch in der verschleiernden Sprache des Bürokraten nieder.

Primislaus Ottokar ist zunächst Diktator, an Napoleon vor dem Fall modelliert. Sein Namenstitel deckt sich mit dem Namen von Libussas Widersacher. Es deckt sich mehr als das. In *Ottokar* sind Zentralcharaktere des Grillparzerschen Werks angelegt, die in Varianten immer wiederkehren. Das Drama ist Fürsten- und Staatsspiegel. Im Vergleich dazu ist der Napoleonanklang weniger gewichtig.[13] Es geht um die Kritik am System, welches Gestalten wie Ottokar und Habsburg züchtet, nicht um die Verherrlichung des einen oder anderen. Es geht um Subversiveres.

Thematisch ist der Mißbrauch der Macht. Ottokar begeht an seiner Gemahlin einen scheinbar privaten Vertragsbruch. Seine Gründe für die Annullierung der Ehe sind fadenscheinig. Er übersieht den öffentlichen Aspekt und die politischen Implikationen seiner Ehe. Während er sich persönlich zu entscheiden glaubt, wehrt sich Margarethe auf öffentlicher politischer Ebene. Auch bei dem Betrug an Bertha, die wegen des Flirts mit Ottokar Grund zu haben glaubte, sich als seine zukünftige zweite Gemahlin zu betrachten, wobei Benesch, ihr Vater sie kupplerisch unterstützte, vergißt *Ottokar* die politischen Folgen eines Verhaltens, das er eine Privatsache glaubt.

Diese Konflikte sind bezeichnend für die Konfusion des Monarchen. Ottokars Extravaganzen sind anscheinend neu.

> Wie? so ein Herr, ein Ritter, so ein König,
> Und täte schlimmer an seinem eignen Wort,
> Die Frau verlassend, die ihm angetraut?
> Hab ich nicht knabenweis bei ihm gedient,
> Und war er mir ein Muster, Vorbild nicht
> Von jedem hohen Tun?
>
> (I, 16 ff.)[14]

Ottokar vereinsamt zunehmend, wenn er auch nie ganz für sich steht wie sonst der Protagonist eines Tyrannendramas. In das soziale Spektrum werden die Reaktionen der Untertanen – Merenburgs Brief, die Kommentare des Burggrafen u. a. – miteinbezogen. Gefahrenpunkte, wie die Empörung der Rosenbergs und die Ambitionen Zawisch' deuten an, daß Ottokars Macht nur begrenzt ist. Als Opfer einer Verblendung wiegt er sich

---

13 WALTHER LASKE, Staat und Recht im literarischen Schaffen Franz Grillparzers (Wien: diss. masch., 1961), S. 144–145.

14 CLAUDIO MAGRIS, Der habsburgische Mythos in der österreichischen Literatur (Salzburg 1966), S. 107 hält fest: „Nach Vincenti hat Ottokar etwas vom ‚modernen Parvenu' an sich: diese Beobachtung erlaubt, in den eigentlichen Grillparzerschen Begriff der Königswürde einzudringen. Es ist dies eine Polemik gegen den modernen, ungesetzlichen und herrischen Typ der Monarchie . . ." Freilich liest Magris die spartanischen Untertreibungen Rudolfs als echte Bescheidenheit . . .

in Sicherheit. Teil der Tragödie ist die Fehleinschätzung der Lage aufgrund seiner Hybris. Ein weiterer Faktor ist die Komplexität der Umstände, die sich der Kontrolle durch das Individuum entziehen.

Ein besonderer Fehler Ottokars ist, andere, so die Frauen, zu unterschätzen. Trotz der Warnung nimmt er von Margarethes Eigentum an, es werde im Scheidungsfall auf ihn übergehen. (I, 624 ff.) Margarethes Selbstdarstellung wirft ein Licht auf Ottokar, welches sich mit seinem Selbstverständnis nicht deckt:

> Sie aber brachten Ottokarn zu mir,
> Mir ihn bezeichnend als den künftigen Gatten.
> Mit schwarzem Aug und schwarzen Brauen blickend,
> Stand er in scheuer Ferne sinnend da,
> Und maß, der Jüngling, mich, die Alternde.
> Allein des Landes Not bei mir gedenkend,
> Trat ich zu ihm und sprach ihn freundlich an;
> Und so ward ich sein Weib. Ich hab ihn nie geliebt;
> Ich dachte nie, ob ich ihn lieben könnte:
> Doch sorgt ich still für ihn, und wie ich sorgte,
> Fand ein Gefühl sich mir im Innern ein,
> Das allen Schmerz der Liebe kennt, wenn auch
> Nichts von der Liebe Glück.
>
> (I, 327 ff.)

Margarethe gibt politische Gründe für ihre Eheschließung:

> . . . zeigten mir das glutversengte Land,
> Die Felder nackt, die Hütten leer, die Menschen tot.
> Von Weibern, Kindern, Blutenden, Verletzten
> Sah ich mit Schaudern, heulend, mich umgeben . . .
>
> (I, 320 ff.)

Dem König selbst sei der Verwandtschaftsgrad bekannt gewesen, und auch, daß Margarethe aus eigenem Wunsch kinderlos bleiben würde. (I, 256 ff.) Margarethe will verhindern, daß ihr Zusammenleben mit Ottokar zu einem illegitimen Verhältnis reduziert werde. Zum anderen geht es ihr um den Landesfrieden. Trotz des Konflikts mit ihrem Gatten bewahrt sie ihm die Loyalität und verrät ihn nicht.

Margarethes Pazifismus und Selbstlosigkeit sind der Erfahrung des Leids entsprungen. Sie besitzt einen Vorbildcharakter. An ihr werden andere Gestalten gemessen. Margarethe ist als Schlüssel und Norm zur Interpretation von Bedeutung.

Ottokar gibt sich als dynamischer Herrscher, ein Städtebauer wie

Primislaus, Verewiger des eigenen Ruhms. In seiner Triumphator-Phase benutzt er eine herrscherliche, formelhafte Rhetorik, die seine Selbstherrlichkeit und Willkür unterstreicht. Bei seiner Scheidung schiebt er das Wohl des Volkes vor, (I, 512 ff.) beschließt aber die Rede bezeichnenderweise: „Allein wozu noch das lange Eins und Zwei; / Denn erstens, zweitens, drittens: bleibts dabei!" Weit entfernt, der Herzensbrecher zu sein, für den er sich im Überschwange hält, verkündet er: „Der König ist, der Königinnen macht" (I, 643) und bläht sich in dem Stolz auf sein Reich, das seit Karol Magnus nicht seinesgleichen gesehen habe. (I, 606 ff.)

„Ländersüchtig" (I, 264) nennt Margarethe ihn und seinen Vater mit Recht, denn Sucht nimmt ihm die rationale Übersicht. Auch die Bescheidenheitstopi verschleiern nicht, daß Besitzvergrößerung sein Hauptanliegen ist. (II, 1161 ff., II, 1180 ff.) Seinem öffentlichen Erfolg will er privaten Glanz zur Seite stellen.

> . . . es ist mein Land,
> Das in mir Ehen schließt und Ehen scheidet.
>
> (I, 594 ff.)

Ottokar gibt sich als siegreicher Feldherr, triumphaler Baumeister, Bräutigam einer jungen Frau. Das unverhoffte Eindringen Kunigundes in Rittertracht und darauf die Inschutznahme Margarethes durch Habsburg zeigen die Grenzen seiner Voraussicht. Margarethes „Ihr steht am Abgrund" (I, 636) ist weitsichtiger als die Heilsrufe im verfrühten Glorienschein des Kaisertums. Wie in anderen Triumphszenen ist hier die Vorbedeutung umso ominöser je lauter der Schall. Der Höhepunkt äußeren Glanzes indiziert das Überschreiten des Zenits und den Beginn der Abwärtsbewegung.

Ottokars *Superbia* ist zum Teil charakterlich, zum Teil soziologisch motiviert. Der große Spielraum des Herrschers täuscht ihn, wie weit er wirklich gehen kann. Wie bei Shakespeare ist das Amt des Monarchen der Sonne vergleichbar – heiß und verderblich in zu großer Nähe – hält man sich ihm gegenüber auf vorsichtige Distanz und nähert sich mit Schmeichelei. Wer sich diesem Muster nicht anpaßt, wird eliminiert.

Schnell finden sich nach Ottokars Machtverlust Feinde. Diese wollen, was er besitzt: seine Frau und seine Stellung. Auch Rudolf will an seiner Stelle herrschen, gleich welche Motive er vorschiebt. Margarethe, und nur ihr, geht es nicht um Macht. Sie zeigt, daß Rudolf nicht das Gegenteil von Ottokar ist, sondern nur eine Komplementärfigur.

Zu den für Ottokar ungünstigen äußeren Faktoren gehört Kunigunde, die nicht dem entspricht, was der in Liebessachen unerfahrene König sich unter einer Gattin vorstellt. War er Margarethe gegenüber ein jugendlicher Gatte, so ist er im Vergleich zu Kunigunde ein alter Mann.

Ein König, sagten sie, regiere dort,
Vermählt in seiner Kraft der ältern Frau,
Dens dürste nach der feurigen Genossin,
Nach gleichem Mut in gleichgeschwellter Brust.
Ich komm und finde – einen Greis. Ja, Greis!
Denn spielt nicht schon graulich Bart und Haar?
Sie sagen: von des Krieges Arbeit. Gleichviel!
Und ist er denn nicht mürrisch wie ein Greis?

(II, 974 ff.)

Alter ist relativ zu dem Vergleichspunkt. Herzlos wie Ottokar von Margarethes Alter und Unfruchtbarkeit sprach, spricht Kunigunde von seinem alten Körper. Es dauert nicht lange bis zu ihrem Flirt mit Zawisch. Während der Siegerehrung erinnert Ottokar an Bancban.

Kunigunde deckt die Künstlichkeit der doppelten Moral des Böhmenkönigs und seines Hofes auf. Der aus dem *Vlies* bekannte Konflikt zweier Kulturen entwickelt sich zwischen den Eheleuten. Von Ungarn her ist Kunigunde an eine freiere Rolle gewöhnt:

Zum Schweigen und Gehorchen kam ich nicht!

(II, 983)

Behandelt so hier Lands man Königinnen?
Wär ich zu stolz nicht, meines Gatten Zorn
In meiner eignen Sache aufzurufen,
Wärs hier in Böhmen wie bei uns daheim,
Wo auch die *Frau* ein Recht hat, eine Stimme,
Und Macht, um zu vollführen, was sie denkt,
Wo eine Königin nicht bloß des Königs Gattin,
Wo sie Gebietrin ist; . . .

(II, 883 ff.)

O wär ich wieder fort aus diesem Land.
In Ungarn bei den Meinigen daheim!
Da galt ich noch! Frei streift ich in die Ferne,
Dorthin, dahin, wohin der Wunsch mich rief.
Mein alter Vater war mir gern zu Dienst,
Zu Dienst die Fürsten, seine Sippen alle,
Und was nur Mann hieß, in dem weiten Reich.
Und Leben war und Feuer, Glut und Mut!

(II, 965 ff.)

Kunigunde scheint einen Freier, „jenen kühnen Führer der Kumanen" (958) aufgegeben zu haben, an den sie sich durch Zawisch erinnert fühlt. Sie ist nicht vergangenheitslos.

Ottokars Verhalten ihr gegenüber wirkt greisenhaft-ungeschickt. „Nu Kunthe, wie gehts?" (II, 1005) Margarethe gegenüber war er forsch und jugendlich. Kunigunde weicht seinen derben Vertraulichkeiten aus. Seine Blindheit in Ehesachen motiviert sich daher, daß er von Margarethe nichts zu befürchten hatte. Obwohl er den Zwischenfall mit der Schleife zu überspielen sucht, erweckt er den Eindruck eines Hahnreis:

> Im Namen meiner Gattin, seiner Frau:
> Denn Königinnen schenken Diamanten,
> Doch Busenschleifen nicht. – Euch Königin,
> Bitt ich in Zukunft Euren Anzug mehr,
> Und – meiner Würde mehr in Acht zu nehmen!
>
> (II, 1116 ff.)

Sei es die Ehe, seien es die Staatsangelegenheiten – die Macht, die Ottokar üben will, kommt verspätet, denn er hat seine Autorität bereits verloren, als er sie retten will.

Ottokars Machtlosigkeit enthüllt sich Schritt auf Schritt. Die verlorene Kaiserwahl raubt ihm die Fassung. „Die Hand mit dem Briefe sinkt hinab; mit gebrochenen Knien steht er noch eine Sekunde, starr vor sich hinsehend, dann rafft er sich empor und geht starken Schrittes in sein Zimmer." (II, 1220) Von der Großherrlichkeit, mit der er vorgab, abwägen zu müssen, ob er Kaiser werden wolle oder nicht, ist ihm nichts geblieben. Die Gründe für die Entscheidung sind peinlich und greifen an die Substanz:

> Wir suchten einen Herrn, gerecht und gnädig,
> Als einen solchen bot man Euch den Thron.
> Da kam der Ruf, da kamen selber Zeugen,
> Die laut es riefen in der Fürsten Ohr,
> Wie Ihr getan an Königin Margarethen,
> Die Eure Gattin war, die Ihr verstießt;
> Wie Ihr die Rechte schmälert jener Lande,
> Die rechtlos vorenthalten Ihr dem Reich;
> Wie Eure Ungnad schon ein Halsverbrechen,
> Und Strafe trifft, wo noch kein Urteil traf.
> Das sind wir nicht gewohnt in Schwaben und beim Rhein
> Wir müssen einen gnädgen Fürsten haben,
> Vor allem aber soll er sein gerecht.
>
> (II, 1248 ff.)

Vertrauens- und Territorialverlust gehen Hand in Hand. Ottokars Eigentumsbegriffe verwirren sich. „Herr es ist aber mein!" (II, 1296) Er hält sich für einen Besitzer, wo er nur Verwalter war. Er ist in diesem Sinn ein Herrscher alten Stils an einer Zeit- und Kulturwende.

Die Entführung Merenbergs, das Todesurteil nach der Niederlage, der Widerstand ohne Hoffnung auf Erfolg, sind Ausbrüche eines Unterliegenden, der sich seine reale Lage nicht eingesteht. Sie erwecken keine Sympathie für Ottokar, geben aber Einblicke in seine Mentalität.

Auf den Verlust der Macht folgt zeitweiliger Wahnsinn, eine Raserei als Auflehnung gegen die inneren und äußeren Grenzen. Dieser Zustand – er findet sich bei Otto von Meran – ist nicht mit echtem Wahnsinn zu verwechseln, da der vorübergehend Umnachtete bei der Veränderung der Lage den Kontakt mit der Wirklichkeit wiederfindet. Das zeitweilige Überschnappen signalisiert auch einen Reifeprozeß.

Ottokar, dafür sprechen Zeugnisse aus der Vergangenheit, muß ein für seine Pflichttreue bekannter Monarch gewesen sein. Gründe für die Wandlung zum Tyrannen sind die Torschlußpanik des Alternden, der in seiner Karriere nicht die erhoffte Erfüllung gefunden hat. Daher auch der Wunsch nach einer jüngeren Frau und einem Kind. Zu viel Macht und Erfolg für ein Individuum sind ein Aspekt des Dilemmas.

Ottokar ist aus seinem Schicksal her interpretierbar, als Mensch und Politiker. Ihm gilt beides gleich. Neben die glänzende Karriere will er ein glänzendes Privatleben stellen und weiß nicht, wie. Sobald er persönlich korrupt wird, wird er auch als Herrscher fragwürdig.

Der Titel des Trauerspiels ist irreführend. Ottokars Glück gibt es nicht. Schon in seinen scheinbaren Triumphen zu Beginn sitzt der Wurm. Er kann sich an nichts eigentlich freuen. Ottokars Glücksstreben aus der Frustration heraus, nicht aber dessen Erfüllung, wird sichtbar.

Rudolf von Habsburg befindet sich auf einem anderen Niveau. Formbewußt wahrt er die Sitte, nimmt „ritterlich" Margarethe in Schutz. Die Distanz, die sie ihm hält, ist ein Signal, ihm gegenüber einen kritischen Blick zu bewahren.

Erwähnte der Burggraf als Vorbedingung des Kaisertums Gerechtigkeit und Gnade, so steht außer Zweifel, daß Rudolf weiß, was recht ist. Als aller Augen auf ihm als dem armen Kandidaten ruhen, hält er sich auch daran. Recht ist bei Grillparzer ein ambivalenter Begriff, oft dem Menschlichen und „Billigen" entgegengesetzt.

Habsburg erweist sich trotz aller Erwartungen als ein kompetenter Politiker bei der Lehensverleihung und Befriedung. Die geistige Veränderung, die mit ihm vorgegangen ist, wirkt jedoch psychotisch. Schizophren differenziert Habsburg zwischen sich als Privatmann und Herrscher:

> Kommt Ottokar zu Habsburg, Mensch zu Menschen,
> So mag auch Hinz und Kunz sein Haupt bedecken,
> Ist er doch ihres Gleichen: Mensch. – Bedeckt euch!
> Doch kommt der Lehensmann zum Lehensherrn,
> Der Böhmen pflichtger Fürst zu Deutschlands Kaiser,
> (unter sie tretend.)
> Dann weh dem, der die Ehrfurcht mir verletzt!
>
> (III, 1726 ff.)

Komödiantenhaft ist der „spartanische" Aufzug im Kontext der pompösen Worte:

> Ich bin nicht der, den Ihr voreinst gekannt!
> Nicht Habsburg bin ich, selber Rudolf nicht;
> In diesen Adern rollet Deutschlands Blut.
> Was sterblich war, ich hab es ausgezogen,
> Und bin der Kaiser nur, der niemals stirbt.
> Als mich die Stimme der Erhöhung traf,
> Als mir, dem nie von solchem Glück geträumt,
> Der Herr der Welten auf mein niedrig Haupt
> Mit Eins gesetzt die Krone seines Reichs,
> Als mir das Salböl von der Stirne troff,
> Da ward ich tief des Wunders mir bewußt,
> Und hab gelernt, auf Wunder zu vertraun!

Rudolf hat verlernt, Ich zu sagen. Stattdessen führt er den Namen Gottes im Munde – ein Weg aus der persönlichen Verantwortlichkeit und eine Rhetorik, die ihn als einen frommen, gottesfürchtigen Mann glänzen läßt. Nach der Krönung hat er vergessen, daß er den Fürsten die Krone verdankt. Gott – und man muß sich erinnern, wie Grillparzer zur Transzendenz steht – ist der Gewährsmann für Rudolfs Pläne:

> Geschworen hab ich: Ruhe und Recht zu schirmen:
> Beim alles sehenden dreieinigen Gott!
>
> (III, 1809 ff.)
>
> Nun großer Gott, du hast mich hergeführt;
> Vollende nun, was ich mit dir begonnen!
>
> (III, 1719 ff.)

Ottokar gebraucht in seiner Verwirrung den Namen Gottes vage, Orientierung suchend: „Ha, beim allmächtigen Gott! wer bin ich denn?" (III, 1767) Rudolfs gesetzte Pompreden sind eine Aufforderung, seine Reden und Taten miteinander zu vergleichen.

Der Privatmann Habsburg will über Nacht zum unpersönlichen Prinzip des Herrschers geworden sein – ein Professioneller, der sich von seiner alten Lebensweise abwendet. Ein Beispiel für solch gleichsam wundersame Veränderung bietet Shakespeare in Hal, dem wenig bewundernswürdigen Prinzen, der zu dem ebensowenig bewundernswürdigen Henry V. wird und seine alten Kumpanen verleugnet, den Mund voller neuer, rechtschaffener Worte und erstarrt zu einer leeren Schale ohne Innenleben. Es ist bezeichnend, daß Henry V. wie Rudolf von einer hurra-patriotischen Kritik als Glanzpunkt ihrer respektiven Länder aufgefaßt wurden.

Rudolf gebraucht den Namen Gottes bis zum Exzeß. Man könnte an einen religiösen Wahn denken, wären nicht die Taten des Kaisers kalt und kalkuliert.

> Das Zelt verbirgt uns jedem Auge.
> Dort sollt Ihr knien vor Gott und vor dem Reich,
> Vor keinem, der ein Sterblicher, gleich uns.
>
> (IV, 1950 ff.)

De facto jedoch kniet Ottokar vor keinem als Habsburg. Rudolf als Gottesmann zählt seinem Gegner Schlag auf Schlag die Niederlagen auf und hält ihm patriarchenhaft seine häuslichen Verfehlungen vor. (III, 1939 ff.) Er entblödet sich nicht, Gottes Willen zu interpretieren. (III, 1890 ff.) Margarethes Fürsprache hält er die eigene Macht entgegen. (III, 1826 ff.) Rudolf zieht alle Register, Ottokar zu demütigen und moralisch zu vernichten. Der Haß, den er schürt, ist gerechtfertigt und beleuchtet die Lage zwischen Österreich und Böhmen auch im 19. Jahrhundert.

Der 3. Aufzug ist der Höhepunkt von Rudolfs, der Tiefpunkt von Ottokars Karriere, nachdem letzterer von Zawisch so bloßgestellt wurde, daß er als Lehensmann vor aller Öffentlichkeit kniet. Darauf folgt die Verzweiflung des 4. Aufzuges, als Ottokar als Fremder, geistig und materiell gebrochen auf den Stufen seiner Burg sitzt.

Gegenüber dem Gegner ist die Gerechtigkeit Habsburgs trotz Eides und großer Worte ein Schein. Ottokar stellt fest:

> Herr, sagt Eurem Kaiser,
> Er soll in Deutschland herrschen nach Gelust.
> Was ich versprach, ich hab es ihm gehalten;
> Obgleich verraten, überlistet, hintergangen,
> Ich habs gehalten, weil ich es versprach . . .
>
> (IV, 2348 ff.)

Der Kanzler wendet gegen Habsburg ein:

> Der Kaiser, seinerseits, hat auch noch nicht
> In allem dem Vertrag genug getan!
> In Mähren stehn noch kaiserliche Völker.
>
> (IV, 2222 ff.)

Der Herold entgegnet „Beglückt wer hat, das ist ein alt Gesetz". (IV, 2327) Er weist die Vorstellungen, Gewalt werde ungerechtfertigt verwendet, zurück:

> Nennts wie Ihr wollt, nur handelt, wie Ihr müßt.
>
> (IV, 2229)

Habsburg ist nicht weniger tyrannisch als Ottokar vor dem Fall. Während er von Gerechtigkeit redet, übt er Willkür. Er und seine Boten behandeln Ottokar geringschätzig, wie um ihn zu provozieren, einen unterträglichen Pakt zu brechen.

Zu dem äußerlichen Druck kommt der innerliche. Ottokars Privatleben und seine Karriere waren eins. Er hat auch in seiner häuslichen Sphäre den Einfluß verloren. Frau Kunigunde und ihr Liebhaber spotten über ihn. Wenige seiner ehemaligen Helfer bleiben ihm loyal.

Der Kaiser hat für Zawisch und Kunigunde passende Worte, mit denen er sie zurechtsetzt. (V, 2762 ff.) Kommt es zum Handeln, bietet er ihnen Schutz. Rudolfs sentenzenreiche Rede dokumentiert Überheblichkeit und Korruption. Scheinbar kommen diese mit dem Amte. Die penetrante Religionsrhetorik, der Stolz auf das eroberte und noch zu erobernde Gebiet zusammen mit der Blutsymbolik, die das Publikum aus Ottos schlechtesten Tagen kennt, zeigen, wie wenig Habsburg als idealer Herrscher konzipiert ist.

> So will ich sehen Östreichs weiße Zeichen
> Die Gasse ziehn durch blutgefärbte Leichen.
> Nun vor, mit Gott! Und: Christus sei der Schlachtruf.
> So wie er starb für uns am blutgen Holz,
> So wollen wir auch sterben für das Recht,
> Ob auch das Unrecht Güter böt und Leben.
> Ehrwürdger Herr von Basel geht voran,
> Stimmt das Schlachtlied an: „Maria, reine Maid!"
>
> (V, 2747 ff.)

Dies sind die Worte eines die Religion pervertierenden Fanatikers. Kein Opfer, besonders nicht fremder Leben, die ihn nichts kosten, scheuend, hat sich Rudolf über Nacht in das verwandelt, was Ottokar im Laufe einer langen Karriere zu werden drohte. Eine Farce auf den puritanisch-asketischen Monarchen hätte nicht desillusionierender sein können.

Hinter der flachen Fassade eröffnet sich bei Habsburg kein Innenraum. Als existiere es nicht, bleibt sein Privatleben abgeschirmt. Er wirkt asexuell, ein sachlicher Herrscher, der kaum mehr an menschlichen Instinkten teilzuhaben scheint, der Typ eines Robespierre. Bei Ottokar wimmelt es von Begehren und Sinnlichkeit im Gegensatz zu der frauenlosen Sterilität und den blutleeren „ritterlichen" Gesten Habsburgs.

Die Rede des Kaisers über Recht und Unrecht entbehrt der Rechtsgrundlage, da Margarethe Ottokar selbst ihre Rechte eingeräumt hatte. Rudolf sieht in ihr eine schutzlose Frau, keinen politischen oder rechtlichen Faktor. Ottokars Worte, die zunächst Ressentiment schienen, gewinnen an Gewicht.

> Ich glaube gern, daß es ihm wohlgefalle,
> Dem neuen Herrn, wenn ich die reichen Lande
> Ihm sendete nach Schwaben, seinen Säckel
> Zu bessern und die dürftig-leere Hand . . .
>
> (II, 1315 ff.)

Trotz der volkstümlichen Aufmachung ist Habsburg nicht weniger habgierig als der vorige Herrscher. Sein Stil ist anders – muß es zwangsläufig sein, denn er kann nicht mit Reichtümern protzen. Seiner Armut kommt der Trick, sich als Volkskaiser zu geben entgegen. Nicht ohne demagogische Interessen spricht er mit den einfachen Leuten, den Kindern,[15] wie es auch Franz I. gern tat. Franz und Habsburg haben die Volkstümlichkeit gemein im Gegensatz zu z. B. Joseph II.[16] Der Kaiser, der sich wie einer aus dem Volke gibt, begeht eine Täuschung, da er kategorisch von Geburt und Autorität von allen anderen seines Reiches getrennt ist. Seinem Sohn gegenüber wagt es Habsburg, seinen Ehrgeiz unverhüllt zu artikulieren:

> Zum erstenmal auf österreichschem Boden,
> Sieh um dich her, du stehst in deinem Land!
>
> (V, 2716 ff.)

Bei Ottokar liegen Macht, Besitz, Sexualität und Überheblichkeit offen da.

> Das sei bereit und rüste sich in Pracht.
> Von Gold und Silber laßt die Rüstung starren;
> Und weh dem Edelknecht, des Wams und Mantel
> Nicht hundertmal den deutschen Kaiser aussticht.
>
> (III, 1601 ff.)

---

15 Grillparzer schmuggelt an dieser Stelle Katharina Fröhlich in das dramatische Geschehen mit ein, die tatsächlich mit denselben Worten Franz I. einmal begrüßt hatte. „Übrigens wollte Grillparzer wohl, wie Emil Staiger sagt, in Rudolfs Tugenden das Bild und die Leutseligkeit Franz des I. darstellen. Die wirkungsvolle Volksnähe ist eines der wiederkehrenden Motive." (S. 105) Freilich ist diese Volksnähe, studiert man Grillparzers Meinungen über Franz, nichts Positives.

16 Joseph hatte mit seinen Reformen weitgehende Säkularisierung des Bildungswesens erreicht, 1781 das Toleranzedikt für Protestanten und Juden erlassen, die Leibeigenschaft abgeschafft und Bodenreformen durchgeführt. Die Abschaffung der Leibeigenschaft erschütterte die traditionelle Ordnung, daß sie die landwirtschaftliche Ökonomie Böhmens, Mährens und Schlesiens in Frage stellte. Die Abschaffung der Fron war so drastisch, daß sie de facto erst nach 1848 durchgeführt wurde. Trotzdem fehlte es Joseph an Popularität. Es schätzten ihn eigentlich nur die intellektuellen Mittelklassen.

Rudolf verbirgt sich hinter der Fassade des Volkskaisers und dem Reich Gottes so geschickt, daß er für nichts zur Rechenschaft gezogen werden kann. Er gibt an, die Sterblichkeit abgelegt zu haben und erhebt sich zum Werkzeug Gottes. Damit vollzieht er einen ähnlichen Schritt wie ihn im Zuge der Industrialisierung manches Privatunternehmen tat, wenn es zur GmbH wurde.[17] Der Gewinn ist derselbe, nur ist er persönlich nicht mehr exponiert.

Wenn Ottokar Fehler machte, so als Ottokar. Rudolfs Verfehlungen gehen auf Kosten des Reichs, ja selbst Gottes, und beider Rechenschaft kann schwerlich gefordert werden. Rudolf ist öffentliche Gewalt, chimärenhaft und nicht greifbar. Vergaß sich Ottokar in seiner privaten Rolle, so sehen wir in Habsburg am Ende nur noch die leere Fassade eines ehemals vollendeten Höflings. Die Heil-Rufe klingen ebenso ominös wie die, mit denen Ottokar gefeiert wurde.

Dies ist nicht zufällig, bedenkt man, wann das Werk entstand: zu einer Zeit, in der der größere politische Zusammenschluß ausgeschlossen war. Auf welch tönernen Füßen das Reich von Beginn stand, begründet auf Zwietracht und Unrecht, zeigen Grillparzers vaterländische Dramen.

Rudolf wird für den Augenblick zelebriert. Vom Unglück ist schon die Feier gezeichnet. „Gewalt! Gewalt!" ruft Frau Elisabeth hinter der Szene. Dem Kaiser gelingt es nicht, Ordnung zu halten. Seine Kommandos verhallten unbefolgt. „Hier Weib hier liegt dein Mann" (V, 2954), eine Variation auf die Worte Christi am Kreuz, an Kunigunde gerichtet, indizieren den Fortschritt von Habsburgs religiöser Manie.

Hebbel schätzte Ottokar – kein Wunder, denn das Drama weist Parallelen mit seinem eigenen Schaffen auf. Es stellt den Übergang von einer Epoche zur anderen in einem dialektischen Prozeß dar. Der „altmodische" Herrscher, der in seiner Person Privatmann, Politiker, König und Despoten vereinte, mit dessen Persönlichkeit die Qualität der Regierung aufs engste verbunden ist, wird durch einen „moderneren" Typus, den professionellen Kaiser abgelöst, der seine Person demonstrativ hinter dem Amt versteckt hält, ohne Zweifel aus Angst und Schuldbewußtsein. Er übt Gewalt als Spezialist, ohne persönliche Betroffenheit. Die scheinbare Objektivität hält ihn nicht vom Nepotismus frei – er belehnt seine Söhne gleich mit den größten Gebieten. Er setzt sie mit einem gottgleichen „Seid fruchtbar und mehret euch" – Auftrag ein.

---

17 Während der napoleonischen Kriege hatte eine gewisse Annäherung an Frankreich stattgefunden. Auf Betreiben Metternichs war Marie-Luise an Napoleon verheiratet worden. Kaiser Franz restaurierte das Regierungssystem, wobei er auf Formen zurückgriff, die auf die Zeit vor Maria Theresia zurückgingen. Eine erneute starke kirchliche Allianz war Teil dieser Reaktion.

Aus Ottokars Worten vor der Schlacht sprechen Einsicht und eine neue Weltsicht. Am Sarge der toten Margarethe hat sich der Herrscher gefunden. Nach der Überwindung des Selbstmitleids entscheidet er sich zum stillen Gebet, dessen Qualität durchaus anders ist als die Gottesbeschwörungen des „frommen Rudolf". (Magris, S. 105) Habsburg stellt seine Frömmigkeit pharisäerhaft zur Schau, während Ottokar selbst mit sich rechtet.

Die Erkenntnis, daß Rosenberg ihn verraten hat, bringt ihn zur vollständigen Einsicht. Ottokar erkennt, daß Böhmen ihm verloren ist, ihn seine Freunde verraten haben.

> Der Zahltag ist erschienen und sie zahlen!
> Ich hab nicht gut in dieser Welt gehaust,
> Du großer Gott! Wie Sturm und Ungewitter
> Bin ich gezogen über deine Fluren.
> Du aber bists allein der stürmen kann,
> Denn du allein kannst heilen, großer Gott.
> Und hab ich auch das Schlimmste nicht gewollt,
> Wer war ich, Wurm? daß ich mich unterwand,
> Den Herrn der Welt frevelnd nachzuspielen,
> Durchs Böse suchend einen Weg zum Guten!
>
> (V, 2824 ff.)

Ottokar charakterisiert sich wie Rudolf. Im Sinne des Rades der Fortuna im Abstieg begriffen, hat Ottokar seine Prätentionen aufgegeben. Rudolf, der jetzt gerade Gott spielt, zielt dahin, woher der entmachtete Ottokar kommt. Freilich hält er sein Glück für permanent.

> OTTOKAR Den Menschen, den du hingesetzt zur Lust,
> Ein Zweck, ein Selbst, im Weltall eine Welt –
> Gebaut hast du ihn als ein Wunderwerk,
> Mit hoher Stirn und aufgerichtem Nacken,
> Gekleidet wunderbar mit Wundern ihn umringt.
> Er hört und sieht und fühlt und freut sich.
> Die Speise nimmt er auf in seinen Leib,
> . . .
> Ich aber hab sie hin zu Tausenden geworfen,
> Um einer Torheit, eines Einfalls willen,
> Wie man den Kehrricht schüttet vor die Tür.
> Und keiner war von den Gebliebnen allen,
> Den seine Mutter nicht, als mit Schmerz geboren,
> Mit Lust gedrückt an ihre Nährerbrust,
> Der Vater nicht als seinen Stolz gesegnet,
> Und aufgezogen, jahrelang gehütet.
> Wenn er am Finger sich verletzt die Haut,
> Da liefen sie herbei und bandens ein.

. . .
Ich aber hab sie schockweis hingeschleudert,
Und starrem Eisen seinen Weg gebahnt,
In ihren warmen Leib. . . .

(V, 2824 ff.)

Geblendet war ich, so hab ich gefehlt,
Mit Willen hab ich Unrecht nicht getan!
Doch einmal, ja! – und noch einmal: O Gott,
Ich hab mit Willen Unrecht auch getan!
Es ist nicht Todesfurcht, was mich so reden läßt.

(2863 ff.)

Seyfried ermordet Ottokar, nachdem eine neue Einstellung den König verändert hat. Ottokar hat den Militarismus abgelegt. Selbst in einem geistlichen Sinn ist er durch seine Generalbeichte gereinigt. Wie bei Otto von Meran ist ein neuer Mensch nach dem Zusammenbruch erstanden.

Unter den Überlebenden hat Ottokar seinesgleichen nicht. Die Rache an ihm mag gerechtfertigt sein – praktisch ist sie nicht. Ottokar ist nach der Erfahrung und durch Einsichtsgewinnung durch Leiden zum Herrschen geeigneter als Habsburg. In diesem Sinne ist *Ottokar* ein Trauerspiel. Habsburg, der fragwürdige Sieger, bleibt am Leben und im Amte. Zeit verursacht Tragik. Strafe und Tod treffen einen bereits Gestorbenen, der nun weiterzuleben verdiente. Grillparzer ersetzt den statischen Charakterbegriff durch einen fluktuierenden. Der Mensch ist ein Prozeß, nicht unveränderbare Identität, eine Funktion, innerhalb komplexer Vorgänge. Das Herrscheramt führt in die Isolation, aus der Realitätsverlust resultiert. Korruption ist unausbleiblich.

Beim männlichen Hochadel finden sich jedoch keine gültigen Verhaltensmuster. Neben Margarethe setzt der Kanzler die ethische Norm. Weder er noch sie sind von Habsburg eingenommen. Ohne Habsburg ganz abzuwerten, demonstriert der Kanzler seine Achtung und Treue für Ottokar. (II, 1223 ff.) Meinungen, zu denen sich Ottokar erst spät durchdringt, werden schon von dem Kanzler geäußert:

Und rechnet Ihr für nichts
Das Unheil und die Greuel in dem Land?
Die Saat zerstampft, die Wohnungen verbrannt,
Die Menschen hingeschlachtet wie – daß Gott!
Schämt Euch, Herr Rosenberg, daß ihr so sprecht!
. . .
Ei geht, Ihr wißt nicht, was ihr sprecht, Herr Zawisch!
Der König kennt das besser als Ihr glaubt!

(III, 1556 ff.)

Zawisch möchte Ottokar als kindisch schwachen Greis diffamieren, da Friedensliebe seinen Ambitionen ein Hindernis ist. Schlachten und Heldenhaftigkeit sind jedoch keine Werte des Dramas. Kriegshetzer und Schlachtenbegeisterte – Matthias in *Bruderzwist*, Alfons in *Die Jüdin von Toledo* – sind unreife Menschen.

Sprachlich setzen sich der Kanzler und Ottokar von der gesetzten Rede Habsburgs ab. Die Dialektanklänge und die unbeholfenen Formen deuten Schlichtheit und Reflektion an. Wenn nötig, fehlt dem Kanzler jedoch nicht die Deutlichkeit. (III, 1535 ff.) Die Geschichtsdeutung des Kanzlers weist weg von der großen Persönlichkeit auf die gesellschaftlichen Zusammenhänge.

Der Kanzler wie Margarethe besitzen eine Mischung aus den professionellen und menschlichen Qualitäten, die gesondert bei Habsburg und Ottokar auftreten. Beide zusammen ergeben erst einen vollständigen Menschen und guten Herrscher. Trotz ihrer Kompetenz sind beide in untergeordneter Funktion. Die Herrschenden dagegen sind eher schädlich als nützlich. Das höchste Amt ist das Kernproblem des Dramas. Auch Ottokars Wandlung mag erst ein Resultat des Machtverlusts und der Eingliederung in die menschliche Gemeinschaft sein. Habsburg dagegen ging erst unter dem Einfluß der Macht seiner anfänglich positiven Eigenschaften verlustig.

Das Drama ist eine Kritik an der Monarchie, die von dem Herrscher Qualitäten voraussetzt, die sich in einer Person nicht finden lassen. Das Amt birgt die Verführung zur Willkür, Korruption, Hybris. Grillparzer zeigt diese Phänomene schon an dem ersten Habsburgerkaiser und überläßt es dem Publikum, die eigene Zeit unter diesen Vorzeichen zu analysieren.

Ein Bruderzwist in Habsburg

Ein Bruderzwist stellt gleich zwei Herrscher dar, die von ihrem Amt ausgebrannt werden. Wie auch in *Ottokar* handelt es sich um zwei konstitutionelle verschiedene Charaktere mit unterschiedlichen Zielen und Einstellungen. Ihr Scheitern wird daher von der persönlichen Ebene entfernt.

Das Potential liegt nicht auf seiten der exponierten, aber nicht großen, Männer, sondern bei denen, die sie stützen und ihnen zu ihrem Namen verhelfen. Auch liegt es nicht in der Kriegsführung des alten Stils und bei den Kriegern, sondern bei denen, die gemeinhin im Hintergrund bleiben: Volk, Beamte, Frauen. Die Stärke des Landes beruht nicht auf denen, die es feiert und die es schwächen.

Ein Bruderzwist in Habsburg umfaßt eine ungewöhnliche Spanne von Charakteren. Alle Gesellschaftsklassen sind repräsentiert. Das Werk setzt die historischen Dramen fort. Grillparzer hat um 1825 die ersten Arbeiten begonnen. Wahrscheinlich ist die erste Fassung vor 1848 abgeschlossen worden. Überarbeitungen fanden noch in den 60er Jahren statt.[18]) Der Dichter behielt das Werk für sich. Im Zusammenhang mit dem nur wenig früheren *Ottokar* ist verständlich, weshalb Grillparzer wenig motiviert war, das gigantische historische Drama der Öffentlichkeit zugänglich zu machen. Das Bild des Herrschers und der Monarchie ist noch pessimistischer als in *Ottokar*.

„Der stille Kaiser Rudolf" (*Tagebücher* II, S. 225) ist der komplexeste Charakter Grillparzers.[19]) Jedoch ist das Werk keine Charaktertragödie, sondern ein Staatsdrama, das Kaisertum und Macht in einer Krisenzeit durchleuchtet.[20]) Die Zeit vor dem 30jährigen Krieg war kein Moment des Triumphes für Habsburg. Grillparzers Wahl dieses Zeitpunktes indiziert seine Geschichtsauffassung.[21])

18 JOACHIM MÜLLER, Franz Grillparzer (Stuttgart 1963), S. 68.

19 JOSEF NADLER, „Franz Grillparzer. Europa in seinem Leben und Denken." JbGG, Neue Folge, 4 (1944), S. 22, spricht davon, daß die nachgelassenen Werke fast eine Trilogie seien – sicherlich in dem Wunsche für die am Anfang stehende Vlies-Trilogie eine Entsprechung zu finden. Die Dramen behandelten verwandte Entwürfe. JOACHIM MÜLLER, Grillparzers Menschenauffassung (Weimar 1934), S. 150, spricht davon, daß in Grillparzers Drama der abendländische Individualismus zur Tragödie werde. Grillparzer äußerte sich schon 1817 so: „Der Mensch verschwindet in eben dem Verhältniße in welchem das Individuum hervortritt." Tagebücher I, S. 87.

20 Das Drama spielt vor Ausbruch des 30jährigen Krieges, der in den Donauländern durch die Türkenkriege, dynastische und religiöse Unsicherheiten charakterisiert war. Das Zögern Rudolfs, die Friedensvereinbarungen mit dem Sultan, der zum ersten Male mit ihm als einem gleichwertigen Partner verhandelte, zu unterschreiben, bewegte seine Brüder Matthias und Maximilian zusammen mit seinen Vettern auf das Drängen des Papstes hin, Rudolf abzusetzen. Seine Macht wurde Matthias anvertraut. Dieser ließ sich 1608 in Preßburg zum König wählen und gestand den österreichischen Protestanten die Religionsfreiheit zu. Auf Anraten Klesels, Kardinal von Wien, ließ er seine Truppen auf Wien marschieren, um hier einem Aufstand zuvorzukommen. Allerdings blieb Böhmen Rudolf gegenüber loyal. Rudolf überließ Matthias Ungarn und Österreich und behielt im Frieden von Lieben 1608 Böhmen. Daraufhin erließ Rudolf ein Religionsgesetz, welches den Konflikt zwischen den Konfessionen beilegte. Die Zugeständnisse, die er den Protestanten machte, waren mehr, als was Matthias ihnen irgendwo eingeräumt hatte. Unter dem Druck der Katholiken mußte Rudolf Böhmen an Matthias abtreten. Rudolf starb 1612. Sein Nachfolger wurde zwar zum Kaiser gekrönt, hatte aber so wenig Macht, daß der Konfessionskrieg wieder ausbrach. Nach seinem Tod stellte sich dasselbe Erbschaftsproblem wie nach dem Tod Rudolfs, da auch er ohne männlichen Erben starb.

21 Wie unorthodox Grillparzers Geschichtsauffassung war, läßt sich allein daraus ersehen, daß er den Kaiser Rudolf II. zum Protagonisten und, ex negativo, zum Helden seines bedeutenden Dramas machte. Historiker, z. B. Jäger, charakterisieren ihn wie folgt: „Seinem trüben zerfahrenen Sinn tat eine kluge Lenkung not." (S. 248) „Bei der Unfähigkeit Rudolfs II., der zu Prag seinen Liebhabereien lebte, seinen Pferdestall musterte, Astrologie und Alchimie trieb, und, darin Kenner und verdienstvoller Förderer, seine Kunstsammlungen betrachtete . . ." (S. 253) „Zum Glück endete dieses traurige Regentenleben im Januar 1612." (S. 254) OSKAR JÄGER, Weltgeschichte, Bd. 3 (Bielefeld, Leipzig, 1908).

Rudolf ist weise wie machtlos. Seine Einstellungen über Krieg und Kriegsheldentum inmitten von Kriegen trennen ihn von seinen Zeitgenossen:

> Der Krieg, ich hass' ihn als der Menschheit Brandmal,
> Und einen Tropfen meines Blutes gäb' ich
> Für jede Träne, die sein Schwert erpreßt;
> Allein der Krieg in Ungarn, der ist gut.
> Er hält zurück die streitenden Parteien,
> Die sich zerfleischen in der Meinung schon.
> Die Türkenfurcht bezähmt den Lutheraner,
> Der Aufruhr sinnt in Taten wie im Wort,
> Sie schreckt die Eifrer meines eigenen Glaubens,
> Der seinen Haß andichtet seinem Gott.
> Fluch jedem Krieg! Doch besser mit den Türken
> Als Bürgerkrieg, als Glaubens-, Meinungsschlachten.
>
> (III, 1193 ff.)

Rudolfs Ansichten waren zu Grillparzers Zeit nicht populär. Lavandier kommt zu dem Schluß: „Wir sind berechtigt, zu glauben, daß vieles 1849 niedergeschrieben wurde." (S. 49) Kosch analysiert: „Ist Libussa gegenüber vermeintlichem Menschenrecht von der Gnade als Grundlage ausgegangen, so ergänzt Rudolf den überzeitlichen Begriff durch einen weiteren, den des Friedens. Er ist durchaus Pazifist."[22]) Libussa ist das freilich nicht weniger. Wie Rudolf ist auch sie Sprachrohr für Grillparzers Preußenkritik: „Mit den Worten ‚Ländergier‘ und ‚Ehre‘ wird die Anspielung auf Tendenzen wie sie später etwa dem preußischen Staatsgedanken entsprechen, die Grillparzer in mehr als einem seiner Epigramme scharf verurteilt, deutlich." (Kosch, S. 25)[23])

Die Kritik hat Rudolf als kauzig, verschroben oder wahnsinnig hingestellt. Er ist jedoch der einzige, der „sich zu völliger Harmonie durchringt". (Kosch, S. 26) Ohne ein idealer Herrscher zu sein, ist er trotz seines exponierten Amtes integer. Wie Don Cäsar andeutet, war er das nicht immer. Es ist bei Rudolf eine Veränderung vorauszusetzen, ähnlich wie bei Ottokar.

---

22 WILHELM KOSCH, Österreich im Dichten und Denken Grillparzers (Nymwegen, Würzburg, Wien 1946), S. 24. REINHOLD SCHNEIDER, Im Anfang liegt das Ende (Baden-Baden 1946), S. 45–46, stellt fest, Grillparzers Hradschin sei wie Shakespeares Tower ein Symbol, durch das die Dramen ‚Ottokar‘, ‚Bruderzwist‘ und ‚Libussa‘ zusammengehalten würden.

23 Ein Seitenhieb auf die Bemühungen Preußens, deutsche Kolonien zu sammeln. Ein Bund für deutsche Auswanderer wurde in Texas gegründet in der Hoffnung, der Staat möge deutsch werden, an England stellte man das Ansinnen, es möge einige Kolonien an Preußen abtreten. HEINRICH VON TREITSCHKE, Deutsche Geschichte des 19. Jahrhunderts (Leipzig 1928), S. 480.

Pflichttreue und Zögern im Handeln verbinden Rudolf mit Bancban und dem späten Ottokar. Im Gegensatz zu Matthias und Klesel, vor allem aber Ferdinand, ist er undogmatisch und hängt nicht an pseudo-objektiven Anliegen, wenn es um menschliche Belange geht.

> FERDINAND In Steier mindestens, in Krain und Kärnten
> Ist ausgetilgt der Keim der Ketzerei.
> An *einem* Tag auf fürstlichen Befehl
> Bekehrten sich an sechzigtausend Seelen,
> Und zwanzigtausend wandern flüchtig aus.
>
> RUDOLF Und ohne mich zu fragen?
> . . .
> Nun, ich bewundre Euch. – Weis deine Hände!
> Ist das hier Fleisch? lebendig, warmes Fleisch
> Und fließt hier Blut in diesen bleichen Adern?
> Freit eine andre, als er meint und liebt –
> Mit Weib und Kind, bei zwanzigtausend Mann,
> In kalten Herbstesnächten, frierend, darbend!
> Mir kommt ein Grauen an. Sind hier nicht Menschen?
> Ich will bei Menschen sein!
>
> (I, 473 ff.)

Rudolfs Religiosität fehlt der Fanatismus:

> Mein Bruder ist katholischer als ich.
> Er ist's aus Furcht, indes ich's nur aus Ehrfurcht.
> Die Glaubensfreiheit stünde gut mit ihm.
>
> (III, 1310 ff.)

Ohne Engstirnigkeit verbindet er den Glauben mit Ehrfurcht vor der Tradition. Er stellt Vernunft über Aberglauben. Fast ketzerisch ist seine Toleranz gegenüber Julius, dem er als erstem den Orden der Friedensritter überreicht. (III, 1236 f.)

Rudolfs Ambitionen gehen über den Horizont seiner Zeitgenossen hinaus. Sie wirken gefährlich, wie das unorthodoxe Interesse an der Astrologie. Im Gegensatz zu Schillers Wallenstein jedoch ist Rudolf nicht abergläubisch verblendet.

> So kennst du diese Kunst,
> – Wenn's eine Kunst – daß du so hart sie schmähst?
> Glaubst du, es gäb' ein Sandkorn in der Welt,
> Das nicht gebunden an die ew'ge Kette
> Von Wirksamkeit, von Einfluß und Erfolg?

. . .
Ich glaub' an Gott und nicht an jene Sterne,
Doch sind jene Sterne auch, sie sind von Gott.
Die ersten Werke seiner Hand, in denen
Er seiner Schöpfung Abriß niederlegte,
Da sie und er nur in der wüsten Welt.
. . .
Dort oben wohnt die Ordnung, dort ihr Haus,
Hier unten eitle Willkür und Verwirrung.

(I, 391 ff.)

Für Rudolf ist die Erde weder Höhepunkt noch Zentrum des Univer-
sums. Sein Weltbild ist kopernikanisch. Zwar setzt er, wie viele Intellektuelle der Renaissance, die Seinskette an, welche auf den Menschen zielt.
Dieser ist aber nicht im unmittelbaren Sinne mehr Kind Gottes. Rudolf
hat ein frühwissenschaftliches, kein religiöses Glaubenssystem. Seine
Spekulationen kreisen um das Willkürliche und Umkehrbare alles Bestehenden, die Relativität von Gut und Böse, Oben und Unten. (I, 434 ff.)
   Rudolf durchschaut die herrschende hierarchische Ordnung als Men-
schenwerk. Diese Erkenntnis unterminiert ihn als Herrscher. Er ist nicht
naiv genug, sich der Notwendigkeit der Veränderung nicht bewußt zu
sein. Die Komplexität seines Denkens hat eine Paralyse zur Folge. Anders
als Ferdinand oder Matthias ist ihm der rechte Weg nicht deutlich. Deshalb
kann er leicht Toleranz üben, denn er macht Religion zu einem privaten
Faktor, welcher die charakterliche Qualität eines Menschen nicht auf-
wiegt. Hier ist die Zeitanspielung deutlich: Der Übergang von Joseph II.
zu Franz' Bigotterie, die nach 1848 in der Franz Josephs ihre Nachfolge
findet.
   Rudolf der Herrscher am Rande des Chaos sieht mehr und mehr von
Idealforderungen ab. Realität bedeutet ihm mehr als moralische Postulate.
Da ihm die göttliche Seinsordnung nicht mehr absolut gilt, durchschaut er
dogmatische Regeln als willkürlich. Die Probleme manifestieren sich zunächst im traditionell Privaten. Don Cäsar, der natürliche Sohn Rudolfs
und als solcher ein Sohn der Illegitimität und Nicht-Ordnung, verlangt
eine rechtliche Ausnahme, also Willkür, für seinen Freund. Cäsar kann als
durchaus privater Mensch öffentliche und persönliche Belange nicht trennen. Er ist ein potentieller Despot. Wie Blankas Gatte sieht er nichts weiter als die eigenen Vergnügungen. Seine kindische Unreife drückt sich Lukrezia gegenüber aus: Er kann sich nicht vorstellen, wie sie ihn nicht lieben könnte.
   In der Szene zwischen Klesel und Matthias wird das Thema der ge-
fährdeten Ordnung fortgesetzt. Hier geht es um Politik, Matthias' miß-
lungene Rebellion. Matthias hatte kein ideologisches Anliegen, bei seinem
individuellen Machtstreben galten ihm die Mittel gleich.

134

> Doch war der Plan, gesteht es, göttlich schön:
> Hineinzugreifen in den wilden Aufruhr
> Und sich aus den Trümmern, schwimmend rechts und
> links
> Sich einen Thron erbaun, sich eigner Schöpfer,
> Niemand drum verpflichtet als sich selbst.

KLESEL   Ich seh' es kommen. Weht der Wind von daher?
> Hab' was du hast, woher du's hast, gilt gleich,
> Und find't sich wohl dabei.

(I, 106 ff.)

Klesel geht es nicht um moralische Skrupel, sondern formale Legitimitäts-
fragen. Er bedauert den Extremismus von „Maximilians unweisen Söh-
nen", (I, 124) hält sich jedoch an den, der ihm die meisten Vorteile verspricht.

Don Cäsars gewalttätige Subjektivität und Matthias' Rebellion be-
drohen die Gesetze auf dieselbe Weise. Beide setzen sich aus privaten Motiven über die etablierte Ordnung hinweg. Eine homogene Idee, die den
Staat als Ganzes zusammenhält, gibt es nicht, ebensowenig ein allen gemeinsames Wertsystem, das den Zusammenhalt garantieren könnte.

In den beiden Eingangsszenen liegen die Staatsangelegenheiten im ar-
gen wie zu Beginn von *Ein treuer Diener seines Herrn*. In *Bruderzwist* ru-
fen die radikal unterschiedlichen Arten der Realitätserfahrung der einzelnen Charaktere die chaotische Situation hervor. Rudolf flieht nicht, wie
Andreas, in den Krieg und vertauscht eine prekäre Stellung mit scheinbaren Heldentaten. Er verbirgt sich in seinem Schloß und isoliert sich selbst
gegen Nachrichten von außen.

Mit Rumpfs Hilfe schirmt er sich körperlich und psychisch ab, indem
er sich in Literatur und Studien versenkt. Rudolf ist verwundbar sowohl
aufgrund seiner Position wie seiner Veranlagung. Zuerst erweckt er den
Eindruck eines Sonderlings. Erst im Laufe des Dramas enthüllt sich, daß
nicht er, sondern seine Rivalen und Feinde dem Wahnsinn nahe sind.
Trotz seiner Verachtung für aktuelle Fragen schätzt er seine Umgebung
korrekt ein, z. B. Don Cäsar:

> Du schwärmst zu Nacht mit ausgelaßnen Leuten,
> Stellst nach den Kindern ehrbar stiller Bürger,
> Hältst dich zu Meutern, Lutheranern.

(I, 270 ff.)

Rudolfs Verstehen legt jedoch intime Kenntnis dessen, was er Cäsar zum
Vorwurf macht, nahe: Er selbst hat Frauen gegenüber mehr versprochen
als er hielt und hält sich zu Julius, dem Lutheraner. (I, 289 ff.) Obwohl

135

Rudolf Cäsar durchschaut, entschuldigt er ihn mit den Tendenzen der Zeit. (I, 324 ff.) In seinen Halbheiten manifestiert sich Rudolfs innere Zerrissenheit: Ohne das unerwünschte Kind zu verbannen, hält er den Schein der „Anständigkeit" aufrecht, indem er es verleugnet, Cäsar als lasterhaft erkennend, schreitet er nicht ein.

Ferdinand ist im Gegensatz zu Rudolf ein Dogmatiker und Tatmensch. Ihm fehlt die Vielschichtigkeit des Kaisers. Seiner skrupellosen Loyalität zur Kirche, dem Haß gegen die Ketzer sind alle Mittel recht. Ferdinands Entscheidungen sind von einer unpersönlichen Mechanik und in einem abstrakten Sinn korrekt – Entscheidungen eines *homme machine*. Rudolf, der sich für einen unbegabten und schwachen Menschen hält, besitzt keine automatische Sicherheit.

Das Zwiespältige an ihm liegt in der Zeit und in dem Amt begründet. Rudolf gehört dem vergehenden Mittelalter wie der Neuzeit an. Die innere Spannung hindert ihn an entschlossener Aktivität. Rudolf erkennt diesen Mangel auch an Matthias:

> Ist er denn tätig nicht?
> Er reitet, rennt und ficht. Wir beide haben
> Von unserm Vater Tatkraft nicht geerbt,
> – Allein ich weiß es, und er weiß es nicht.
> Was also noch? Zum mindsten will ich zeigen,
> Daß nicht der Sterne Drohn, daß euer Trachten,
> Die Heimlichkeit der nahverwandten Brust,
> Mißtraun gab und gibt. –
>
> (I, 445 ff.)

Rudolf verachtet Aktivität um jeden Preis, ganz im Sinne der mittelalterlichen Definition von Faulheit als richtungslose, sinnlose Tätigkeit. Jedoch handelt Rudolf manchmal gegen besseres Wissen, z. B. als er Matthias das Kommando in Ungarn anvertraut. Durch Inkonsequenzen dieser Art kommt ein Charakterzug zum Ausdruck, der Rudolf – auf liebenswerte Weise – von anderen Charakteren unterscheidet. Er hofft gegen alle Wahrscheinlichkeit. Einsicht, Wunsch nach Versöhnung und guter Wille liegen in Konflikt. Rudolf ist mehr der Milde als der Gerechtigkeit zugeneigt.

Die Mannigfaltigkeit seiner Charakterzüge werden in der Sprache nachgeahmt. Während die Sätze des kurzentschlossenen Ferdinand übersichtlich und klar sind, spricht Rudolf in verschlungenen, manchmal anakoluthen Sätzen, charakteristisch für Grillparzers Altersstil. Nicht nur intellektuell, auch sprachlich fällt es nicht leicht, Rudolfs Gedanken nachzuvollziehen – das gilt für den Zuschauer und die Personen des Dramas. (I, 466 ff.) Rudolf bewundert das Rationelle an Ferdinand wie man ein exotisches Tier bewundern mag – er versteht es nicht. Ferdinands Kälte fremden Leiden gegenüber ist ihm, wie seine Selbstverleugnung, widerlich.[24])

Rudolf wird zugänglich, da er in Reaktion auf zwei Extreme gezeigt wird, Cäsar und Ferdinand. Leopold, dessen Schwächen er kennt, steht ihm am nächsten, wohl, weil er in dem „verzogenen Fant / Hübsch und wild und rasch, bei Wein und Spiel und Schmaus. / Wohl selbst bei Weibern auch; man spricht davon . . .“ (I, 512 ff.) Züge seiner eigenen Vergangenheit erkennt.

Der erste Aufzug umreißt Konflikte von Konfession, Klassenunterschieden, Alt und Neu, Tradition und Pragmatismus. Der zweite führt Verwirrungen ein, die der Kaiser durch seine Inkonsequenzen herbeigeführt hat.

Matthias hat eine Niederlage erlitten. Die Verwirrung der Mengen ist derart, daß der Fahnenträger Freund und Feind nicht mehr unterscheiden kann. Der Ruf nach einem „Führer“ wird laut. Disziplin ist angesichts der revoltenhaften Zustände nicht aufrechtzuerhalten, weshalb der Oberst auf Bestrafungen verzichtet. Auf dem Niveau der Offiziere findet derselbe Konflikt statt wie zwischen Rudolf und seinem Hof, Rudolf und Ferdinand. Der Exkurs auf eine andere Ebene stellt dar, daß es bei Rudolf nicht um eine pathologische Studie, sondern die Einsichtigmachung typischer Reaktionen auf die Nöte der Zeit geht.[25]) Der Wertzerfall wird auf einer noch niedrigeren Ebene dargestellt. Kürassiere wollen einem Soldaten eine gefangene Türkin abnehmen. Die Frau wird reifiziert. Sie geht als Objekt an den Stärkeren. Dieser Tatbestand signalisiert in einem praktisch frauenlosen Drama die perversen zwischenmenschlichen Beziehungen. Der Cäsar-Lukrezia-Konflikt ist kein Auswuchs der Korruption unter Adligen, sondern allgemeines Phänomen.

Rein äußerlich fehlt die Balance zwischen den Geschlechtern durch die Abwesenheit weiblicher Charaktere. Die dargestellten Frauen sind nicht mehr als Dinge. Lukrezia wird wie ein Tier getötet, weil sie Cäsars Erwartungen nicht erfüllt, die Türkin als Beute herumgeführt. „Mein ist die Heidin zehn- und hundertmal. / Ihr Haus in Gran fiel mir zum Beuteteil, / ich war's der ihren Bräutigam erschlug, / Drum ist sie mein und das von Rechts wegen.“ Als der Kürassier seinen Anspruch mit dem Einverständnis der Frau rechtfertigen will, „Mir drückte sie die Hand“, will der Soldat sie töten. „Ist's wahr? – Sie kann nicht reden. Wenns wahr, so spalt ich ihr den Kopf. Doch jetzt, / Jetzt ist sie mein und –“ (II, 601 ff.)

Die zur Sprache kommenden Damen werden nicht anders behandelt.

---

24 In Tagebücher V, S. 87 charakterisiert Grillparzer: „In Robespierre ist etwas das selten vorkommt . . . die Exaltation eines kalten Gemüts.“
25 JOST HERMAND, Die literarische Formenwelt des Biedermeiers (Gießen 1958), S. 189.

Ferdinand läßt die von ihm umworbene Fürstin fallen und wählt eine andere aus ideologischen Gründen. Rudolf hat offenbar Cäsars Mutter fallengelassen. Seine Reaktionen auf Cäsars Vorwürfe indizieren jedoch Skrupel.

Die Familieneinheit ist im Verfall begriffen. Brüder sind verfeindet, das Vater-Sohn-Verhältnis undurchsichtig und voll von Haß. Die Untergebenen, ähnlich wie die Familienmitglieder, erkennen traditionelle Positionen nicht mehr an. Nicht anders steht es um die Religion. Klesel betreibt seine Machtpolitik, ohne sich um die Belange der Kirche zu kümmern. Der Umgangston in Matthias' Lager zeugt von der Irrelevanz der Konfessionen im Glaubenskrieg. Die Truppen betreiben Rottenbildung. Es geht nicht um Überzeugungen, sondern um Geld und Abenteuer

Zwielichtig sind die Beweggründe für Krieg und Frieden. Maximilian, ein beleibter, wohlbehaglicher Mann ist aus Bequemlichkeit gegen den Krieg. Matthias, eher gedankenlos als rebellisch, protzt mit der Todesgefahr in der Schlacht, vergessend, daß er durch seine Niederlage Grund für den Tod vieler war. Seine ländlich-einfache Kleidung ist eine inadäquate Maskerade. Mißerfolge schiebt er auf andere. Die wahren Opfer – ein Drittel der Truppen – bezeichnet er als schlimm. (II, 724) Für erneute Aggression gebraucht er das alte Argument „Es drängt die Zeit; / Wir selbst sind die Bedrängten." (II, 936 f.) Mit der Borniertheit des Kriegemachers empfiehlt er:

> Sie mögen sich den Krieg einmal besehn,
> Mitmachen etwa gar – dergleichen frommt
> Für Gegenwart und Zukunft,
>
> (II, 748 ff.)

Zynismus, wie er Brechts *Mutter Courage* entnommen sein könnte.

Matthias ist auf gefährliche Weise naiv. Er handelt, weil er nichts Besseres kann. Klesel unterstützt den Frieden, um einen weiteren Krieg anzuzetteln, den gegen die Protestanten. Leopold ist für kriegerische Auseinandersetzungen aus kindischem Abenteuersinn:

> Ich aber will nur, was ich selber will,
> Und Herrscher heißt, wer herrscht nach eignem Willen.
>
> (II, 845 ff.)

Ferdinand, dem Dogmatiker, ekelt vor Leopolds Prinzipienlosigkeit und Selbstbezogenheit. Don Cäsar trennt von Leopold ein Unterschied: Des letzteren Wille geht mit dem des Kaisers konform und überschreitet nicht die Grenzen des rechtlich Erlaubten. Nicht zufällig wird ihm Lukrezia über den Weg geschickt. Auch er reagiert auf sie mit stereotyper Galanterie. (III, 1122 ff.) Aus dieser gemischten Gruppe heraus wird Matthias die Macht übertragen. Nicht nur er, die Dynamiken politischer Entscheidungen und Zufälle, werden charakterisiert.

Kleidung ist bei Grillparzer von Bedeutung. Es ist wichtig, daß ein Mächtiger sich seiner Position gemäß, nicht über und nicht unter seinem Stande, präsentiert. Rudolfs Kleider werden kaum erwähnt, denn er scheint sich seiner Position gemäß zu kleiden. Auffallend ist, wenn ein Mann, z. B. König Ottokar, sich in Prunkgewänder wirft, eine Frau wie Rahel, sich ungebührlich reich schmückt, oder, wie Libussa, in unstandesgemäße Gewänder gehüllt wird. Es ist Vorsicht angebracht bei denen, die ihr Licht unter den Scheffel stellen, indem sie sich bewußt schäbig kleiden wie Matthias, Primislaus oder Rudolf I. und damit die Machtverhältnisse verschleiern. Sie machen sich einer meist demagogisch intendierten Täuschung schuldig, versuchen sich den Untertanen anzubiedern. Nie ist der Herrscher oder Heerführer in der Lage seiner Leute, denn er hat die Macht – und die Verantwortung – für das Leben vieler. Nie teilt er ihre Situation, denn er kehrt in geschmückte Zelte, einen privilegierten Lebenskreis, zurück. Nicht sie, er gewinnt.

Die ärmliche Kostümierung ist Indiz für das mangelnde Urteilsvermögen des Mächtigen und seine Verantwortungslosigkeit. Er will wohl die Macht, aber nicht die Folgen tragen.

Cäsars Rotte, die Lukrezia und ihren Vater überfällt, das Privatheer Leopolds, bringen die Tiefe der Verwirrung zum Bewußtsein. Rudolfs „Will allein sein!"[26] (I, 214) ist der aus der Einsicht in die Machtlosigkeit resultierende Wunsch nach Ruhe.

> Damit ich lebe, muß ich mich begraben,
> Und wäre tot, lebt' ich mit dieser Welt.
> Und daß ich lebe, ist vonnöten, Freund.
> Ich bin das Band, das diese Garbe hält,
> Unfruchtbar selbst, doch nötig, weil es bindet.
>
> (III, 1170 ff.)

---

26 GEORGE A. WELLS, The Plays of Grillparzer (London 1969), S. 113, sieht in dem Rückzug des Kaisers etwas Pathologisches. Auch BRUCE THOMPSON, Franz Grillparzer (Boston 1981), S. 110, weist auf die Desillusionierung des Herrschers hin. Wertvolle Hinweise zu Rudolfs Charakter sind in der Seminararbeit von LYDIA KEGLER, „The Public and the Private Person: Ein Bruderzwist in Habsburg" aus meinem Grillparzer-Seminar Winter 1983, The Ohio State University, Columbus, enthalten.

Rudolf haßt die Macht und ihre Ausübung, er zöge es vor, für sich zu sein.[27]) Er bewegt sich auf einen Tiefpunkt des Überdrusses zu. Daß er keine statische Figur ist, drückt Julius von Braunschweig aus: „Der Kaiser starb; ob auch der Mensch genese." (IV, 2434) Rudolf ist gespalten wie seine Zeit.

Julius erinnert an Gora und Bancban und reflektiert Rudolf. Tragen die meisten Gestalten des Dramas Masken voreinander, so ist Julius aus einem Guß. Rudolf offenbart ihm seine geheimsten Wünsche:

> Ich erdacht im Sinn mir einen Orden,
> Den nicht Geburt und nicht das Schwert verleiht,
> Und Friedensritter soll die Schar mir heißen.
>   . . .
> Auf daß sie weiterhin durch die Welt zerstreut,
> Entgegentreten fernher jedem Zwist,
> Der Ländergier und was sie nennen Ehre,
> Durch alle Staaten sät der Christenheit,
> Ein heimliches Gericht des offnen Rechts.
>
> (III, 1215 ff.)

Frieden zum höchsten Anliegen zu erklären zeigt die Entfremdung zwischen Rudolf und seinen Zeitgenossen, aber auch die Distanz der Zuschauer und Kritiker. Frieden zum höchsten Anliegen zu erklären in einer Zeit, die wie die der letzten Hälfte des 19. Jahrhunderts sich im Säbelrasseln gefiel, Ehre und Expansionsdrang in den kurzlebigen Aufstiegsrausch der deutschsprachigen Länder abzuwerten mag, zusammen mit Rudolfs Egalitätsgedanken und seinen nüchternen Betrachtungen zum Herrschertum, ärgerlich geklungen haben.

> Nicht außen auf der Brust trägt man den Orden,
> Nein, innen, wo der Herzschlag ihn erwärmt.
>
> (III, 1227 ff.)
>
> Glaubst: in Voraussicht lauter Herrschergrößen
> Ward Erbrecht eingeführt in Reich und Staat?
> Vielmehr nur: weil ein Mittelpunkt vonnöten,
> Um den sich alles schart was Gut und Recht
>
> (III, 1177 ff.)

---

27 MAGRIS, S. 129, merkt an: „So wird jenes pathetische Unklug, der Verzicht auf jede Genialität, zum Ruhmestitel, mit dem sich das verfallende Reich umgibt. In dem Wort steckt aber auch verschwiegenes Leid, der Begriff von der Macht als schmerzliches Kreuz und des vom Schicksal geschlagenen Herrschers: auch dies wird zum Kennzeichen des Franz-Josef-Mythos und zur wichtigsten Verschleierung der traurigen geschichtlichen Wirklichkeit seiner Regierungszeit."

So auch die Ansicht über den Menschen:

> Des Menschen Recht heißt hungern, Freund, und leiden, . . .
>
> (III, 1267)

beinahe eine Vorwegnahme des Brecht-Gedichtes „Auf die Erde voller kaltem Wind . . ."[28])

Rudolf ist andererseits aus der Fülle kommender Macht nicht abgeneigt. Um sich herum jedoch erkennt er Korruption von innen her. (III, 1278 ff.) Er spricht von Niedrigkeit, doch nicht von der der Geburt, sondern der der Zwecke. Allerdings verliert er in seinen Analysen leicht Einzelheiten aus dem Auge, wenn sein Blick für die großen Tendenzen auch richtig ist. So kann es vom Autor her nur sarkastisch sein, wenn er Rudolf optimistisch erklären läßt:

> Mein Haus wird bleiben immerdar, ich weiß
> Weil es mit eitler Menschenklugheit nicht
> Dem Neuen vorgeht oder es begleitet,
> Nein, weil es einig mit dem Geist des All,
> Durch klug und scheinbar unklug, rasch und zögernd,
> Den Gang nachahmt der ewigen Natur . . .
>
> (III, 1289 ff.)

Solche, den Umständen unangemessenen Analysen veranlassen den Kaiser, die Rebellion des Matthias nicht ernstzunehmen. (III, 1298 ff.) Julius dagegen hat den Scharfblick gepaart mit der Skepsis, die durch die Lage gerechtfertigt ist.

> Ihr seid verraten, hoher Herr, verkauft.
> Indes Ihr lernt, lehrt Ihr der Welt den Aufruhr,
> Der schon entfesselt tobt in Euern Städten.
>
> (III, 1340 ff.)

Julius denkt pragmatisch und trennt religiöse, private, staatliche Handlung, ohne daß sich ein Bereich bei ihm von den anderen ganz löst. Die Verwirrung der Lebensbereiche, sei es durch zu große Spezialisierung oder durch mangelndes Abstraktionsvermögen wird den anderen Charakteren zum Problem. Julius ist integer. Er rückt die Verworrenheiten Rudolfs ins Blickfeld, ohne den Kaiser abzuwerten. Julius' rückhaltlose Bewunderung für Rudolf wiegt umso schwerer, als sie von einem Mann mit unzweifelhaften Qualitäten kommt. (III, 1231 ff.)

---

28 BERTOLD BRECHT, Gesammelte Werke, Bd. 8 (Frankfurt 1967), S. 205.

Trotz seines Wissens glaubt sich Rudolf mächtig genug, Lukrezia durch sein Wort schützen zu können. Mit offenem Ungehorsam rechnet er nicht. „Der freche Sohn der Zeit", so nennt er Cäsar. Ironischerweise setzt sich Rudolf in diesem Gedanken mit Chronos, der Zeit, gleich, denn er selbst ist der Vater dieses Sohnes. Die Parallele ist nicht zufällig, denn Verzögerung betrachtet Rudolf als seine große Waffe.

Verschiedentlich läßt sich seine Loslösung von der Realität wahrnehmen. Weder will der Kaiser den Ernst seiner Lage zur Kenntnis nehmen, noch aktuelle Information, da die Informanten unzuverlässig sind. Sein Mißtrauen der Rhetorik gegenüber dagegen ist gerechtfertigt. Rudolf weigert sich, sich Klasseninteressen als allgemein vorspiegeln zu lassen.

> Ich will hinüber zu den treuen Ständen;
> Treu nämlich, wenn – und ehrenhaft, obgleich –
> Anhänglich auch, jedoch – wahrhaftig, nur daß –
> Und wie die krummen Wege alle heißen,
> Auf denen Selbstsucht und Gemeinheit.
>
> (III, 1482 ff.)
>
> Das Volk! Ei ja, das Volk!
> Habt ihr das Volk bedacht, wenn ihr die Zehnten,
> Das Herrenrecht von ihnen eingetrieben?
> Das Volk, das sind die vielen leeren Nullen,
> Die sich gern beisetzt, wer sich fühlt als Zahl,
> Doch wegstreicht, kommt's zum Teilen in der Rechnung.
>
> (III, 1543 ff.)

Hier entsprechen Grillparzers Anschauungen denen Rudolfs vollständig, man denke an die schweren Vorwürfe gegen den Adel und besonders den „liberalen" Adligen gegenüber, die Verurteilung der Demagogen, die das Volk zu ihrem Vorteil manipulieren. Rudolf weist den Wortführer der Stände, ein Mitglied der Mittelklassen, zurecht, als er sich als „Volksabgeordneter" aufwirft.

Rudolf lehnt die Unterdrückung und Ausbeutung der Besitzlosen durch die Adligen, Stände und Kirchenfürsten ab, ohne etwas unternehmen zu können, denn zwischen ihm und dem „Volk" stehen die höheren Mittelklassen. Im Gegensatz zu diesen ist Rudolf tolerant gegen die verschiedenen Überzeugungen, liberal in dem Sinne, daß er erlaubt, was ihm nicht liegt, eine große Gefahr für den Herrscher. (III, 1569 ff.)

Dagegen ist Rudolfs Weltbild, das sich in Reflexionen und Verhandlungen dartut, statisch und traditionsgebunden. Er verteidigt die alte Ordnung und fordert in ihrem Namen das Festhalten an dem Hergebrachten. (III, 1599 ff.) Rudolf scheitert an seinem eigenen inneren Zwiespalt. Er will z. B. Leopold hören und nicht hören, denn er möchte einerseits sich durchsetzen, andererseits muß er sich in die Realität fügen. Die Situation erinnert an *Maria Stuart:* Leopold läuft mit dem kaiserlichen Befehl davon, obwohl Julius ihn aufhalten will, wissend, der Kaiser muß sich anders besinnen. Rudolfs Machtlosigkeit beginnt bei ihm selbst und führt zu den unabsehbaren Konsequenzen und externen Verwirrung, so dem Kampf zwischen Bürgern und Soldaten in Prag.

Von den Vorgängen des Männerstaates wird Lukrezia ausgeschlossen. Ihre Kritik ist daher von Bedeutung für das Gesamtbild:

> Es kommt der Tag, allein mein Vater nicht.
>
> . . .
>
> Und er verläßt sein Kind in dieser Not.
> O daß die Männer nur ins Weite streben!
> Sie nennen's Staat, das allgemeine Beste,
> Was doch nur ein Trachten nach dem Fernen nur.
> Gibt's denn ein Bestes, das nicht auch ein Nächstes?
> Mein Herz sagt nein, nächstpochend an die Brust.
>
> (IV, 1885 ff.)

Die Lage in Habsburgs Staat wird nicht nur allgemein, sondern geschlechtsspezifisch kritisiert. Das Übergewicht der Männerwerte veranlaßt Lukrezia, die Gültigkeit ihrer Gefühle zu befragen, obwohl sie die Mißstände um sich erkennt. Sie ist vereinsamt, verunsichert, ihre Stimme zu nichts reduziert. Die verzerrte Beurteilung tritt in der Szene mit Don Cäsar zutage. Rudolf trotz seiner Großmut teilt sie:

> Wir danken Euch und denken Eure Tochter
> Zu schützen gegen ihn; vorausgesetzt,
> Daß sie nicht selbst, wie etwa Weiberart,
> Ihn anfangs tändelnd angezogen –
>
> (III, 1365 ff.)

Die Vorstellung, daß nicht der Mann in eigener Verantwortung, sondern durch die Frau verführt, handelt, liegt auch in Cäsars: „Was ist das auch: ein Weib? Halb Spiel, halb Tücke, / Ein Etwas, das ein Etwas und ein Nichts . . ." (IV, 1914 ff.)

Lukrezia zeigt auf, daß die Hoch- und Geringschätzung der Frau ein und dasselbe Phänomen in verschiedener Verkleidung sei:

> Wie ohne Grund Ihr mich zu hoch gestellt,
> So stellt Ihr mich zu tief nun ohne Grund . . .
>
> (IV, 1950 f.)

Die Frau ist Wunschbild, nicht Individuum und wird nur vom Standpunkt des Manns wahrgenommen. So wird sie sich selbst entfremdet und beginnt, sich als seine Reflexion ohne soziale Realität zu sehen.

Lukrezia tritt den galanten Kavalieren konsequent ablehnend gegenüber auf. Cäsars Gewalttat richtet sich gegen eine Frau, die mit seinem Phantasiebild nicht konform geht. Unfähig, eine Abfuhr hinzunehmen, ist er darauf aus, Lukrezias Unwert zu beweisen. Seine vergeblichen Bemühungen, sie zu einer Beichte zu zwingen, führen zum Mord. Wenn er ihren Körper nicht besitzen kann, versucht er, sie geistig zu erniedrigen. Nur erniedrigt oder tot ist sie ihm denkbar. Rudolfs einsichtigere, wenngleich immer noch ambivalente Haltung scheint Produkt seines höheren Alters.

Der frauenlose Kaiser, das frauenlose Reich, die ermordete Bürgertochter, die vergewaltigte und erniedrigte Türkin stellen eine monumentale Sozialkritik dar – des Reichs Rudolfs wie des Franz Joseph und seiner *imperatrix abscondita*. Rudolf selbst nimmt in seinem Entschluß, Cäsar verbluten zu lassen, die Dimensionen der großen Mutter an. Noch einmal werden die Implikationen des Kaisertums deutlich: mütterliche und väterliche Macht über die Untertanen, Herrschaft über Leben und Tod. Rudolf belegt die Fragwürdigkeit einer solchen Macht. Sein zeitweiliger Mangel an Kompetenz oder geistiger Klarheit mag kein Grund sein, den Menschen abzuurteilen, aber sie qualifizieren doch niemanden zum Herrschen. Die Tragödie ist, daß ein Mensch die Stelle des Monarchen innehat.

Bruderzwist wie *Ottokar* und *Ein treuer Diener seines Herrn* kritisieren die Institution der Monarchie, nicht einen spezifischen Monarchen.[29]) Rudolfs Tod hat durchaus tragische Implikationen. Der in Prag gefangene Kaiser ist am Tiefpunkt seiner Macht, schwach und zwiespältig. Die, die ihn ersetzen könnten, sind noch unfähiger als er. Matthias hat das gesamte Drama hindurch seine Inkompetenz unter Beweis gestellt. Zu Herrschaftsantritt ist er ein Schatten seiner selbst, ausgebrannt wie Rudolf bei seinem Tod:

> O Bruder, lebtest du und ich wär tot!
> Gekostet hab ich was mir herrlich schien,
> Und das Geben ist mir darob vertrocknet,
> Entschwunden jene Träume künft'ger Taten,
> Machtlos wie du wank ich der Grube zu.
>
> (V, 2920 ff.)

---

29 ANTON BISTRICKY, Grillparzers Bruderzwist im Hause Habsburg im Spiegel seiner politischen und geschichtlichen Auffassungen (Wien: diss. masch., 1947), S. 18, stellt fest, das Drama lasse der Legitimität wegen das erbliche Kaisertum für wünschenswert scheinen. S. 23 heißt es, die „erbliche Herrschergewalt sei urgesetzlich, naturgegeben, von göttlicher Allmacht vorgesehen". Sie sei göttliche Sendung.

Der fünfte Aufzug bringt keine Lösung der Konflikte, tritt man aus dem Rahmen des Werkes heraus. Grillparzer konstruierte das Werk bewußt um diese beiden Herrscher und den 30jährigen Krieg. Es findet ein Rollentausch statt von einem schwachen Herrscher zu einem schwächeren, der nicht einmal die Altersweisheit seines Bruders besitzt. Die Zukunft steht im Zeichen eines neuen Ethos und einer ideologisch-rationellen Herrscherkaste, die ohne die Skrupel der vorigen Generation verfährt. Die Tyrannen der Vergangenheit vom Zuschnitte des Don Cäsar – nicht umsonst wird durch die Namen Lukrezia und Cäsar auf die Borgias verwiesen – die, motiviert durch private Leidenschaften mit relativ geringer Breitenwirkung agierten, gehören zu den „Alten". Diesen ist der seinem eigenen Wohlleben nachstrebende Maximilian, der doppelzüngig auf Kosten anderer Witze macht, zuzurechnen, sowie die schmeichlerische Hofschranze Rumpf, Klesel, der Intrigant, der unter selbstloser Maske für seine eigenen Vorteile wirkt und Matthias, der inkompetente *miles gloriosus*. Der junge, unbedachte Leopold schließt den Kreis. Alle diese sind bekannte Typen, die von einem individualistischen Standpunkt her agieren.

Dagegen stehen die Vertreter einer „Sache", so Ferdinand, der sich aus Gründen der politischen Korrektheit verheiratet oder verlobt. Entselbstet betrachtet sich als Instrument. Verwandt ist ihm der Mörder Seyfried, der mechanisch mit Präzision tötet, eine andere Art als das Affektverbrechen Rudolfs an Cäsar.

Seyfried tötet und führt das Wort Recht im Munde, ein Leitwort auch bei Ferdinand. Gleich nach dem letzteren tritt Wallenstein auf, dessen Name mit dem kommenden Krieg verbunden ist, welcher die Bevölkerung von Zentraleuropa auf ein Drittel reduziert, ein professioneller Feldherr, gleich auf welcher Seite. Ferdinand erkennt ihn gleich als seinesgleichen:[30])

> Ihr seid mein Mann!
> Drum eben ist Gewalt Gewalt genannt,
> Weil sie entgegentritt dem Widerstand.
> Und wie im Feld der Heeresfürst gebeut,
> Nicht fremde Meinung oder Tadel scheut,
> So sei auch in des Landes Regiment
> *Ein* Gott, *ein* Herr, *ein* Wollen ungetrennt.
>
> (V, 2744 ff.)

---

30 HARALD ANTON REGER, Das Sprachbild in Grillparzers Dramen (Bonn 1968), S. 428, weist auf die im Gegensatz volkstümliche Sprache Rudolfs.

Fast könnte es sich um eine versifizierte Parodie auf Clausewitz' *Vom Kriege* handeln. Der Zuhörer des 20. Jahrhunderts wird auch an Schlagworte wie *ein* Volk, *ein* Reich, *ein* Führer denken. Grillparzer scheint totalitäre Tendenzen hier hellsichtig aufzuspüren. „Der Krieg ist gut, und währt' er dreißig Jahr'", (V, 2863) sagt Wallenstein, als Echo auf Rudolfs frühere Aussage. In seinem Munde nehmen die Worte eine neue Bedeutung an.

Wallenstein ist ein Karrieremacher des Krieges, konstitutionell mit Ferdinand und Breuner verwandt. Letzterer erinnert mit seiner Selbstcharakteristik an Primislaus: „Ich vom selben Stoff wie meine Waffen: Die Faust von Eisen und die Brust von Erz." (V, 2701) Ton und Tenor von Bismarckreden schwingen mit.

Grillparzers Werk warnt vor der Verherrlichung von Härte und Disziplin als Selbstwerte. Die vorgeschobene Sachlichkeit ist wie bei Ferdinand, Breuner und Wallenstein maskierte Skrupellosigkeit. Der brutale Ehrgeiz und die Fäuste aus Eisen behalten in der Tragödie die Oberhand. Das Kaisertum, schon unter Rudolf verfallen und ein Fiasko unter Matthias, hat abgewirtschaftet – bei Grillparzer schon vor dem 30jährigen Krieg.[31]

Rudolfs Vorstellungen von der Zukunftsträchtigkeit seines Hauses sind Illusionen. Das Drama stellt dar, wie Fortschritt erzielt wird: mit Hilfe von Durchsetzungsvermögen und Waffen – nicht besserer Einsicht, Wissen oder Menschlichkeit. Wie *Libussa* ist *Bruderzwist* auch eine schmerzliche Bestandaufnahme der Werte der Aufklärung. An einer disparaten Personengruppe werden die Beweggründe für politische Entscheidungen dargelegt und das Element des Zufalls an historischen Prozessen exponiert. Fortschritt um des Fortschritts willen ist ein fragwürdiger Wert. Rudolfs Zeit besitzt keine hervorragenden Führer. Die, die sich dazu machen wollen, sind am wenigsten geeignet.

Das Kaisertum, so geht hervor, gewährt keine adäquate Staatsführung, weder für die Sicherheit des einzelnen noch ganzer Gruppen. Das Amt des Monarchen unterhöhlt die Integrität des Herrschenden und der Beherrschten. Monarchsein ist eine Unmöglichkeit. Gleich, welche Gestalt sich an Rudolfs Platz befände, die Folgen wären katastrophal. *Bruderzwist* ist antimonarchistisch. Der Kaiser ist nur ein an seine Zeit gebundenes Individuum, fehlbar und schwach.

Rudolf ist sich dieses Dilemmas bewußt und versteckt sich hinter seinem Titel, da ihm seine Persönlichkeit zum Problem geworden ist. Wir-

---

31 KÅRE LANGVIK-JOHANNSEN, Im Namen kaiserlicher Majestät. Zur inneren Handlung in Grillparzers ‚Ein Bruderzwist in Habsburg' (Wien 1975), geht auf die Strukturen im Werkinhalt im Kontext ein.

kungsvoll ist, daß Grillparzer einen wohlmeinenden, idealistischen Herrscher auftreten läßt. Bei einem Böswilligen ließe sich einwenden, daß nicht die Regierungsform, sondern der Herrscher Grund für die Fehlschläge sei. Grillparzer jedoch entlarvt die Tradition der „großen Männer".

Als andere Möglichkeit wird die Macht der Stände erwogen, die mit ihrem angeblichen Volksinteresse für sich plädoyieren. Rudolf demonstriert, daß diese Sprecher das Volk nicht vertreten, sondern auch zu seinen Ausbeutern gehören. Ein Blick in die Verhältnisse des Adels legt dar, daß von hier und den Mittelklassen keine Lösung zu erhoffen ist.

Werkintern wird der deprimierende Effekt des Trauerspiels nicht gemildert. Rudolf stirbt, ohne daß eine Systemveränderung imminent sei. Von den institutionalisierten Religionen ist nichts zu erhoffen. Die Kirchen predigen Haß.

Die neue Zeit ist problemgeladen wie die alte. Die Regierung steht von vornherein auf tönernen Füßen. Das Volk – die Nullen – bleiben weiterhin unberücksichtigt, aber umso rücksichtsloser im Krieg eingesetzt. In der Analyse der Kaiserherrschaft, aber auch in der Darstellung des Herrschers lassen sich Konturen von Franz Josephs Zeit erkennen: die Auseinandersetzung Österreichs mit den preußischen Werten, die endgültige Niederlage der Donauländer, die kulturellen Konflikte der Zeit und die Phänomene, die unter dem Schlagwort vom Untergang des Habsburgerreichs subsumiert werden.

Der Adel

Das Wort „Aristokrat" habe in neuerer Zeit mit Recht einen üblen Klang, merkt Grillparzer 1844 an. *(Tagebücher* V, S. 87) Diese Überzeugung ist nicht neu gewonnen, sondern es gehen ihr Erkenntnisse voraus, die sich schon in Gedichten niedergeschlagen hatten.[1]

Ein treuer Diener seines Herrn

Ein treuer Diener zeigt die höheren Adelskreise nach der Abreise des Königs unter sich. Das Trauerspiel ist geradezu die Antithese zu *König Otto-kars Glück und Ende.*

Schon um 1821 merkt Grillparzer an: „Die hübsche E**, ohne über-flüßgen Geist, aber jung und blühend an einen bejahrten, fast widerlichen Mann verheiratet, der ihr aber an Bildung überlegen ist, und sie durch Ge-fälligkeiten und Aufmerksamkeiten an sich zu fesseln oder vielmehr zu gewöhnen weiß . . . Sie findet offenbar Wohlgefallen an manchen Män-nern, besonders an solchen von hübscher Außenseite, aber ihr Wunsch wird nie zum Verlangen, und selbst der Wunsch geht nie so weit, daß sie dächte: O wäre doch ein Solcher mein Mann! sondern höchstens: O wäre doch mein Mann ein Solcher!" *(Tagebücher* I, S. 144–45, 1821)

Neben der Liebeshandlung spielen ethnische Probleme verbunden mit der Frauenfrage eine Rolle: „Er schätzt Erny'n gering, wie alle Be-wohner Ungarns, wie – alle Weiber." *(Briefe und Dokumente* II, S. 13) Dazu tritt die Frage um die Monarchie, die umso interessanter ist, als der König verschwindet und nur höher- und niedergestellte „Untertanen" die Handlung tragen. Besonders auffällig ist der Konflikt zwischen dem deut-schen Hochadel und den Ungarn, von denen einer Stellvertreter des Kö-nigs ist. Der *rex absconditus* ist Thema, nachdem in *Ottokar* die Gegen-wart des Monarchen oppressiv gewesen war. Das Drama legt dar, daß es nicht damit getan ist, einem ehemals Untergebenen die Macht zu geben –

---

1 „Satire gegen Metternich und Gentz." Gedichte II, S. 64–65, 1824. „Der liberale Kava-lier." Gedichte III, S. 80–81, 1837, u. a.

eine Umstrukturierung aller Verhältnisse wäre nötig, damit Bancban sein Amt erfolgreich ausüben könnte. Die Abwesenheit des Königs ist, wie die Dinge liegen, tatsächlich ein Dilemma.

Die Unruhe setzt nicht erst ein, als Andreas das Land verläßt. Noch während seiner Anwesenheit manifestieren sich bedeutende Probleme innerhalb des Reiches, so daß es scheint, daß der König in den nicht weiter spezifizierten Krieg zieht, um die Verantwortung für mögliche Aufstände von sich abwälzen zu können.

Zunächst zeigt sich die Unruhe durch die Belästigungen Bancbans und Ernys durch Otto von Meran. Für das Trauerspiel hat Grillparzer den ursprünglich entworfenen Charakter dahin verändert, daß Erny Bancban, nicht umgekehrt, in die Ehe gebeten hat.

> BANCBAN Ich weiß wohl, was sie sagen: Seht den Alten,
> Er freit ein junges Weib. Er täuscht, man zwingt sie.
> Sag Erny selbst, wardst du getäuscht, gezwungen?
> Von wem? und wann? Als Nemaret, dein Vater,
> Im Tod zusammenfügte unsre Hände,
> Der blühenden Tochter und des Jugendfreundes,
> Dem Schutz dich anvertrauend eines Gatten,
> Wer zögerte, dein rasches Wort zu nehmen?
> Wer schob die Heirat auf? Wer bat, beschwor dich,
> Dein Alter zu bedenken, und das seine?
> Allein du wolltest, und er fügte sich,
> Weiß Gott, wie gern. Wenns nun dich reut –
> ERNY Bancban
> So lag der Prinz vor mir auf seinen Knien,
> So werf ich mich vor dich hin, ach, und schwöre . . .
> (II, 885 ff.)

Indem Erny den Antrag des Prinzen in einen Treueschwur gegenüber Bancban umwandelt, begibt sie sich in die Bühnenrolle des werbenden Mannes. Sie ist, wie Kunigunde, als Ungarin freier als die Österreicherinnen.

Erny hat ein Auge für das andere Geschlecht und eine Neigung zum Flirt, Galanterie, die der westlichen Sexologie nach beim männlichen Geschlecht vorausgesetzt wird. Das heißt nicht, daß sie untreu werden will. Otto von Meran weiß ihr aggressives Verhalten nicht zu deuten.[2] Die Ehe zwischen Bancban und Erny ist die einzige gute Liebesverbindung in Grillparzers Werk, die einzige, in der von Liebe und Vertrauen, von

---

2 FRIEDRICH GUNDOLF, Beiträge zur Literatur- und Geistesgeschichte (Heidelberg 1980), S. 367–368. Er hat auch durchaus unrecht, Erny als „geborenes Opfer" zu bezeichnen. (S. 371).

Kommunikation und Toleranz die Rede sein kann. Trotz der Anschläge und des Altersunterschiedes respektieren die Partner einander und haben ein herzliches, intimes Verständnis.

Das sei deshalb hervorgehoben, da generationslang die Kritik gerade diese Ehe für verfehlt hielt und sich sogar bemühte, Ottos Vorgehen zu rechtfertigen. Politzer mit seinem traditionellen Verständnis von der Rolle der Frau führt aus: „Erny hat den Anfang gemacht und dem Herzog ein Zeichen gegeben . . . Seither hat sich ihr Unbehagen zum Gefühl der Schuld an ihrem Gatten vertieft."[3] Grillparzer schlug vor: „Wenn nicht aus dem Betragen Ernys hervorgeht, daß sie früher doch einiges, wenngleich unschuldiges Wohlgefallen an dem Prinzen gehabt, so handeln die ganzen drei ersten Aufzüge *de lana caprina.*"[4]

Grillparzer räumt Erny eine weitergefaßte Rolle ein als Kritiker des 20. Jahrhunderts. Dementsprechend ist Politzer von Otto mehr fasziniert als der Autor. Erny hat sich – ohne tiefergehende Absichten – den Prinzen gründlich angesehen. „Sonst war der Prinz doch artig, scheu vielmehr. / Was sah er wohl an mir, das ihm zu solchem / Tolldreisten, frevlem Treiben gab den Mut?" (I, 118 ff.) Ernys Worte an die Kammerfrau stellen ihr Interesse in einen oberflächlichen Kontext, etwa den eines Spiels, wie es die Königin inszeniert.

> Was Scherz ist, tadl' ich nicht.
> Nun auf! ein jedes wähle den Gefährten,
> Dem es bei Tanz und Tisch die Rechte gönnt. –
> Nicht so! – Nein, das Verbundne laßt uns trennen!
> Des Gatten, des Geliebten Recht erlischt
> Beim frohen Fest, das Fremdes soll verbinden.
>
> (II, 502 ff.)

Ist Ernys Zuneigung zu Bancban kein Gesellschaftsspiel, so ist ihr Flirt mit dem Herzog kein Ernst.

Über den Charakter Ottos gibt Grillparzer an Julie Löwe Aufschluß: „Der Grundzug des Charakters ist Übermut aus zweifacher Quelle: als Prinz und als Liebling der Frauen. Von Kindheit an gewohnt, allen seinen Neigungen gehuldigt zu sehen, bringt ihn jeder Widerstand außer sich. An den Hof seiner Schwester gekommen, in ein Land, *dessen Bewohner er verachtet,* von Langeweile gedrückt, sind ihm die Zeichen einer aufkommenden Neigung in der Gemahlin des alten Bancbanus höchst willkommen. Sie ist schön; daß nie Gelegenheit sich darbietet, sich ihr allein zu nahen, reizt ihn. Doch ist er der Meinung, daß diese Gelegenheit nur er-

---

3 HEINZ POLITZER, „Ein treuer Diener seines Herrn" Deutsche Vierteljahrsschrift, 39 (1965), S. 139.

4 Grillparzers Werke, ed. Stefan Hock (Berlin 1911), S. 82–83.

scheinen dürfe um seines Sieges gewiß zu sein. . . . Als er statt Liebe Verachtung findet, bricht das Ungestüme seines Wesens übermächtig hervor, und Wut, Trotz, Rachedurst, ja die Spuren einer durch den Widerstand erst mehr zum Bewußtsein gekommenen Neigung für die Widerstrebende versetzen ihn in jenen Zustand, in welchem wir ihn am Schlusse des zweiten, vornehmlich aber zu Anfang des dritten Aufzuges erblicken . . ." *(Briefe und Dokumente,* II, S. 13 f.) Grillparzer will in Otto ethnische und sexistische Diskrimination vereint sehen, die, wie er so oft darlegt, ja aus ähnlichen Quellen gespeist werden.

Gegenspieler dieses „Libertins", „der seine Leidenschaften als Spielzeug braucht, bei dem sie aber zugleich so heftig sind, daß sie wieder zur Wahrheit werden und ihn im 3. Akte körperlich krank machen" *(Tagebücher,* II, S. 198) ist Bancban.[5] Dieser ist keine Idealfigur. Die oft postulierte Identifikation des Autors mit diesem Charakter lehnt schon Grill-

---

5 Bancban ist sofort nach Erscheinen des Dramas mißverstanden worden. „Man hat dem Stück vorgeworfen, daß es eine Apologie der knechtischen Unterwürfigkeit sei; ich hatte dabei den Heroismus der Pflichttreue im Sinn, der Heroismus ist so gut als jeder andere." (Prosa IV, S. 204). Trotzdem ist Bancban in der Folge unkritisch abgetan worden: „einen wunderlichen Kauz" nennt ihn Volkelt, dessen Urteil sich auf seine eigentümliche Weltsicht stützt: „Die dichterische Darstellung des Männlichen im eigentlichen Sinne . . . gehört nicht zu dem, was Grillparzer mit Vorliebe unternimmt." Im Gegenteil, seine Protagonisten stehen „zur specifischen Männlichkeit im Gegensatze". Bei Volkelt gelten „helles Bewußtsein", „ein Denken und Wollen, das nicht auf Instinct und Tact, sondern auf selbständiges Erwägen, auf klare Rechenschaft über Gegenstände und Ziele gestellt ist", für männlich. Im Gegensatz dazu stehen Gestalten, die „etwas Pflanzenhaftes" haben. JOHANNES VOLKELT, Franz Grillparzer als Dichter des Tragischen (Nördlingen 1888), S. 17, ders. „Grillparzer als Dichter des Zwiespaltes zwischen Gemüth und Leben." JbGG, 4 (1894), S. 3–45. Ders., „Grillparzer als Dichter des Komischen." JbGG, 15 (1905) S. 10. JOST HERMAND bezeichnet Bancban als „die abschreckende Tragödie des biedermeierlichen Untertanen". Die literarische Formenwelt des Biedermeiers (Gießen 1958), S. 186. Dagegen analysiert SCHAUM, Bancbans „Ausweichen und Ertragen des Unbills bedeutet nicht feige Flucht oder resignierendes Preisgeben menschlicher Pflichten, sondern den notwendigen Versuch, den Keim der Vernichtung nicht in den gesamten Organismus eindringen zu lassen. . ." „Grillparzers Drama ‚Ein treuer Diener seines Herrn." JbGG, 3. Folge, 3 (1960), S. 85. Bereits AUGUSTE LITTROW-BISCHOFF hatte Bancban, leicht sentimentalisierend freilich, positiv beurteilt: „also daran festhalten wie der Bancban trotz Allem und Allem, nachdem sein Innerstes getroffen, sein Weib getödtet, dieselbe Treue zu halten, die sie ihm hielt, und die eigene Rache für den Schimpf nicht vermengen mit der Treue . . . das ist eine hohe, wie mich dünkt, erhabene Tugend – während die Recensenten sie eine hündische nennen . . ." Aus dem persönlichen Verkehre mit Franz Grillparzer (Wien 1873), S. 48. Grillparzer selbst führt aus, daß es ihm um mehr als eine Charaktertragödie ging. „Die Ereignisse bei Gelegenheit meines Ottokar und des treuen Dieners hatten mich belehrt, daß historische Stoffe zu behandeln in den österreichischen Landen höchst gefährlich sei. Reine Empfindungs- und Leidenschaftstragödien aber verlieren ihr Interesse bei des Dichters zunehmenden Jahren." Prosa IV, S. 214. Walther Laske entfernt sich auch von der privaten Ebene, indem er feststellt, daß das Amt des Bancban übermenschliche Kräfte erfordere, sein Schei-

parzer ab: „Seine Gesinnungen können übrigens nicht für die des Verfassers gelten, da Bancban bei allen seinen Charaktervorzügen zugleich als ein ziemlich bornierter alter Mann geschildert wird." *(Prosa* VI, S. 144—45)

Keine große Persönlichkeit ist Zentrum des Dramas. Die Tragik liegt nicht im Charakter. Auch Erny und die Königin sind nicht von einer klassischen tragischen Statur. Tragik entsteht durch den Handlungszusammenhang.

Mehr noch als in *Ottokar* kommt die Unabsehbarkeit der Zustände zum Ausdruck. Das Schicksal der herausgegriffenen Menschengruppe liegt nicht in den Händen der Individuen, noch ist es abhängig von guten oder schlechten Motiven. Selbst die schon in *Ottokar* vage Charaktervorstellung ist auf Gestalten wie Otto nicht mehr anwendbar. Aus dem Zusammenspiel der Charaktere ergibt sich eine Serie von Konstellationen, die Prozesse bedingen. Es gibt keine Bösewichte. Die Gestalten sind als historische Funktionen so motiviert, daß sich einseitige Bewertungen verbieten.

Ein treuer Diener seines Herrn ist weit entfernt von der Charaktertragödie alten Stils. Welche Figur auch immer das Amt Bancbans eingenommen hätte, das Scheitern wäre unausweichlich gewesen, denn es geht um historische, nicht persönliche Probleme. Andreas hätte keinen besseren Stellvertreter wählen können, was Loyalität, Gerechtigkeit, Erfahrung und guten Willen angeht. Bancban ist aber mehr noch als Verweser Prügelknabe, der die Verantwortung für das, was Andreas verschuldet hat, tragen soll. Bancban weiß das. So erklärt sich sein Protest, als Andreas ihn zur Verantwortung ziehen will. (V, 1969 ff.) Rudolf I. und Andreas ähneln einander im Gebrauche großer Worte und des Namens Gottes – Anklänge an Größenwahn, die sich mit der unstabilen Regierung nicht vertragen. Andreas bürdet Bancban die Regierung auf, die er selber nicht länger ausüben kann. Wie viele moderne Herrscher beginnt er einen Krieg, der seine Abwesenheit motiviert. Stichhaltige Gründe für ein militärisches Engagement anders als Ablenkungsmanöver von den innenpolitischen Problemen sind nicht einsichtig. Das Land und der Hof sind zerrissen von Vorurteilen gegen die Majorität des Volkes – ein für die Donaumonarchie zutreffender Tatbestand. Das Land hat als Grundlage sei-

---

tern also nicht persönlich sei. WALTHER LASKE, Staat und Recht im literarischen Schaffen Franz Grillparzers (Wien: diss. masch., 1961), S. 163. Auch Schaum betrachtet das Werk nicht nur psychologisch und bemerkt, daß die geschichtliche Situation, aus der Grillparzer schreibe, keine Zeit mehr für Könige sei, was auch aus der Behandlung des Stoffes deutlich sei. (S. 80—81) Bancban sei von vornherein so gebunden, daß ein Heldentum für ihn nicht in Frage komme. S. 72. Es kann nicht wundernehmen, daß das Drama für 23 Jahre vom Spielplan verschwand.

ner Ordnung die Ungleichheit aller. Das Recht in Ungarn ist in einem weiteren Sinn legalisiertes Unrecht.

Bemühte sich schon der rechtmäßige Herrscher umsonst, der Zwietracht Herr zu werden, so scheitert Bancban an seinem Mangel an Autorität, der ihn von vornherein in den Nachteil setzt. Die Königin zusammen mit ihrem Bruder erstrebt die Macht. Beide haben Einfluß und Status, so daß sie Bancban, den Rangniederen, an der Ausübung seiner Pflicht hindern können. Bancban, ein treuer, pflichtbewußter Vasall, hat kein anderes Ziel, als seine Pflicht zu tun. Er kann die Ränkesucht und das Machtstreben des Hochadels nicht verstehen.

In diesem Sinne ist er mit der egalitären Libussa zu vergleichen, die dem Tyrannen Primislaus gegenüber durch ihre antiautoritären Einstellungen nicht gewachsen war, denn es gehört zu ihren Prinzipien, nicht brutal zu sein. Die Komplexe Recht und Gewalt sind zentral in *Ein treuer Diener seines Herrn*. Es fehlt der Königin und ihrem Bruder, wie den meisten Mächtigen, die an Vorrechte gewöhnt sind, an Selbstkritik. Beide wirken wie Aspekte einer Person, *Anima* und *Animus* in Jungischen Termini, oder wie Gertrude ausdrückt:

> Er ist mein Ich, er ist der Mann Gertrude.

> (I, 231 f.)

Otto wäre, wie der letzte Aufzug andeutet, möglicherweise für die Bürde nicht so ungeeignet gewesen wie sein erstes fatales Erscheinen vor Bancbans Haus anzeigt. In der Gefahr wächst er über sich hinaus. Bancban vertraute ihm den Prinzen mit Recht an.

Dem König aber fehlt die Einsicht. Er empfiehlt sich als Mann der großen Geste, als professioneller Herrscher. Er trennt Privatleben und Beruf, bricht also die Einheit seiner Persönlichkeit auf, die bei Bancban so bemerkenswert eins ist.

> Schon eine Stunde gab dir der Gemahl,
> Der König darf dir keine zweite geben.

> (I, 216 f.)

Die Kritik in *Ein treuer Diener seines Herrn* trifft nicht den Vasallen. Dagegen zeigt die zeitgenössische Reaktion der Regierung auf das Drama, der Wunsch des Kaisers, es zu eliminieren, daß sehr wohl erkannt wurde, wer hier kritisiert werden soll.[6] Der König, der Familie und Land ohne

---

6 Sofort nach der Uraufführung wollte der Kaiser das Werk kaufen. Grillparzer zog sich aus der Affäre, indem er angab, daß Souffleursexemplare vergeben seien und er nicht garantieren könne, daß nicht schon einige davon im Auslande seien. Er erkannte selbstverständlich in diesem Kaufangebot einen indirekten Versuch, das Drama zu zensurieren. Wäre ein glattes Verbot zu auffällig gewesen, so wurde das Kaufangebot wie eine Schmeichelei an Grillparzer herangetragen.

Ansehung der Proteste verläßt und ihnen einen ungewollten Stellvertreter aufzwingt, ist verantwortungslos. Bancban hat keine Handhabe, sich durchzusetzen. Nichts hat der König, wie er vorgibt, reif erwogen. Aus einer Laune heraus hat er Otto von Meran abgeschnitten, verärgert durch dessen Zuspätkommen. Seinen Stellvertreter bedroht er aufs Empfindlichste:

> Kehr ich zurück,
> Und finde sie gestört, die fromme Ruhe; –
> Nicht strafen werd ich dich, nur dich vermeiden,
> Und stirbst du, setzen auf dein ruhmlos Grab:
> Er war ein Greis, und konnte sich nicht zügeln;
> Er war ein Ungar, und vergaß der Treu;
> Er war ein Mann, und hat nicht Wort gehalten!
>
> (I, 421 ff.)

Der König verlangt, was er selbst nicht schützt: den Frieden. Die Ruhe im Reich ist schon gestört, als er auszieht.

Vergleicht man Andreas' Worte und Taten, so öffnet sich eine Diskrepanz, die sich in seinem öffentlichen und privaten Verhalten manifestiert. Seiner Gemahlin erklärt er großherrlich: „Ich liebe, was ich achte." (I, 252) Otto achtet und liebt er nicht. Aber die Gattin, von der er so hoch redet, achtet er offenbar auch nicht. Als sie vor ihm kniet, darauf pochend, daß er seine Worte in die Tat umsetze, erhält sie ausweichende Antworten.

> Ihr nanntet oft mich stolz,
> Ein kühnes Weib, vergleichbar einem Mann.
> Ich wars, ich bins! Und doch – seht mich hier knien.
>
> (I, 299 ff.)

Was er wirklich von ihr hält, kommt im folgenden zum Ausdruck:

> Sie wird im Rate sitzen,
> Vollziehn mit Unterfertigung das Geschäft.
> Sie teilt Belohnung, leiht im Lehenhof;
> Was Gnade gibt, empfängt man nur durch sie.
> In Sachen bloß des Rechts, und was noch sonst
> Des kühlern Blicks bedarf, und dies Papier benennt,
> Stell ich an ihre Seite zum Genossen, . . .
>
> (I, 363 ff.)

Durch die Mißachtung seiner Gattin und die Ernennung Bancbans aktiviert der König Zorn und Ressentiment gegen sich. Da sich diese Regungen gegen ihn, den Mächtigen und obendrein Abwesenden nicht ausdrükken können, fallen sie auf Bancban. Als Andreas fortzieht, verläßt er sein Land im Unfrieden.

Er versagt als Charakterkenner, nennt er seine Gattin gerecht. Gertrude ist heftig und klug, aber von ihren eigenen Ambitionen zu sehr in Anspruch genommen, als daß sie gerecht sein wollte. Gertrude hat – ähnlich wie Katharina Fröhlichs Schwester Barbara Bogner – Schwierigkeiten bei der sexuellen Selbstdefinition und steht ihrem Geschlecht gespalten gegenüber.[7]

Sie haßt die untergeordnete Stellung der Frau, was sozial und politisch verständlich ist, sowie ihre sexuelle Rolle. In der Beschreibung ihrer Beziehung zu Otto kommen homosexuelle Neigungen zum Ausdruck:

> Ein Knabe wünscht ich mir zu sein, wie Otto.
> Er wuchs heran, in ihm war ich ein Jüngling,
> In ihm ging ich zur Jagd, bestieg das Roß,
> In ihm lockt ich des Burgwarts blöde Töchter. –
> Ihr wißt, daß ich die Zucht als Weib gehalten,
> Doch tat mirs wohl, in seinem kecken Tun
> Traumweis zu überfliegen jene Schranken,
> In die ein enger Kreis die Weiber bannt.

(I, 323 ff.)

Ähnlich auch die Aufforderung an Erny:

> Erwähle, Gräfin, Euch mir zum Gefährten,
> Wenn nicht vielmehr zum Manne mich für Euch.

(II, 510 f.)

> Mein schönes Kind, ich lieb Euch, weiß es Gott!

(513)

Entweder hält der König seine Autorität für genügend, sich gegen die Königin und Otto durchzusetzen, oder aber er sucht sich absichtlich einen Mann aus, der unterliegen muß, damit er selbst keine Niederlage einzustecken braucht, sondern als *deus ex machina* auftreten kann. Unterschwellig mag der Wunsch, sich dieser Gattin zu entledigen, mitspielen.

Der Versuch, Otto durch Strafe und Disziplin zu beeindrucken, ist vergeblich. Otto, verzogen und von der Schwester dominiert, beantwortet Härte mit Härte. Blindheit, Machtlosigkeit, Selbstgerechtigkeit und Überheblichkeit charakterisieren Andreas von Anfang bis Ende. Der König steht dem rachefordernden Simon, der fast eine Revolution angezettelt

---

7 BARBARA BOGNER, die einzige verheiratete Fröhlich-Schwester und Mutter Wilhelms, hatte es schwer, sich mit ihrem Geschlecht zu identifizieren und mit ihrer Weiblichkeit abzufinden.

hätte, hilflos gegenüber. Er kann nicht verhindern, daß Simon Otto vor der Menge Ernys wegen zur Rechenschaft zieht. Der König als höchster Richter ist suspendiert. Nachdem klargeworden ist, daß Erny Otto nie ermutigt hat, ist die Entscheidung des Königs, Otto ziehen zu lassen, zumindest fragwürdig. Bancban gegenüber sind ihm die Hände gebunden.

Andreas, der seiner Frau das kühle Urteil nicht zutraute, ist selbst nicht rational, wie seine Wechselhaftigkeit sowohl zu Beginn wie zu Ende des Dramas anzeigt. Hat er, überredet von Gertrud, Otto ernennen wollen, so läßt er sich dadurch umstimmen, daß Otto einige Minuten zu spät eintrifft. Hat er Bancban verdammen und verurteilen wollen, so will er ihn Minuten später zu seinem ständigen Berater machen.

Bancban ist als Gegenspieler des Königs von bemerkenswerten Eigenschaften. In seiner Pedanterie erinnert er an Jakob in *Der arme Spielmann*, in seiner formelhaften Sprache an Rudolf II. (Griesmayer, S. 271) Im Gegensatz zu den immer fragwürdigen Kriegshelden besitzt Bancban Gefaßtheit in einer hoffnungslosen öffentlichen Lage. Trotz der Ausfälle Ottos ist es deutlich, daß Erny Bancban liebt und Otto für sie als Liebhaber nicht in Frage kommt, was die Vorstellungskraft Ottos (und zahlreicher Kritiker) übersteigt. Bancban ist ein älterer und nicht attraktiver Mann. Scheint die Ehe vor den Augen der Welt nicht, was sie in Wirklichkeit ist, so ist sie Messer des Vorurteils, das dem Ungewöhnlichen entgegengebracht wird.

Die vertraulichen Gespräche zwischen Bancban und seiner Gattin lassen manchmal auf ein Vater-Tochter Verhältnis schließen. Gerade an einem solchen hat Bancban jedoch kein Interesse. Er möchte Erny zur Selbständigkeit verhelfen, keine Autoritätsfigur sein.

> Ei, Erny, grüß dich Gott! Was ficht dich an?
> Läßt du durch Kämmrer mich um Einlaß bitten?
>
> (I, 62 f.)
>
> Ob ich erlaube, frägt sie? Guter Gott!
> Soll ich erlauben, und habe nie verwehrt!
>
> (I, 60 f.)

Bancban ist seiner Frau gegenüber zärtlich wie Vater und Mutter, sieht aber in ihr das gleichberechtigte Geschöpf, das er nicht zwingen will, anders als der König, der mit großen Worten die Hochachtung vor seiner Gattin verkündet, ohne daß er danach handelt.

> ERNY   Willst du dein Weib nicht strafen und nicht hüten?
> BANCBAN Bestrafen? Hüten? Ei, sag du nur selbst,
>   Wie fang ichs an? Führ ich dich tobend heim?
>   Versperre dich ins innerste Gemach
>   Mit Schloß und Riegel, unter Tor und Gitter,

Verschreib ich Stumme mir aus Mohrenland,
Verschnittne, die mein Weib allsehend hüten.

. . .

Die Ehre einer Frau ist eine ehrne Mauer,
Wer sie durchgräbt, der spaltet Quadern auch.

(II, 811 ff.)

Erny ihrerseits will Bancban in der Doppelrolle:

Mann! Gatte! Vater!   (II, 884)

Durch Fürsorge und zärtliche Zusprache kommt Bancban ihrem Wunsch
entgegen, nicht aber durch Härte und Zwang:

Was fällt dir ein? Du knien vor mir und schwören?

(867 ff.)

Bancbans Toleranz rührt nicht von Gleichgültigkeit, sondern Liebe, wie
seine Erleichterung darlegt, als Ernys Unschuld öffentlich etabliert wird.
(V, 2053 ff.) Erny ist nicht tatsächlich von Bancban abhängig, wie ihre
selbständigen Unternehmungen zeigen. Entgegen dem Rat ihres Mannes
tritt sie dem Prinzen gegenüber in „männlicher Pose" auf, sie konfrontiert
ihn, stellt ihn zur Rede. Bancbans Insistieren auf dem freien Willen seiner
Frau, gleich, was die Sitte diktiert, ist eine neue, fortschrittliche Haltung.

Was gibt ein Recht mir, also dich zu quälen?
Weil du's versprachst? Ei, was verspricht der Mensch!
Weils so die Sitte will? Wer frägt nach Sitte.
Wenn nicht in deiner Brust ein still Behagen,
Das Flüstern einer Stimme lebt, die spricht:
Der Mann ist gut, auf Rechttum steht sein Sinn,
Er liebt, wie keiner mich, und wie zu keinem
Fühl ich zu ihm Vertraun. Wenn's so nicht spricht,
Dann Gott mit dir, und mit uns allen, Erny,
Dann schreib dem Prinzen nur.

(II, 825 ff.)

Erny ist als Produkt ihrer Umwelt Bancbans rationaler Einstellung nicht
gewachsen. Bancban ist sich nicht im klaren darüber, daß Erny noch halb
ein Kind ist, noch erkennt er, wie gefährlich instabil der Prinz werden
kann. Erny hat den Willen, sich der Königin und ihrem Bruder gegenüber
durchzusetzen, aber verfügt nicht über genug psychologische Kenntnis,
das ohne Gefahr für sich zu tun.

Bancban ist ein feministischer Mann. Seine revolutionären Einstellungen seiner Frau gegenüber sind Erny selbst beängstigend: „Und lässest

du mich so allein?" (II, 810) In ihrem sozialen Kontext steht Erny frei und unbehütet neben ihrem Mann, der zuwenig autoritär ist, um ernstgenommen zu werden. Er betrachtet seine Gattin nicht als Besitz, aber die Umgebung tut es doch.

Bancban hat Schwächen, die Grillparzer selber umriß: seine Pedanterie ist offenkundig, so auch seine aus selbstgewählter Einschränkung entstandene Borniertheit. Bancban hat sich bewußt von der Welt in die private Sphäre zurückgezogen, weil er hier die meiste Kontrolle hat. Daß ein totaler Rückzug nicht möglich ist, beweist seine plötzliche Berufung. Chaos bricht in den isolierten Kreis und bringt ihn zum Zusammenbruch. (I, 67 ff.) Bancbans sentenzhafte Reden charakterisieren ihn als einen unflexiblen Mann.

> Der Ungar trägt im Frieden auch den Stahl,
> Zückt er ihn gleich nicht ohne herbe Wahl;
> Wie denn der Ehemann den Reifen, den er trägt,
> Auch in der Fremde nicht vom Finger legt.
>
> (I, 25 ff.)

Der Grund für die biedermeierliche Innerlichkeit sind die Verhältnisse, die Anfeindungen durch die Gesellschaft, der Mißbrauch der Herrschaft durch den Adel, Korruption und Libertinage. Ein einzelner kann sich nicht über die Machtstrukturen hinwegsetzen. Ein Zeichen für die Korruption ist der fehlende Protest des Königs, als die Königin die Verführungskünste des Bruders lobt. Bancbans bewundernde Loyalität für den Herrscher ist aus der Isolation entstanden. Zudem trennt das System Untertanen und Herrscher, so daß sich eine Aura um den fernen König bildet, welche sich aus der Nähe als Täuschung entpuppt.

Bancbans Schwächen müssen im Kontext gesehen werden. Als Vasall ist er Teil der hierarchischen Ordnung. Als Untergebener ist er für serviles Verhalten konditioniert worden. Lösung aus den vorgegebenen Verhaltensmustern, Verlust der lähmenden Ehrfurcht, wie es Bancban am Ende gelingt, als er den König und den Hof tadelt, gelingt kaum aufgrund der inneren und äußeren Hemmnisse.

Bancban ist bei aller Beschränktheit weniger borniert als die anderen Gestalten. Er beweist mehr Toleranz und Einsicht als jeder andere. Die Königin verspottet ihn und ihre Untertanen, indem sie die Supplikanten eines höfischen Festes wegen abtut. Bancbans Kritik an dem Treiben der Höflinge ist wirkungslos, denn er ist isoliert. Ohnmächtig fährt er fort, gegen Chaos und Willkür anzukämpfen. Die einzigen ihm bekannten Mittel sind die des Bürokraten und Bürgers. Sein anerzogener Glaube an Recht und Ordnung sowie seine Billigkeit den Unterprivilegierten gegenüber machen ihn zum Opfer.

Die weniger „guten" Bürger, Peter und Simon, bestürmen Bancban, seine Interessen über das Allgemeinwohl zu stellen. Sie verkörpern die typischere Machio-Haltung, die vom Mann verlangt, daß er die Frau als Besitz behandelt und Faustrecht geltend macht. Gewalttat dagegen ist Bancban fremd. Den anderen ist sie Lösung für erlittenes Unrecht, Ausweg aus komplexen Situationen, wie es der Krieg dem König ist.

Bis zum Extrem findet sich die Mißachtung des Rechts bei Otto. Als Mann und Österreicher hält er sich für besser als die anderen. Aber auch der König ist voller Verachtung für seine Gattin, Otto und Bancban. Gertrude mißachtet Otto insofern, als sie in ihm nur die Verlängerung ihres Ich sieht:

> Er war die Puppe, die ich tändelnd schmückte;
> . . .
> Er ist mein Ich . . .

> (I, 319, 331)

Als Erny ihre Verachtung Otto gegenüber artikuliert, treibt sie ihn, der die unterschwellige Verachtung aller gefühlt haben mag, zum Verbrechen. Der einzigen, die es ausspricht, stellt er die Frage, warum sie ihn verachte. In ihrer Aussage liegt der eigentliche Stachel.

> Als sie es aussprach,
> Es aussprach, daß sie mich verachte! – Teufel!
> Verachtung?! – Grimm und Tod! – Verachtung? – Mich?

> (III, 106 ff.)

Verachtung ist das Grundgefühl: der Männer den Frauen gegenüber und umgekehrt, der Privilegierten den Untergebenen, der Deutschen für die Ungarn usw. Bancban verachtet niemand und glaubt nur das Beste:

> Weit eher glaubt ich, daß ich wachend träume,
> Als Übles von dem Schwager meines Herrn!

> (I, 44 ff.)

An Otto wird die Natur der Verachtung deutlich. Die Verachtung der anderen stellt sein ohnehin schwankendes Selbstgefühl in Frage, die Identifikation, die er von seiner Schwester her bezogen hat. Selbstachtung war ihm nur durch den Respekt anderer möglich, die er andererseits nicht achten kann, selbst wenn sie ihn respektieren. Ernys Selbstmord ist eine Tat der Selbstachtung und des radikalsten Entzuges. Sie führt Otto an das innere Chaos. Deutlicher konnten ihm die Grenzen seiner Macht nicht gezeigt werden. Je weniger Sicherheit er aus dem Verhalten anderer ziehen kann, umso mehr neigt er zur Gewalt.

Otto hat wenig Anlaß für Sicherheit. Selbst der König täuscht beide nur vor. Er versteckt sich hinter der Fassade der Professionalität so sehr, um sein Inneres zu verbergen und – hoffentlich – unverwundet zu halten. Immer wieder bricht die Fassade auf, zum Beispiel, als er Gertrude fragt: „Was machst du, Weib, aus mir?" (I, 335) Selbstverlust produziert eine aggressive Gesellschaft. Der König reagiert sich im Krieg ab, Simon und Peter im Aufstand, Erny richtet die Aggression gegen sich selbst, Otto rast gegen sich und andere. Bancban vertritt dagegen die Prinzipien der Gewaltlosigkeit. Er ist die einzige Alternativfigur – nicht etwa unberufenes Vorbild. Er ist der einzige, dessen Werte nicht nach dem Schema der Aggression und Gegenaggression determiniert sind. Seine Ausnahmeposition ist ihm nicht vollauf bewußt. Bancban ist revolutionär, weil er sich der Mittel enthält, derer sich alle bedienen: Machtspiele, Ränke, Gewalt.

Aufgrund der Distanz bleibt Bancban auch im Angesicht der Gefahr der Blick unverstellt. Er vertraut den Prinzen dem Herzog von Meran an, obgleich dieser seine Frau auf dem Gewissen hat und im 4. Aufzug irr zu sein scheint. Bancban ist nicht von Rachsucht oder Vorurteilen motiviert, obwohl er selbstverständlich dem Mörder seiner Frau gemischte Gefühle entgegenbringt:

> Bleib noch, du Mann des Bluts! Hört dies noch, Herzog!
>
> (V, 1721)
>
> Du Wolf, du Hund, du blutger Mörder du!
>
> (V, 1691)
>
> Und dennoch, Mann des Unheils, schickt dich Gott!
>
> (V, 1702)

Bancban unterscheidet sich von seinen Zeitgenossen durch sein differenziertes Urteil. Der König kennt nur gut und böse, die Königin verwechselt das Amt mit dem Mann, Erny findet Otto entweder liebenswürdig oder hassenswert.

Für Bancban ist Macht kein Faktor. Seine Bescheidenheit, oder, wie er sie auch entschuldigt, Ruhebedürftigkeit des Alters, motivieren ihn nur teilweise. Bancban ist sich der Spaltung, die unter den herrschenden Zuständen zwischen der privaten und öffentlichen Sphäre vollzogen werden muß, bewußt und entschließt sich für eine private Existenz statt für eine Rolle in einem korrupten System. Er ist, ähnlich wie Jakob in *Der arme Spielmann*, ein Aussteiger – weniger radikal, denn Jakob läßt sich erst gar nicht mit dem System ein. Dafür handelt Bancban bewußt, während Jakob eher unbewußt agiert.

Bancban bezeichnet den vom König zu vergebenden Glanz als „unheilvoll". (V, 2086) Seine Worte an den kindlichen Prinzen verbalisieren eine indirekte, aber sehr kühne Kritik. Statt dem König zu huldigen, macht Bancban das Kind zum Ziel seiner Hoffnungen. Er erklärt so, daß er gegenwärtig Gerechtigkeit und Milde nicht für gegeben sieht.

Wie oft, wenn Grillparzer einen Ausblick auf die Zukunft durch ein Kind gibt, liegen Wünsche für eine bessere Zukunft vor, weil die Gegenwart unzureichend ist. Der kleine Herrscher, von dem so viel verlangt wird, stammt jedoch von einem korrupten Hof, dessen positivster Held, Otto, ein Mörder ist. Die Zukunft liegt nicht bei dem Kind, sondern in den Händen der Alten und deren Werten. Nur weil diese sich als hoffnungslos erwiesen haben, wendet sich Bancban an ein Kind, um diesem einen melancholischen Auftrag zu erteilen, den es nicht einmal verstehen kann.

Wie die Abwesenheit des Königs bewiesen hat, genügt es für eine Reform nicht, den Herrscher zu beseitigen, da die nächst unter ihm stehenden Kreise nicht weniger problematisch sind als der König selbst und ebensowenig wie er die allgemeinen Interessen vertreten wird. Der einzige, der sich für andere im Bewußtsein seiner Pflicht einsetzt, ist Bancban, der freilich in einer egoistischen Gesellschaft scheitern muß.

Das Bürgertum

> Wenn in der Erblichkeit das Unrecht liegt,
> Nenn' ich den Reichtum, dem ihr selbst gewogen,
> Der auf den Sohn, der heut die Welt betriegt,
> Vom Vater erbt, der einst die Welt betrogen.
>
> Wär' das ein Adel der euch löblich scheint,
> Dem ihr vergönnt im Herrenhaus zu sitzen?
> Laßt ihr – was euch vom Fürsten schmählich scheint –
> Vom Rad des Mäcklers euch mit Kot bespritzen?
> ("Der Reichstag", *Gedichte* I, S. 234–37)

Diese Zeilen beugen gleich der Annahme vor, die durch die scharfe Adelskritik in den verschiedensten Dramen aufkommen könnte, nämlich, daß
Grillparzer die bürgerliche Klasse als die für die Herrschaft geeignetste betrachte, er sich also in die bürgerlich-liberalen Bewegungen vor 1848 ein-
reihen ließe. Die unverhüllte Bourgeois- und Kapitalistenkritik schließt
diese Vorstellung aus.

> Im Schenken ohne Maß, im Darleihn klug bedacht,
> Erquickst du Bettler heut, die gestern du gemacht,
> (*Gedichte* III, S. 37, 1830)

konstatiert Grillparzer über Rothschilds Sammlung für die Armen.

Der Traum ein Leben

Bürgerkritik enthält auf konsequenteste Weise *Der Traum ein Leben*, ein
Werk, welches sich als ein sozio-politisches Märchenspiel beschreiben
läßt. Gemäß des Aktionsradius der Mittelklassen, welcher auf öffentli-
chem Gebiet stark beschnitten war, findet die Handlung in der Innerlichkeit des Traumes statt.

1817 schrieb Grillparzer einen Aufzug zu *Der Traum ein Leben*,
setzte das Werk aber erst 1829 fort und beendete es 1831. Es ist basiert auf

Voltaires *Le blanc et le noir*.[1]) Das Werk handelt von den Phantasien Rustans. Die Traumhandlung nimmt einen sehr konkreten Charakter an. Grillparzer war sich des Kriminalgeschichtenhaften des Dramas bewußt. Mehr als um Spannung geht es um die Darstellung eines Bewußtseins, das diese von der Realität losgelöste Spannung erzeugt. Ein Umriß des Träumers ist am Platze.

Rustan ist ein junger, unverheirateter Jäger und Neffe eines wohlhabenden Landmannes. Er will sich den Anforderungen seiner Umgebung entziehen. Mirza will, daß Rustan sich ihr als Verlobter widmet, Massud verlangt, daß er seine Tochter heirate und ein geordnetes Leben mit ihr führe. Rustan soll ein biederer Bürger werden in einer vereinfachten überschaubaren Welt. „Der Traum ein Leben" ist nicht zeitgenössisches Stück wie *Der arme Spielmann*. Es ist ein Modell, an dem parabelhaft Zeittendenzen sichtbar werden.

Rustan strebt entgegen den Sozialisierungsversuchen nach Reichtum, Macht und einer exotischen Frau der höheren Klasse. Dabei lebt er in einer Welt, in der die Machtverhältnisse fest umrissen sind. Sie reflektieren sich in der Kleinfamilie, in der die Frau auf den Mann angewiesen ist. Mirzas Waffen sind Schmollen und Schelten. Aus ihrer Machtlosigkeit entspringt das Verzeihen. Rustan ist der einzige Mann, der für sie als möglicher Partner in Erscheinung tritt in ihrem abgeschlossenen Leben. Mirza verkörpert in ihrer Unfähigkeit zum Ärger die stereotype Frau der bürgerlichen Gesellschaft. Ihre Glücksvorstellungen sind in dem Bild von der Jägerfamilie begriffen:

> Jener Jäger Kaleb ists,
> Sieh, sein Weib eilt ihm entgegen
> Mit dem Kleinen an der Brust.
> Und er eilt sie zu erreichen!
> Und der Knabe streckt die Hände
> Jauchzend nach dem Vater aus.
>
> (I, 62 ff.)

Mehr als diese kitschige Gartenlauben-Idylle geht über ihren Horizont. Die Festlegung der Rollen und Erwartungen bedingt Stagnation. Ausnahmegestalten wie der Derwisch sind marginal und scheinen die Werte nicht in Frage zu stellen. (IV, 2712)

---

1 Die Zusammenfassung von Voltaires „Le blanc et le noir" zeigt an, wo Grillparzer stoffliche und gehaltliche Abweichungen zu seinem eigenen Zweck vorgenommen hat. Grillparzer, Sämtliche Werke, Bd. 5, S. 273 ff. Voltaire macht dem Leser nicht von vornherein klar, daß es um einen Traum geht, sondern bringt diesen Aspekt erst mittels einer Pointe ein, so daß der Aufklärungsaspekt ein Hauptpunkt des Werkes ist. Motive wie die Topase fehlen bei Grillparzer. Zanga gibt es bei Voltaire nicht.

Auch der Negersklave ist seiner Rasse wie seiner Stellung nach eine Randfigur. Am Ende des Werkes schließt er sich dem Derwisch an und verläßt die Umgebung. Seine Freilassung ist gleichzeitig seine Eliminierung, die die kleine Gesellschaft wieder zu ihrer Homogenität zurückkehren läßt.

Der Wunsch nach Veränderung kommt von denen, die am wenigsten in die Gesellschaft investiert haben und am wenigsten verlieren. In diesem Sinne ist Zanga ein bewegliches Element. Nicht nur ist er besitzlos, er wird als Eigentum besessen und seine Hautfarbe läßt ihn als deutlich anders hervorstechen. Zanga hat sich an das schwächste Glied des sozialen Verbandes, den jungen Mann, von dem Kooperation am ehesten zu erwarten wäre, gewandt. Rustan ist jung, ungebunden und hat noch nichts in das Gemeinwesen investiert. Zanga bemüht sich, Rustans Ehrgeiz anzuspornen. Er rechtfertigt den Streit mit dem ranghöheren Osmin, der auch den Kern eines Klassenstreites in sich trägt. Zangas Eifersucht, gemischt mit Haß und Verachtung, ist aus seiner Position motiviert. (I, 493 ff.) Er äußert Klassenressentiments, die sich mit denen Rustans treffen. Um Rustans Verbindung mit Mirza zu unterminieren, äußert er sich verächtlich über die Liebe. (I, 438 ff.)

Zanga ist als Sklave Mirzas Rivale. Er muß sich derselben manipulativen Strategien bedienen wie sie, um seinen Willen durchzusetzen. (I, 443 ff.)

Die gegenseitige Abneigung erklärt sich aus dem gegenseitigen Verstehen und Durchschauen. Was beide unterscheidet, ist die bewußte Einschätzung ihrer Rolle. Zanga ist sich seiner unterdrückten Lage immer bewußt. Bei Mirza ist der Tatbestand verschleiert, denn sie ist ein integrales Familienmitglied und teilt ihre Lage mit allen Frauen. Statt deshalb zu rebellieren, versteht und verinnerlicht sie ihren Mangel an Status als geschlechtsspezifisch. Ihr bleibt der Bereich der Innerlichkeit und Liebe.

Zunächst scheint es, als ob für Rustan Zangas Werte den Sieg davontragen würden. Letztlich aber erweist sich das von Mirza gebotene Familienglück als wirkungsvoller.

Zangas Rasse ist ein Vorteil in der dramatischen Vorlage. Zu dem Motiv des Nichtbesitzenden treten alle klischeehaften Vorstellungen eines Mannes in Massuds Position dem Neger gegenüber. Wurde Zanga von Mirza als Bedrohung aufgefaßt, so unbewußt viel mehr noch von Massud. Zanga ist berechtigterweise unzufrieden und eine latente Bedrohung. Er könnte den Neffen und den zukünftigen Schwiegersohn entfremden. Rustan hegt dazu den Verdacht, daß der Schwarze ihm überlegen sein könnte, so daß die eigene Position als Herr nicht gerechtfertigt ist. Zanga vereinigt in sich das Bild des Unterdrückten, aber auch Gefürchteten, von dem gemutmaßt wird, daß er Rache nehmen wird.

Zanga läßt sich nicht vollständig unterwerfen. Sein Wille auszubrechen, bleibt immer wach. Er ähnelt darin Leon in *Weh dem, der lügt.* Die Ungerechtigkeit, die er an sich durch die Reduktion seiner Rechte erfährt, affiziert die Gesellschaft, die ihn zwingt, in ihr zu leben. Zangas Aufsässigkeit ist weniger ein Faktor als das schlechte Gewissen der Ausbeuter, die sich der potentiellen Bedrohung durch den Entrechteten bewußt sein müssen.

Rustan erweist sich von Beginn als gespaltene Persönlichkeit. Seine innere Unruhe steht im Kontrast mit seiner entschlossenen Fassade. (I, 613 f.) Reine Bewußtseinsprozesse ungehemmt durch Hemmungen der Wachheit lassen einen deutlichen Einblick in seine Mentalität zu.

Rustan versteht sich als schwärmerisch, gefühlvoll – besitzt ein durchaus idealisches bürgerliches Selbstverständnis, während Zanga, als grundsätzlich anders imaginiert, als der unsentimentale Pragmatiker erscheint. Zanga „nadelt, denkt, prüft, trachtet". Rustan läßt es nicht zu, daß die tatkräftigen Impulse von sich selbst ausgehen, weil dann auch die Verantwortung auf ihm lasten würde. Durch das Medium Zanga ist sich Rustan entrückt. Der Ansporn zur Änderung kommt fiktiverweise von Zanga. Scham, Unzufriedenheit mit der eigenen Herkunft, Lebensweise und Identität, Minderwertigkeitskomplexe sind nicht zu übersehen. Sie komplementieren das idealisch überschätzte Selbstbild.

Zanga, der „andere", muß Rustans Einstellung zu Frauen äußern. (II, 736 ff.) Der Traumzanga wird zum Abladeplatz aller sarkastischen, „unfeinen" Regungen Rustans, von denen er sich um seines Selbstbildes willen distanziert.

Verantwortung für seine Gedanken und projizierten Taten trägt der andere. Rustan sieht sich höchstens als Mitläufer und Verführten, nicht als Initiator. Der Leser kennt die Machtverhältnisse der Rahmenhandlung wie der Traumrealität und weiß, daß die tatsächliche Macht zu Entscheidungen immer bei Rustan und nicht seinem Sklaven liegt. Bald braucht Rustan die Fiktion nicht mehr, die dazu gedient hatte, den inneren Konflikt so gering wie möglich zu halten. (II, 1022 ff.) Die Sinnesänderung vollzog sich bei dem für den bürgerlichen Mann größten Reiz, einer Frau, die massiv auf den erotisch unterstimulierten Helden wirkt. Ihre Gegenwart läßt ihn seine Vorsicht vergessen. Gülnare, als Traumgestalt, repräsentiert alles, was er sich unter einer begehrenswerten Prinzessin vorstellen mag. Sie trägt eine groteske Bühnenwürde neben affektierter Zimperlichkeit und kindischer Heldenverehrung zur Schau. Bestimmend für ihren Wert ist, daß sie Rustan akzeptiert wie er ist. Bezeichnenderweise sind in Rustans Traum die Standesgrenzen irrelevant geworden. Verhaltensformen, die Herkunft indizieren, existieren nicht. Die Prinzessin ist wie jedes gewöhnliche Mädchen, nur wunderschön, reich und in Rustan verliebt.

Um sich Frau, Ruhm, Reichtum und Macht zu erwerben, scheut Rustan vor nichts zurück, auch nicht vor dem Mord. Im Traum enthüllt sich seine eigentlich amoralische Natur. Er bricht ohne Skrupel jedes Gesetz. Dabei tritt der Mann, mit dem er in der Rahmenhandlung in Streit geraten war, nun im Traum auf. Er ist mehr als der reale Feind, er ist das Schreckbild des Widersachers in überlebensgroßen Dimensionen, im Besitze von Kenntnissen, die Rustan ruinieren können. Die Angst vor der realen Person kulminiert im Traum in einem unüberwindlichen Feindbild, das jede Gewaltanwendung rechtfertigt.

Rustans Traum enthüllt die Kehrseite der gutbürgerlichen Existenz: Lüge, Betrug, Ressentiment gekoppelt mit Inkompetenz. Osmins Hohn trifft nur zu gut:

> Arme Schützen! Ha, ha, ha!
> Lernt erst treffen! Arme Schützen!
>
> (II, 1083 f.)
>
> Willst mit Andrer Taten prahlen,
> Willst mit fremdem Golde zahlen?
> Glück und Unrecht? Luftger Wahn!
> Rühm dich des, was *du* getan!
>
> (II, 1120 ff.)

Als Angehöriger der Mittelklasse befindet sich Rustan in der Defensive gegenüber Osmin. Sein mangelndes Selbstvertrauen läßt ihn im Traum die ärgerlichsten Beleidigungen gegen sich selbst erfinden, welche er dann dem Traumgegner in den Mund legt. Zanga übernimmt es, die Basis für bürgerliches Vertrauen und Selbstvertrauen zu verhöhnen und in Zweifel zu ziehen. (III, 1437 ff.)

Tief innerlich ist Rustan von den Idealen des freien Wettbewerbs und dem Sieg des „besseren" Spielers nicht überzeugt. Er glaubt nicht, daß das, wozu seine Umgebung ein Lippenbekenntnis leistet, wahr ist. Dem Ehrgeizigen bleibt in der Klassengesellschaft nichts als Verbrechen zum Aufstieg. Rustan sind transzendentale Konzepte fern. Bei seinen Überlegungen spielen Gott und die Vorsehung keine Rolle. Grillparzer spiegelt das Bewußtsein des säkularisierten Bürgers. Charakteristisch ist dabei die Ansicht, daß es für den Aufstieg keine andere Barriere als die finanziellen Verhältnisse gibt. Aufstiegswille und eine optimistische Haltung treffen aufeinander. Rustan ist sich keiner sozialen und kulturellen Differenzen bewußt, da er seine Lebensweise als universale Norm betrachtet.

Hinter der Selbstüberschätzung, die Minderwertigkeitskomplexe komplementiert, treten Skrupel zurück. Rustans Rücksichtslosigkeit ergibt sich aus einem sozial bedingten Verfolgungswahn.[2] Weder das Ge-

---

2 ELIAS CANETTI, Masse und Macht (Frankfurt 1980), S. 459–522. „Herrschaft und Paranoia."

wissen noch Religion lassen Rustan den Mord bedauern. Er fürchtet Schande und Verlust der Privilegien.

Der Traum entlarvt Rustan als einen skrupellosen Hochstapler, das Schattenbild der bürgerlichen Familie, die derartige Tendenzen tabuisiert. Rustans Interesse ist Rustan. Als seine Machenschaften aufgedeckt werden, reagiert er defensiv. Er entschließt sich sofort zu einer Rebellion, den alten König zu entthronen und eine Militärdiktatur einzurichten. (IV, 2095) Rustans Ehrgeiz steht aller Erotik und Romantik entkleidet, als er sich an Gülnare wendet:

> Manchen Dienst bist du mir schuldig,
> Manches Gute dies dein Land,
> Und doch schenk ich dirs zur Stunde,
> Lasse los all was dich band.
> Wähle von den reichsten Schätzen
> Nimm die köstlichsten Provinzen,
> Kleinod, Perlen, Edelstein;
> Mir laß eine leere Wüste,
> Wo Verlangen buhlt mit Armut,
> Wo kein Gold als Sonnenschein.
> Doch die Herrschaft, sie sei mein.
>
> (IV, 2316 ff.)

Machtstreben motiviert Rustans Unternehmungen. Seine Sentimentalität und Besinnlichkeit verbergen Machthunger, um dessentwillen er den Mord an dem fremden Schützen und dem Zeugen, Osmins Vater rationalisiert. Diese Szene nimmt fast die Zeugenverhöre vorweg, die z. B. Brecht in *Der aufhaltsame Aufstieg des Arturo Ui* darstellt. Freilich war Grillparzer aus der Realität Franz II. Derartiges nicht unbekannt. Besonders der Mord an dem stummen Zeugen hat etwas Grotesk-Modernes an sich. (IV, 2127 ff.)

Der Gifttod des Königs, den Rustan nicht verhindert und seine Kälte Gülnare gegenüber, die ihm nur Aufstiegsmittel gewesen ist, sind charakteristisch für Grillparzers Bürger als Wolf im Schafspelz. Rustans Aggression gegen andere verkehrt sich bei dem allgemeinen Skandal und der Entmachtung in Selbstzerstörung.

> Nun, so halt bereit dein Messer,
> Und wenn sie mich greifen, Zanga,
> Stoß von rückwärts mirs in Leib.
> Hörst du wohl? von rückwärts, Zanga,
> Und wenn alles erst verloren.
>
> (III, 1876 ff.)

Rustans angedrohter Selbstmord ist bei seiner Feigheit nicht ernstzuneh-, men. Zudem gehorcht Zanga ihm nicht: der Schwarze wird zu einer teufli- schen Figur, des Schlimmsten fähig, das sich Rustan ausmalen kann.

Rustans Traum gewährt Einblicke in die Mechanismen der Diskrimi- nation. Kriminelles, Unmoralisches oder Bedrohliches werden einem „anderen" zugeschrieben, so daß der negative Fokuspunkt außerhalb der eigenen Person oder Gruppe liegt. Wie sich Vorurteile an unterprivilegier- ten Gruppen anhängen, demonstriert auch das Erscheinen der Hexe. Durch ihren Trank, nicht etwa Rustans Tat, so wird insinuiert, muß der König sterben. Da die Sündenböcke aber immer so beschaffen sind, daß ihnen soziale und politische Macht fehlt, entlarvt sich das Konstrukt als Lüge.

Rustan ist in allen Masken selbst verantwortlich. Verantwortlichkeit ist aber der wunde Punkt der ländlich-bürgerlichen Gesellschaft. Wie Ru- stan seine Verfehlungen Zanga, der Alten und Osmin zuschreibt, so schiebt Mirza die Schuld für Rustans Veränderung auf Zanga. (IV, 2666 ff.) Nicht Menschlichkeit, Mißtrauen ist der Grund für Zangas Frei- setzung. Rustan kauft ihn mit fast denselben Worten aus seinem Lebens- bereich, die er Gülnare gegenüber gebraucht hat.

Macht ist der Grund, den Rustan in seinen Familienkreis zurück- führt. Hier wird ihm ja geboten, worum er in seinem Traum verzweifelt bat: Herrschaft. Zwar ist der Kreis klein, doch wird er über seine Frau, Kinder und Sklaven herrschen. So ist ihm eine Vorrangstelle bereitet, die für den ihn betreffenden Herrschaftsdruck ein gutes Ventil läßt. Für Ru- stan ist die Zeit des Spielens ein Übergang. Zangas Labilität dagegen ist in- tegraler Teil seiner Position. Deshalb muß er als unzuverlässig entlassen werden. Die Freilassung ist ein humanes Mittel der Eliminierung, in ande- ren Werken Grillparzers treten andere in Erscheinung, so der Mord in *Die Jüdin von Toledo* und die gewaltsame Verbannung in *Medea*.

Massud begreift die Traumprozesse als Bestandteil von Rustans Per- sönlichkeit. Seine gelassene Reaktion läßt darauf schließen, daß ihm das destruktive Potential nicht unbekannt ist. (IV, 2727 ff.) Sein „hüte dich, so will auch ich" deutet an, daß Rustans Zustände klassenspezifisch sein könnten.

Dramenextern wird der Zuschauer zu einer Reflexion der dargestell- ten bürgerlichen Kleinfamilie angehalten, eine scheinbar sichere kleine Welt, die von innen und außen her korrumpiert wird. Unter der glatten Oberfläche schwelt Revolution. Verständlicherweise hatte Rustans un- idyllischer Traum kein positives Echo, sondern löste Unbehagen aus. Die scharfe Analyse dieses Mikrokosmos einer bürgerlichen Welt, die, ohne schon zur Macht gekommen zu sein, bereits dekadent ist, deren Ansprü- che jedoch gleichzeitig die der höheren Stände in Frage stellt, schaffte Grillparzer wenig Freunde. Auch die Liebeshandlungen sind durchaus unersprießlich. Ist das Motiv für die Rustan-Gülnare-Handlung opportunistischer Aufstiegswille, so findet das bürgerliche Paar lauwarm zusammen, weil nichts anderes übrig bleibt.

Von dieser Warte her ist das Drama auch ein Kommentar auf den von Grillparzer gewählten Lebensstil – ein Vermeiden dieser einfachen bürgerlichen Lösung.

Rustans Rebellion versagt. Deshalb paßt er sich an und spielt das bürgerliche Spiel mit legitimen Mitteln. Statt Befriedigung bietet die Welt des Bürgers Resignation:

> Eines ist nur Glück hienieden,
> Eins, des Innern stiller Frieden,
> Und die schuldbefreite Brust.
> Und die Größe ist gefährlich,
> Und der Ruhm ein leeres Spiel;
> Was er gibt, sind nichtge Schatten,
> Was er nimmt, es ist so viel.

(IV, 2650 ff.)

Ohne sein „Komplementärdasein" sinnvoll zu bewältigen, verdrängt Rustan den rebellischen Teil seiner selbst und baut sein Liebes- und Familienglück auf einer Zeitbombe.

Der arme Spielmann

Zusammen mit Stifters Novelle *Prokop* erschien Grillparzers Erzählung *Der arme Spielmann* 1848 im Almanach Iris. Obwohl der Autor in seinem Entwurf an Majláth dem Text ironisch die Aktualität abspricht (*Briefe und Dokumente* III, S. 25–26) hatte er sich vor nicht zu langer Zeit für die Abschaffung der Zensur eingesetzt.[3]

Meist wurde Grillparzers Erzählung als eine biedermeierliche Charakterstudie, ein Lob der Beschränkung, aufgefaßt, eine vorsichtige autobiographische Erzählung.[4] Nicht zufällig ist „Der arme Spielmann"

---

3 „Es kann keine Censur geben, weil es keine Censoren gibt", i. e. jemanden, der „das Wahre und das Schöne in allen seinen Formen unter allen Umständen zu erkennen fähig gewesen wäre". Prosa I, S. 188 (1844). Wenig später findet sich Grillparzers Name an der Spitze einer „Denkschrift über die gegenwärtigen Zustände der Censur in Österreich", 1845, Briefe und Dokumente, III, S. 232. Allerdings stellt er fest, das Schicksal der Bittschrift habe die Bittsteller gar nicht so bestürzt, „von der Fruchtlosigkeit ihres Schrittes im voraus überzeugt", (Prosa II, S. 44 ff.) Die Bittschrift war ignoriert, die Zensur verschärft worden.

4 HEINZ POLITZER, Franz Grillparzers Der arme Spielmann. (Stuttgart 1967), S. 46–47. Hierzu: HEINZ POLITZER, „Die Verwandlung des armen Spielmanns. Ein Grillparzer-Motiv bei Franz Kafka." JbGG, 3. F., 4 (1965), S. 55–64.

Grillparzers Beitrag zum Revolutionsjahre. Die Erzählung umgeht die strengen Zensurbestimmungen für das Theater, so daß Grillparzer nicht die üblichen Rücksichten nehmen muß. Er wich weder ins Historische noch ins Antike aus. Wien, vielleicht in den 20er Jahren des 19. Jahrhunderts, ist der Schauplatz und es werden alle Bevölkerungsschichten dargestellt.

Eine faszinierende Erscheinung steht im Zentrum. Modern gesprochen geht es um einen sozialen Aussteiger. Jakob selbst versteht sich nicht als solchen. Er schafft sich jedoch eine Welt außerhalb der seiner Familie, der Barbaras und der ehemaligen Kollegen. In seinem Lebenskreis ist er von der utilitaristischen Umwelt nicht mehr ausnutzbar. Jakob ist, wenn er es auch nicht zugibt, Bettler. Nur so kann er seine Integrität wahren. Seine Aufopferung am Ende ist, wie sein Leben, von dieser seltsamen Integrität: er leistet einen sinnlosen Einsatz, ohne auf Belohnung zu hoffen – einen existentialistischen *acte gratuit*. Er stirbt an den Folgen seiner guten Tat.

Man könnte Jakob einen Individualisten nennen – möglicherweise eine Parodie auf die idiosynkratische Kunst- und Weltauffassung der Romantik. Über sie hinaus ist Jakob ein soziales Phänomen, Bestandteil einer Welt, über die die Erzählung detailliert Aufschluß gibt.

Wir erfahren durch Jakobs zweimal gebrochene Geschichte, daß er ein Sohn aus gutem Hause ist. „Hier nannte er den Namen eines Staatsmannes, der in der zweiten Hälfte des vorigen Jahrhunderts unter dem bescheidenen Titel eines Bureauchefs einen ungeheuren, beinahe ministerähnlichen Einfluß ausgeübt hatte." (S. 50–51) Die Herkunft ließe erwarten, daß Jakob sich auf einem ähnlichen sozialen Niveau bewegt wie der Vater und die Brüder. Aus seinem drastischen Abstieg allein müssen sich Fragen ergeben.

Ohne daß – am wenigsten von Jakob – ein kausaler Nexus hergestellt wird, erfährt der Leser, daß das Elternhaus Jakobs „Versagen" motiviert. Jakob ist konstitutionell anders als seine Geschwister oder auch der Erzähler, und, wie dieser voraussetzt, der Leser. Jakob ist das Produkt eines karriere- und autoritätsbetonten Haushalts. Der Vater besaß die absolute Macht. „Ehrgeizig", „heftig", „unzufrieden", „schelten", „drohen", „Stolz" u. ä. werden im Zusammenhang mit ihm genannt. Jakob nimmt den Vater scheinbar in Schutz, während er ihn jedoch wirklich bloßstellt. „*Ce gueux*, schalt er mich, was ich damals nicht war, aber jetzt bin. Die Eltern prophezeien, wenn sie reden! Übrigens war mein Vater ein guter Mann. Nur heftig und ehrgeizig." (S. 52)

Gleichsam unter der Hand aber liefert Jakob das Material, den Vater zu kritisieren. Er macht deutlich, daß der Vater selbst vor dem Betrug nicht zurückschreckt, gilt es, den als langsam aufgefaßten und damit schon verworfenen Sohn noch zu fördern. Standesdünkel, denen sich Jakob nicht anschließt, werden am Vater sichtbar. „Mein Vater, auf's Äußerste unzufrieden, schalt mich häufig und drohte mich zu einem Handwerker zu geben. Ich wagte nicht zu sagen, wie glücklich mich das gemacht hätte." (S. 51)

Der herrschsüchtige Vater mit seinen Zornausbrüchen scheint dem sensiblen Sohn das Selbstbewußtsein geraubt zu haben. Jakobs Entwicklung scheint aufgehalten und durchkreuzt worden zu sein. Ein Vorsichtszeichen ist gegeben. Die „erfolgreichen" Brüder Jakobs scheitern unter skandalösen Umständen. Jakob ist der einzige bekannte Überlebende der Familie.

Jakob ist überlebensfähiger als die Kritik allgemein annimmt. Jakob hält es nicht für nötig, für seine Existenz Entschuldigungen zu finden. Anscheinend ist er, wo er sein will. Er tadelt Vater und Brüder nicht, sondern ist rührend bemüht, oberflächlich betrachtet, den Vater ins rechte Licht zu rücken. Gleichsam mit dem Vater nimmt er Partei gegen sich selbst. Er verinnerlicht die Vorhaltungen, die man ihm gemacht hat. Er erlaubt sich keine Rebellion der Autorität gegenüber. Dagegen merkt er über sich an: „So ward ich denn immer gedrängt." „. . . ich begann stockisch zu werden." (S. 51) Ganz ohne Reaktion nimmt er das ihm Angetane nicht hin. Er verstockt sich.

Hierin liegt der Schlüssel für Jakobs Verhalten. Anders wäre es befremdlich, wie er die Mißhandlungen zu Hause, die ihm widerwärtige Situation auf der Kanzlei, den Betrug um seine Erbschaft, den Verlust Barbaras, hinnimmt. „Sie werden glauben, verehrtester Herr, . . . daß ich mich nun als den unglücklichsten aller Menschen fühlte. Und so war es auch im ersten Augenblicke. Als ich aber aus dem Laden heraustrat, . . . da kam eine selige Empfindung über mich. Daß sie nun alles Kummers los war, Frau im eigenen Hause, und nicht nötig hatte, wie wenn sie ihre Tage an einen Herd- und Heimatlosen geknöpft hätte, Kummer und Elend zu tragen, das legte sich wie ein lindernder Balsam auf meine Brust, und ich segnete sie und ihre Wege." (S. 76)

Gewinnt man den Eindruck, der mit seinem Los zufriedene Bettler besäße keine Aggressionen, so halte man sich die Wirkung seiner Musik vor Augen. Sie ist eine Plage für alle. Während Jakob formaliter nichts vorgehalten werden kann, da er sich durch seine schäbige Noblesse, seine lateinischen Brocken, seine professionelle Haltung, kurz alles, was ihn von den Volksmusikanten abhebt, angenehm macht, so ist er doch grotesk und ein Ärgernis, außerstande, „den leichtesten Walzer faßbar wiederzugeben". (S. 43) Trotz seiner Tugenden ist Jakob nur mit Toleranz zu ertragen, seine Vorzüge trägt er ostentativ wie einen Schild vor sich her. „Soll das heute einmal wieder gar kein Ende nehmen?" „Kratzt der Alte einmal wieder", so reagiert man auf Jakobs Spiel. Auch Barbara bezeichnet seine Kunst als „Kratzen". Der Ohrenschmerz anderer ist Jakob das

höchste Vergnügen. Er stellt fest, das Violinenspiel habe erst dann angefangen ihm Freude zu machen, als er die Freiheit zu phantasieren hatte. Er
will aber mehr, als nur gelitten werden mit seiner penetranten Kunst, er
will durch sie sein Fortkommen suchen. (S. 76) Jakob erwartet Anerkennung für seine Darbietungen – und er setzt sich durch. Mitleidige geben
ihm Geld, Barbara stellt ihn als Lehrer ihres Sohnes ein.

Es ist ironisch, daß die Freundin, die er tief enttäuscht hat, zu denen
gehört, die zu seinem Lebensunterhalt mit beitragen, daß er von seinem
Vater, dessen Erwartungen er nicht erfüllte, das freilich schnell vertane
Vermögen erbte. Jakob läßt sich darüber aus, daß die Brüder durch ihr un-
lauteres Verhalten dem Vater Enttäuschungen bereitet haben. Daß er
selbst der größte Skandal gewesen sein muß, gibt er sich gegenüber nur
unvollkommen zu. Jedenfalls hält er sich nicht für verantwortlich in dem
Maße wie es andere waren. Dabei kann es kein Zufall sein, daß Jakob gerade bei der entscheidenden Prüfung versagt, obwohl ihm alle Weichen
gestellt sind, daß er die Beerdigung des Vaters versäumt, obwohl ihm der
Anzug dafür zurechtgelegt ist. Es bedarf auch eines besonderen Talents,
trotz Protektion, einem ererbten Vermögen und dem guten Willen z. B.
Barbaras, so weit abzusteigen wie es Jakob tut. Ein kometenhafter Aufstieg wäre nicht schwerer zu vollziehen. Kleine Schicksalsschläge genügen
nicht, Jakobs Schicksal zu motivieren.

Jakob versagt systematisch, wenn ihm die Gelegenheit, sich einzu-
passen in eine großbürgerliche Existenz, geboten wird. Sein Verhältnis zu
der Violine gewährt Einblick in die Beweggründe. Jakob nennt die Barba-
ra-Geschichte „die traurigste und freudigste meines Lebens" (S. 53) –
nicht um der Liebe willen, sondern wegen des Geigenspiels. „Meine Entfernung aus dem väterlichen Hause nämlich und das Wiederkehren zur
holden Tonkunst, zu meiner Violine." (S. 53) Solange Jakob zu Hause
angehalten war, Violine zu spielen – und zwar nach den etablierten Regeln
der Kunst – haßte er Instrument wie Musik. Erst als er Barbara das gemüt-
liche, „übrigens gar nicht ausgezeichnete Lied" nachzuspielen versucht,
gewinnt er eine Liebe für das Instrument. (S. 54) Ein gesellschaftlich nicht
akzeptables Lied, gesungen von einer unstandesgemäßen Frau, inspiriert
Jakobs verkümmerte Zärtlichkeit, die sich von der lebendigen Person
gleich auf das Instrument überträgt – das eine kann er kontrollieren, die
andere nicht. Der Einbruch des Gefühls berührt Jakob in seiner emotionalen Wüste wie ein spirituelles Erlebnis. „Obwohl mir das Was der Musik mit Ausnahme jenes Lieds, immer ziemlich gleichgültig war und auch
geblieben ist bis zum heutigen Tag. Sie spielen den Wolfgang Amadeus
Mozart und den Sebastian Bach, aber den lieben Gott spielt keiner."
(S. 55) Anspruch auf das Absolute wird zum Schirm für die Inkompetenz.
Die Inkongruenz zwischen dem Realen und dem Postulierten bewirkt Lä-
cherlichkeit.

Jakobs Nicht- oder Zu-Spät-Handeln ist folgenreich. Ihm liegt der Entschluß zugrunde, nicht Teil zu sein – weder der Gesellschaft des Vaters noch der kleinbürgerlichen des Greislers. Jakobs zur Schau getragene Passivität schützt ihn vor Verantwortungsbewußtsein oder Schuldgefühlen. Nur so lassen sich seine Anfälle von Reue deuten: „Ich erschrak heftig, weil ich wußte, wie bitter es meinen Vater kränken mußte. Ich tat den ganzen Tag nichts als weinen und dazwischen jene lateinischen Verse rezitieren, die ich nun aufs Und wußte mit den vorhergehenden und nachfolgenden dazu." (S. 51 f.)[5] Wenn niemand es mehr verlangt, kann Jakob durchaus das Gewünschte leisten. Er ist auch, wie sein Engagement für sein hoffnungsloses Geigenspiel beweist, imstande, sich voll einzusetzen und nach den Regeln der bürgerlichen Gesellschaft zu – arbeiten. Freilich tut er es auch hier außerhalb des Kontextes. Seine Pünktlichkeit und streng geregelte Arbeitszeit sind für ein Künstlerdasein eher ein Hemmnis.

Die Enttäuschungen, die Jakob anderen zufügt, sind keineswegs minimal. Aufgrund seiner Jämmerlichkeit nimmt man sie ihm nur nicht ernstlich übel. Zu ihnen gehört auch, daß er zunächst Barbara um ihr Recht bringt, in der Kanzlei Bäckereien zu verkaufen, und sie zuletzt um die Erfüllung ihrer privaten Hoffnungen betrügt.

Jakob mußte unter der strengen Fuchtel des Vaters seine Aggressionen unterdrücken, bis sie so diffus wurden, daß sie nun jeden treffen, der Jakob zu nahe kommt – wie die Mißtöne seines Geigenspiels. Die Musik ist nicht das, wofür Politzer sie hält: „Die Erzählung des armen Spielmanns ist geradezu die Geschichte vom Sündenfall der Musik, ja von der Kunst im allgemeinen gewesen . . . Es liegt große Anmaßung in der Demut dieses Einfältigen . . . Und dennoch lebt in diesem Musikanten noch genug Naivität, in seinem ästhetischen Glauben genug katholisches Erbe, um seinem Spiel und seinem Wesen den späten Abglanz einer *imitatio Dei* zu verleihen. Er strebt auch nach der Gotteskindschaft des Menschen, wenn er den Allmächtigen spielen will."[6] Jakobs Spiel ist ein subtiler Ra-

---

5 WOLFGANG WITTKOWSKI, „Grenze als Stufe. Josephinischer Gradualismus und barokkes Welttheater in Grillparzers Novelle ‚Der arme Spielmann'", Aurora, 41 (1981), S. 135–160, S. 144. „Besonderes Aufsehen erregte hier stets die unglückliche Schulprüfung. Sie ist, wie die Kirchweih am Anfang und das Begräbnis am Schluß, ein Theaterelement, ein Spiel im Spiel. Im Zentrum steht abermals ein Horaz-Zitat. Hier geht es um die ‚Übereinstimmung' und ‚Angemessenheit', welche die Rhetorik zwischen Rede und Sache fordert . . . Der Spielmann, der noch als Schüler Jakob die Verse herzusagen hatte, konnte ausgerechnet das letzte Wort nicht finden, auf das das Epigramm inhaltlich und syntaktisch abzielt: ‚calchinnum', Hohngelächter. Und wie die Verse es verheißen, wird ihm eben das zuteil, man kann sagen, als angemessene Quittung für seinen unangemessenen Vortrag."

6 PETER SCHÄUBLIN, „Das Musizieren des armen Spielmanns." Sprachkunst, 3 (1972), 31–55. WOLFGANG PAULSEN, „Der gute Bürger Jakob. Zur Satire in Grillparzers Armem Spielmann." Colloquia Germanica (1968), S. 273–298. – POLITZER, Verwandlung.

cheakt an der Gesellschaft. Es qualifiziert ihn zum Lumpen, den der Vater voraussagte, es betrügt die Frau um die ihr zukommende Zärtlichkeit, es quält die Zuhörer. Es macht aber auch den Spieler zu einem praktisch nutzlosen Außenseiter. Es ist Rache und Strafe zugleich.

Der arme Spielmann befaßt sich mit den Auswirkungen der absolutistischen Autorität, die sich entweder korrupte Abbilder ihrer selbst schafft oder das Individuum verkrüppelt. Die Jakobs sind von beiden Alternativen die häufigeren.

Ihre Aggression geht in den Untergrund. Ehrgeiz wandelt sich in Anti-Ehrgeiz. Die destruktive Potenz der erfahrenen Mißhandlung ist noch immer da, wie Canetti es von dem Befehlsstachel beschreibt:

> Der Befehl besteht aus einem *Antrieb* und einem *Stachel.* Der Antrieb zwingt den Empfänger zur Ausführung, und zwar so, wie es dem Inhalt des Befehls gemäß ist. Der Stachel bleibt in dem zurück, der den Befehl ausführt. Wenn Befehle normal funktionieren, so wie man es von ihnen erwartet, so ist vom Stachel nichts zu sehen. Er ist geheim, man vermutet ihn nicht; vielleicht äußert er sich, kaum bemerkt, in einem leisen Widerstand, bevor dem Befehl gehorcht wird. Aber der Stachel senkt sich tief in den Menschen ein, der einen Befehl ausgeführt hat, und bleibt dort unverändert liegen. Es gibt unter allen seelischen Gebilden nichts, das weniger unveränderlich wäre. . . . Es kann Jahre und Jahrzehnte dauern, bis jener versenkte und gespeicherte Teil des Befehls, im kleinen sein genaues Ebenbild, wieder zum Vorschein kommt. Aber es ist wichtig zu wissen, daß kein Befehl verlorengeht; nie ist es mit seiner Ausführung wirklich geschehen, er wird für immer gespeichert.
> Die Befehlsempfänger, denen am gründlichsten mitgespielt wird, sind Kinder. Daß sie unter der Last von Befehlen nicht zusammenbrechen, daß sie das Treiben ihrer Erzieher überleben, erscheint wie ein Wunder. Daß sie alles, nicht weniger grausam als jene, später an ihre eigenen Kinder weitergeben, ist so natürlich wie Beißen und Sprechen. Aber was einen immer überraschen wird, ist die Unverletztheit, mit der sich Befehle aus der frühesten Kindheit erhalten haben . . .
> Nur der *ausgeführte* Befehl hinterläßt seinen Stachel in dem, der ihn befolgt hat, haften. Wer Befehlen ausweicht, der muß sie auch nicht speichern. Der ‚freie' Mensch ist nur der, der es verstanden hat, Befehlen auszuweichen, und nicht jener, der sich erst nachträglich von ihnen befreit. Aber wer am längsten zu dieser Befreiung braucht oder es überhaupt nicht vermag, der zweifellos ist der Unfreieste.[7])

---

7 CANETTI, S. 338–339. Von diesem Standpunkt aus betrachtet ist der Annahme JOST HERMANDS, Die literarische Formenwelt des Biedermeiers (Gießen 1958), S. 100, S. 110, es handele sich um eine „verkappte Künstlernovelle" und konzentriere sich um das „Ausnahmedasein des Menschen", nicht zuzustimmen.

Durch sein Versagen hat sich Jakob von Befehlen, von denen seine Kindheit übervoll war, entzogen. Befreit aber hat er sich nicht. Im Verzicht auf eine Machtposition, selbst die als Familienvater, kann er die empfangenen Befehle nicht weitergeben. Jakob ist für seine Umgebung nicht weniger destruktiv als es ein offen Aggressiver wäre. Für seinen Charakter fehlt es zur Erkenntnis im allgemeinen an Mitteln. Durch Jakobs rechtschaffene Fassade gibt es gegen seine Antisozialität keine Handhabe.

Jakob ist das Resultat einer autoritären Umwelt. Das väterliche Rollenmodell ist zum passiv-aggressiven Anti-Modell umgeschlagen. Der Sohn, der noch außer Hauses als Kind gehalten wird und Kostgeld erhält, „das man mir aber nicht auf die Hand gab, sondern monatsweise im Speisehaus bezahlte", (S. 54) will nicht erwachsen werden.

Die Gesellschaft ist auffällig frauenlos. Jakob und die Greislertochter sind mutterlos. Barbara ist in der Kanzlei das einzige weibliche Geschöpf.

Könnte durch die an Jakob dargestellten Mißstände der Verdacht kommen, es gehe um die Korruption in den höheren Ständen, so verhindert die Aufnahme derselben Themenkreise bei Barbara und ihrem Vater eine solche Annahme. Unter den weniger Privilegierten findet sich kein natürlicheres und besseres Leben. Die Werte des Greislers sind an den Privilegierten stilisiert. Materielle Vorteile, soziale Stellung, Geschäfte sind seine Werte nicht weniger als die des Bürochefs. Auch der Greisler schreckt vor unlauteren Mitteln nicht zurück, wenn es um seinen Vorteil geht.

Barbara unterscheidet sich von ihrem Vater – und auch Jakob – durch ihre Ehrlichkeit sich und anderen gegenüber. Sie weigert sich, Zugeständnisse an die Männer zu machen, weigert sich, aus der opportunen Bekanntschaft mit Jakob Kapital zu ziehen und widersteht ihrem kupplerischen Vater, der sie zu körperlichem Kontakt mit Jakob ermuntert. (S. 69) Indem Barbara, ohne ihren Unmut zu verhehlen, zuschlägt, bleibt sie freier als Jakob, in dem sich die Aggressionsmassen stauen. Canetti führt aus, daß „der Stachel seine reine Gestalt verliert und sich zu einem lebensgefährlichen Monstrum" entwickelt. (S. 365) Dies ist der Fall bei Jakob.

Barbara ist besser adaptiert als Jakob, der dafür sicherlich das größere revolutionäre Potential besitzt. Jakob ist nicht das Gegenteil von seinem Vater – Barbaras Existenz schließt eine derartige Annahme aus. Einige Eigenschaften hat er mit dem Bürochef gemein. Er nimmt keine Entscheidungen zurück. (S. 52) Auch das Pedantisch-Prinzipienreiterische des Vaters ist ihm zu eigen. Von den ihm antrainierten Eigenschaften hält er an den ihm am wenigsten vorteilhaften fest.

Um den Forderungen von außen her zu widerstehen, macht sich Jakob starr und unwandelbar. Seine Unbehülflichkeit ist ein Modus des Selbstschutzes. Pazifismus ist ein bedeutender Teil seiner Persönlichkeit.

„Den Antrag, ins Militär zu treten, wies ich mit Abscheu zurück. Ich kann noch jetzt keine Uniform ohne innerlichen Schauer ansehen. Daß man werte Angehörige allenfalls mit Lebensgefahr schützt, ist wohl gut und begreiflich; aber Blutvergießen und Verstümmelung als Stand, als Beschäftigung. Nein! Nein! Nein!" (S. 52–53) In allen Dingen wehrt sich Jakob gegen die traditionelle männliche Rolle.

Barbaras Lage ist insofern anders, als sie sich trotz einer mißlichen Heirat sozial integriert. Bemerkenswerterweise ist ihr Mann als Fleischer berufsmäßig mit dem Töten und Verstümmeln beschäftigt, welches Jakob so haßt. Barbara sind die Werte ihrer Umgebung weniger zentral als Jakob. Der Vater ist ihr kein unerreichtes Vorbild, aber auch kein Feindbild. Die wirtschaftliche Macht, die er wie der spätere Ehemann über sie haben, beeindruckt sie wenig. Sie ist keine Schwärmerin. Sie kennt die Rolle des Geldes und bezieht es in ihre Lebenspläne mit ein.

Im Gegensatz zu ihr ist Jakob in einem Netz von bestimmten Verhaltensmodi gefangen. Mag er im Großen versagen, im Kleinen bleibt er der anerzogenen Reinlichkeit, Ordnung und dem Arbeitsethos verhaftet. So bleibt er auch den wirklichen Proletariern fremd. Jakob trennt ihre Sphäre deutlich von seiner in dem Zimmer, das er mit ihnen teilt.

Wollte man Jakob seinen gutbürgerlichen Bemühungen, seinen Arbeits- und Moralauffassungen nach einordnen, wären seine Ideen von der Kunst die einzigen Faktoren, die sein Leben bestimmen, so gehörte er durchaus zu seiner alten Umgebung. Diese Aspekte sind bei ihm jedoch aller Funktionalität entkleidet worden. Es fehlt ihnen die bürgerliche Produktivität. Formal ein Mitglied der herrschenden Klassen ist er ein Außenseiter in allen sozialen Kreisen.

Jakob kann nirgends erfolgreich eingegliedert werden. Sein Boykott der hierarchischen Gesellschaft erweist sich als wirkungsvoll, denn man kann Jakob weder sinnvoll bestrafen – er tut nichts Unrechtes – noch ausbeuten. Er hat sich seiner Umwelt auf die denkbar geschickteste Weise entzogen. Sein angestautes destruktives Potential trifft alle, die ihm zu nahe kommen. So betrachtet ist Jakob in seiner selbstgeschaffenen Unantastbarkeit bewundernswert. Man möchte Jakobs Einsamkeit einen hohen Einsatz für die so gewonnene Freiheit nennen. Ein Blick auf die Familienverhältnisse und interpersonalen Beziehungen innerhalb der Gesellschaft lassen mit dem schnellen Urteil zögern. Gleich, ob es um die von dem Erzähler beobachteten Massen oder den Mikrokosmos der zur Sprache kommenden Familie geht, die menschlichen Verhältnisse sind gestört. Angeblich gibt es bei der Kirchweihe von Brigittenau „keine Möglichkeit der Absonderung". (S. 37) Und doch steht der Erzähler allein wie der Spielmann. Wie aber sieht das feiernde Volk aus? Zunächst ist da der Eindruck der Anonymität und Massenhaftigkeit. Die Menschen ziehen als „Ströme" dahin. Die Gleichheit ist nur scheinbar, da die verschiedenarti-

176

gen Wagen die Unterschiede zwischen den Vornehmen und den „Kindern der Dienstbarkeit und der Arbeit" indizieren. (S. 38) Der Erzähler denkt an Tragödien, wenn er Individuen aussondert: „bei der jungen Magd, die halb wider Willen, dem drängenden Liebhaber seitab vom Gewühl der Tanzenden folgt, liegen als Embryo die Julien, die Didos, die Medeen." (S. 39) Die Gaukler sind widerlich verzerrt. „Eine Harfenspielerin mit widerlich starrenden Augen. Ein alter invalider Stelzfuß . . . ein lahmer verwachsener Knabe . . ." (S. 40) Volkskunst ist das Gewerbe von Krüppeln. Aber auch die „hohe" Kunst wird gleich abgewertet: „Als leidenschaftlicher Liebhaber der Menschen, vorzüglich des Volkes, so daß mir selbst als dramatischer Dichter der rückhaltlose Ausbruch eines überfüllten Schauspielhauses immer zehnmal interessanter, ja belehrender war, als das zusammengeklügelte Urteil eines an Leib und Seele verkrüppelten, vom Blut ausgesogener Autoren spinnenartig aufgeschwollenen literarischen Matadors." (S. 39)

Schon zu Beginn des Textes erhebt sich die Frage, welche Gesellschaft ihre künstlerische Befriedigung und sexuelle Lust aus den Leiden anderer zieht, bzw. Objekte seiner unterschwelligen Verachtung und Diskrimination zu Vergnügungsobjekten macht – Krüppel und Frauen.

Der perverse Aspekt der Lustbarkeit ist nicht zu verkennen. Auch in dem Fest manifestiert sich der Druck von oben, der alle Teile des sozialen Gebildes beeinträchtigt. Jeder einzelne findet sich gedrückt und entfremdet. Der Text stellt Spielarten von privatem Unglück dar, hervorgerufen von einer etablierten Ordnung, der patriarchalischen, die Autoritätsmißbrauch und seine Folgen geradezu legalisiert.

Jakob wird psychisch und intellektuell „entmannt". Nach dem Erlebnis mit Barbara ist er außerstande, mit einer anderen Frau eine Beziehung aufzunehmen. So fällt der „unmännliche" Mann aus dem Gefüge heraus und bleibt finanziell und sozial außerstande, eine Familie zu gründen oder sexuelle Erfüllung zu finden. In das Panorama gehört eine Sexualmoral, die unerreichbare Forderungen stellt und gefallene Mädchen und unglücklich verheiratete Frauen schafft. Die Verbindung zwischen Barbara und Jakob scheiterte nur an der finanziellen Frage, nicht an Mangel an Zuneigung.

Barbara ist der Tradition so verwurzelt, daß sie sich scheut, die ihr angemessene Rolle anzunehmen: „Aber wenn Sie Vertrauen zu mir haben und gerne in meiner Nähe sind, so bringen Sie den Putzladen an sich, der hier nebenan zu Verkauf steht", schlägt sie vor, als es zu spät ist. „Aber ändern müßten Sie sich! Ich hasse die weibischen Männer!" (S. 71) Aus dem sozial begründeten Vorurteil zögert Barbara, die traditionell männliche Rolle zu übernehmen, die ihrem Naturell entspricht. Jakob würde die weibliche sehr wohl anstehen. Freilich ist Begabung der geringste Faktor in einem Gemeinwesen, das seine Einordnungen stereotyp nach Klasse und Geschlecht vornimmt.

Die Bedürfnisse des Individuums kommen nicht zu ihrem Recht. Entfaltung von Fähigkeiten und Neigungen ist nicht gewährleistet. Auflehnung gegen die Hemmnisse sind dem Einzelnen nicht möglich, da ein jeder dazu beiträgt, daß die Mißstände perpetuiert werden. Antrieb dazu bilden die Illusionen, auf die die Gemeinschaft gegründet ist: die Arbeitsethik, die jedem vorspiegelt, man könne durch Arbeit und Leistung Erfolg erreichen. Betrachtet man aber selbst die Erfolgreichen, so scheint ihre Existenz nur wenig erstrebenswert. Zumindest aber glaubt ein jeder, durch die eigenen Einfälle sich durchgaunern zu können – so der Greisler durch eine günstige Verkupplung der Tochter, der Bürochef durch seine korrupten Taktiken. Die Strukturen des Systems spiegeln dem Einzelnen vor, Meister des eigenen Geschickes zu sein. Die patriarchalischen Erbschaftsverhältnisse garantieren die Stabilität des Systems in die folgenden Generationen.

Jakob entledigt sich aller Verpflichtungen, selbst der zum Dank, indem er das Ererbte rasch los wird und die Verantwortung für den Besitz schnell weiterreicht. Er bricht so auch die Kette von einer Generation in die andere und tritt aus dem unüberschaubaren Wust der sozio-ökonomischen Motive, emotionalen und moralischen Faktoren, Instinkten und pragmatischen Überlegungen aus. Selbst Barbara entkommt nicht so vollkommen wie Jakob, der zum Aussteiger, zur maginalen Existenz wird.

Jakob wird gesehen und gehört. Der Erzähler bringt seine Geschichte zu Papier und tradiert damit das Porträt eines Anti-Helden. Jakobs letzte Tat ist eine Mischung aus wahrem Einsatz und Don-Quichoterie. Jemand, der sich mit der Gesellschaft identifiziert, könnte argumentieren, daß auch die Stunde der wahren Produktivität für Jakob gekommen sei, der Moment, wo er sich nützlich in die Gesellschaft eingliedert.

Jakob aber hilft und greift noch ein, als es niemand sonst mehr tut und bringt dem Besitzer möglicherweise belastende Steuerbücher und Papiergeld. Die Motive des allgemeinen Wohls gelten nicht für Jakob, der sich selbst und anderen so weit entfremdet ist, daß er nur Hochleistungen erbringen kann, wo er selbst nicht betroffen ist. Er opfert sich in einem absurden Akt auf, der in seiner bizarren Unmotiviertheit an existentialistische Motive denken läßt.

Grillparzers Erzählung stellt dar, daß Selbstverleugnung, wie sie in Jakobs Askese, seiner Besitzlosigkeit, seinem Mangel an Territorial- und Besitzansprüchen weder für das Individuum noch die Allgemeinheit von Nutzen ist. Es sind aber gerade diese christlichen Eigenschaften des christlichen Tugendkalenders, die dem, der sie lebt, am wenigsten zum Vorteil gereichen. An Jakob kristallisiert sich die Doppelbödigkeit der Wiener

Gesellschaft des 19. Jahrhunderts, einer Gesellschaft, die sich im Umbruch befindet und noch versucht, am Überkommenen festzuhalten.[8])

Ein Phänomen, das für den deutschen Sprachraum bis in das 20. Jahrhundert ein Dilemma darstellt, zeichnet sich ab: Die Unmündigkeit des in seinem menschlichen Reifeprozeß gestörten und verkannten Staatsbürgers, der sich entschließt, gar nicht erst erwachsen zu werden. Jakob bleibt gewissermaßen ewig Kind, lebt von der Wohltätigkeit anderer und ist zu einem eigenen Sexual- und Familienleben nicht fähig. Unterschwellig ist er ein aggressiver, weder politisch noch sozial verantwortlicher Mensch, der sich hütet, für sich selbst zu denken und zu handeln. Die Kehrseite der Medaille ist der rohe, brutale Typus. Beide stammen aus einer Familie – wie die Familie des Bürochefs anzeigt. Aus demselben Haus sozusagen bildete sich nach dem Abtritt der Monarchen ein unmündiger Staat. Jakobs Fall legt dar, daß repressive Institutionen an der Züchtung beider Typen Teil hatten.

---

8 Auf keinen Fall ist Jakob der „heilige Geiger", wie HERTHA KROTKOFF, Modern Language Notes, 85 (1970), S. 366 festhält: „Doch beide, das fromme Fest und der heiligmäßige Geiger, werden von den Zeitgenossen des Erzählers für weltliche Zwecke mißbraucht; die Ehrfurcht vor dem heiligen und das Verständnis für das zugrundeliegende Wertkonzept fehlen sowohl der Masse als auch ihren einzelnen Vertretern." Auch formal orientierte Interpretationen wie die von JOHN M. ELLIS, Narration in the German Novelle: Theory and Interpretation (London 1974), gehen an dem sozialkritischen Gehalt vorbei. Zu Jakobs Prüfung ist eine Parallele anzuführen. Medeas Versagen vor Jason und Kreusa, nachdem ihr Kreusa das Liedchen, das sie vorsingen will, eingepaukt hat. Wie das Lateinische und dessen Zweck Jakob fremd und unangemessen ist, ist Medea das Lied aufgezwungen worden zu einem Zweck, der ihr eigentlich widerstrebt: sich domestizieren zu lassen. Dasselbe ist der Fall bei Jakob. Würde er sich der Prüfung „unterwerfen," würde er seinem eigentlichen Wesen untreu.

Libussa – Die Synthese

Libussa vereinigt auf einmalige Weise die verschiedenartigen Anliegen Grillparzers. Bis zum Ende seiner Karriere beschäftigte sich der Autor mit diesem Werk. „Soll nicht Libussa unter andern auch dadurch das Volk unwillig machen, daß sie die Kultur der lachenden, heitern, Himmelüberspannten Erdfläche begünstigt [am Rand: NB] gegen den trüben Gewinn der düstern Bergschächt[e]?"[1]) In dieser Notiz liegt Parteinahme für Libussa zusammen mit einer leichten Ironie auf die bergbauverehrenden Romantiker Novalis und Brentano.[2])

Seit 1822 läßt sich Grillparzers Interesse für den Stoff dokumentieren. 1840 wurde der erste Aufzug *Libussas* in der Akademie des Burgtheaters aufgeführt. Wann der Rest fertiggestellt wurde, ist schwer abzuschätzen. Vieles in *Libussa* ist Kommentar auf die '48er Revolution und die sich anschließenden Entwicklungen.[3]) „Die böhmische Libussa als Stoff für ein dramatisches Gedicht. Libussa, Frauenherrschaft des Gefühls und der Begeisterung (Wlasta, Jungfernkrieg) goldenes Zeitalter. – Die Böhmen wollen aber bestimmte Rechte und Gränzen des Eigentums. – Primislaus, Festigkeit, Ausdauer, ordnender Verstand", entwarf Grillparzer 1822 (*Tagebücher* II. S. 20) Es ist keine Rede von einer Liebeshandlung, sondern von einer Auseinandersetzung. Enthalten ist schon zu diesem Zeitpunkt das Motiv der Ausbeutung der Herrscherin durch Primislaus: „Über den 5ten Akt der Libussa bin ich noch nicht einig. Primislaus ord-

---

1 KARL PÖRNBACHER ed. Franz Grillparzer, Dichter über ihre Dichtungen (München 1970), S. 218.

2 „Novalis = Vergötterung des Dilettantismus", heißt es 1829, Tagebücher II, S. 327. „Tieck und Jean Paul gehören unter die frühesten Verderber unserer Literatur", Prosa IV, S. 184.

3 „Denn ein gemeinsames Unglück nenne ich den Zerfall unseres Vaterlandes", schrieb er 1860 an Stifter. (Briefe und Dokumente IV, S. 20) „Als Dichter muß ich mich über den Erfolg dieses Krieges freuen, aber ich fürchte die Präponderanz Preußens fast noch mehr als Frankreichs. Bismarck wird nun nach allen Ländern, wo noch ein deutsches Wort gesprochen wird, seine Hand ausstrecken. . . . Und wie es heute bei uns aussieht, muß ich sagen, ich bin kein Deutscher, sondern ein Oesterreicher", merkt Grillparzer am 1. 11. 1870 an. ADOLF FOGLAR, Grillparzer's Ansichten über Litteratur, Bühne und Leben. Aus Unterredungen (Stuttgart 1891), S. 53.

net und schlichtet. Libussens Zeit ist vorbei. Ihre begeisterte Weisheit (der Gegensatz von ihres Gatten Verstande) wird blos in Anspruch genommen, um verwickelte Fälle zu schlichten, Schätze zu entdecken, . . . Weissagend von einem kommenden ehernen Zeitalter, schaudernd vor dem, was sie sieht, erliegt ihre gebrochene Natur, sie stirbt." (*Tagebücher* II, S. 7)

Bei der Uraufführung am Burgtheater 1874 wurde *Libussa* kühl aufgenommen. Das Drama wird selten aufgeführt. Sowohl Kritiker und Publikum scheint es unbefriedigt zu entlassen. Thematisch werden dem Werk Inkonsequenzen unterstellt, die die Aufführungen beeinflussen müssen. *Libussa* zerfalle in eine private und eine politische Handlung. Grillparzer faßte, wie aus anderen Werken bekannt, diese Gebiete nicht als getrennt auf. Die herkömmlichen Interpretationen haben es schwer, den öffentlichen und persönlichen Sektor des Dramas zu vereinigen. Libussas Privatleben ist eine so offenkundige Katastrophe, daß nur wenige das leugnen. Dagegen bemüht man sich, in Primislaus' Politik segensreichen Fortschritt zu erkennen, während doch seine Regierung ebenso verderblich wie seine Ehe ist.

Grillparzer spricht aus, daß es hier um keine märchenhafte Romanze geht,[4]) (Pörnbacher, S. 220, 222, 223) eine Variation auf Shakespeares *Taming of the Shrew* oder eine harmlose Märchenhandlung. Die Liebe steht im Hintergrund.[5]) Angeregt durch die seit der Französischen Revolution umstrittenen Frauenfrage, legt der Autor den Schwerpunkt auf eine Konfliktsituation zwischen den Hauptfiguren, die Repräsentanten ihres Geschlechts und ihrer Klassen sind.[6])

Zentral ist der Gegensatz zwischen einem weiblich orientierten Staat und zwei Patriarchaten. Falls Grillparzer Bachofen nicht gekannt haben sollte, ist erstaunlich, wie sehr sich die Grundzüge seines Matriarchats mit den Vorstellungen des Altertumsforschers decken. An das Thema der Männerherrschaft knüpfen sich die Problemkreise des Fortschritts. Auf der einen Seite geht es um organischen Aufbau mit dem Ziel der Gleich-

---

4 Karl Pörnbacher ed. Franz Grillparzer, Dichter über ihre Dichtungen (München 1970), S. 218.

5 „In dem Ganzen der Streit über den Vorrang der Männer vor den Weibern in den Vordergrund gestellt . . ." (Pörnbacher, S. 222) In dem Sinne auch Joachim Kaiser, Grillparzers dramatischer Stil (München 1961), S. 103, der als einer der wenigen darauf hinweist, daß sowohl in ,Die Jüdin' wie in ,Libussa' die Liebeshandlung im Hintergrund steht. Herbert Kaiser, „Franz Grillparzers ,Libussa'". Literatur für Leser (1980), S. 231−247, führt auch weg von einer psychologischen Interpretation.

6 Ob nun das Motiv der Männerwelt gegen die Frauen unter Bachofens Einfluß seine Dimensionen erreicht, wie Herbert A. und Elisabeth Frenzel, Daten deutscher Dichtung, Bd. 2 (München 1962), S. 37, meinen, ist schwer auszumachen, aber nach dem Erscheinungsdatum von Bachofens Mutterrecht, 1861, unwahrscheinlich.

stellung aller, sozialen Fortschritt also, auf der anderen um den industriellen Fortschritt ohne Sozialreformen, wie ihn Grillparzer unter Franz Josephs Reaktion erlebte, die Militarismus, Nationalismus und Bigotterie
im Zusammenhang mit industriellem Kapitalismus förderte.

Libussa stellt eine Zeit historischer Umwälzungen dar. Das Reich des
Krokus, ein vorkapitalistisches Patriarchat, repräsentiert ein zu Unrecht
glorifiziertes „goldenes" Zeitalter, dem die Landeskinder, einschließlich
der Töchter, entwachsen sind. Libussa erkennt die alten Prinzipien nicht
mehr als verbindlich an, sondern macht drastische Reformen. Sie setzt die
Geldwirtschaft, die Männerherrschaft, die alten Macht- und Besitzver-
hältnisse außer Kraft. Es ergeben sich Parallelen, aber auch Kontraste zu
den politischen Vorgängen in Grillparzers Zeit. An zahlreichen Stellen
finden sich Erwägungen des Autors eingebettet, deren Sprachrohr Libussa oder Wlasta ist.

Noch während der Revolution spricht Grillparzer begeistert von
dem „heldenmütigen Werk" seiner „Mitbürger".[7] Später stellt er ernüchtert fest, daß „die Schurken immer praktisch tüchtiger sind als die
ehrlichen Leute, weil ihnen die Mittel gleichgültig sind". (Hock, S. 138)
Seine Hoffnungen auf adäquate Neuerungen sieht er enttäuscht, wie auch
Libussas Reich in seiner Kürze schimärenhaft scheint. So wird der Pessimismus Grillparzers gegenüber einer auf unzuverlässigen Grundlagen ba-
sierten Zukunft reflektiert.[8]

Libussa kann nicht die reformfeindliche Tendenz zugeschrieben
werden, die die Kritiker erkannten, welche in Grillparzer den großen vaterländischen Dichter, eingefleischten Monarchisten und dgl. sahen[9] und
den Dichter mit Primislaus identifizierten.

---

7 Noch während der Unruhen spricht Grillparzer begeistert von der Revolution. Am
27. 6. 1848 hält er fest: „Ich weiß, ich gelte für einen Schwarzgelben. Ich bin es auch;
aber ein Schwarzgelber nach dem 15. Mai, nicht vor dem 13. März." FOGLAR, S. 49.
„Der Despotismus hat mein Leben, wenigstens mein literarisches zerstört, und ich werde
daher wohl Sinn für die Freiheit haben", Prosaschriften IV, S. 55.

8 Dieser Tatbestand wird kaum bezweifelt, aber verschieden bewertet. So bedauert HANS
SITTENBERGER, Grillparzer (Berlin 1904), S. 199, daß mit dem Motiv eines außerordentlichen Menschen sich das Motiv „von den Gegensätzen zwischen Mann und Weib verknüpft", und bekräftigt, aus dem Stück gehe hervor, daß „Grillparzer der Ansicht sei,
daß das weibliche Geschlecht auch in seinen begabtesten Vertretern von dem männlichen
übertroffen werde." JOSEPH NADLER, Grillparzer (Vaduz 1948), S. 418, und HEINZ PO-
LITZER, Franz Grillparzer oder das abgründige Biedermeier (Wien, München, Zürich
1972), S. 317, stellen auf neutralere Weise die Wichtigkeit dieses Motives fest, mit ähnli-
cher Tendenz. W. E. YATES, Grillparzer. A Critical Introduction (Cambridge 1972),
S. 263, betont das Realistische an Libussas Prophezeiungen. Auch JOACHIM KAISER,
S. 124, hebt hervor, wie Libussa moderne Massengesellschaften prophezeie.

9 FRANZ FORSTER, Grillparzers Theorie der Dichtung und des Humors (Wien 1970),
S. 95–96, legt dar, daß Grillparzer unter dem Eindruck der '48er Revolution seine Meinungen nicht wesentlich veränderte. RUDOLF JANKE, „Grillparzers Stellung zur Ro-

Libussa erwägt Modi von Neuerungen. Libussas Regierungsform ist die Alternative zu der erfolgreicheren, aber nicht wünschenswerteren Politik des Primislaus.[10]) Der nach dem Konflikt erreichte Zustand ist kein Positivum, sondern für die breiten Massen ein Rückschritt, von dem die wenigen profitieren. Libussas Prophezeiung offenbart die pessimistische Grundeinstellung des Dramas und seiner Liebeshandlung, die keine Romanze, sondern ein Machtkampf verschiedener Systeme ist.[11]) Politik und *dramatis personae* verschmelzen zu einer Einheit, so daß von widerstreitenden Prinzipien, nicht von Charakteren zu reden ist. Das legitime, menschlich-direkte Prinzip Libussas, welches Grundzüge vom utopischen Kommunismus entlehnt, wird durch das utilitaristisch-bürgerliche des Usurpators zerstört. Primislaus ist nicht „Vertreter edelster Männlichkeit" (Hock, S. 19) noch „edler Pflüger" (Politzer, „Biedermeier", S. 308), sondern einer von den zitierten praktischen und tüchtigen Schurken, dessen Einstellungen sich durchsetzen, weil sie rücksichtslos vertreten werden.

Grillparzer motiviert Libussas Heirat dadurch, daß Primislaus ihr „noch als der erträglichste unter den Männern, die mit ihrer plumpen Habsucht sie umdrängen" (Pörnbacher, S. 218), erscheint. Damit ist nichts Positives über den Freier ausgesagt. „Ein Zug von empörender dumpfer Roheit geht durch die ganze ältere böhmische Geschichte. Keine Spur von Heldensinn. Die höhere Geistesbeweglichkeit der Weiber gibt ihnen ein entscheidendes Übergewicht." (Pörnbacher, S. 218) Folgt man der Mehrzahl der *Libussa*-Interpretationen, so fiele gerade der zentrale Teil der Auseinandersetzung Libussa-Primislaus aus dem Drama heraus. Dabei liegt die Tragik in der Überwältigung des freiheitlichen Staates durch einen rohen Usurpator.

Libussa unterliegt nicht aus Mangel an Einsicht, sondern aus der bewußten Andersartigkeit ihrer Mittel.

---

mantik und zum Jungen Deutschland." JbGG, 31 (1932), S. 88 hält ‚Libussa' am geeignetsten zur Standortermittlung, da das Drama auch politisches Bekenntnis sei. Primislaus stelle das Junge Deutschland dar, Libussa dagegen einen universalen Humanismus.
10 NADLER, Grillparzer, S. 418. POLITZER, Biedermeier, S. 307.
11 KAISER, S. 54, merkt an, Libussas und Primislaus' Verhältnis sei charakterisiert durch das Mißverständnis. GISELA STEIN, The Inspiration Motiv in the Works of Franz Grillparzer (The Hague 1955), S. 192, deutet auf die unüberwindliche Diskrepanz zwischen den beiden, die ZDENKO SKREB, „Franz Grillparzers ‚Libussa.' Versuch einer Deutung." JbGG, 3. F., 6 (1967), S. 79, auch sprachlich festhält: „der sprachliche Gegensatz Primislaus-Libussa ist gewollt." Ihre Rede sei natürlich fließend, nicht die Primislaus'. „Stilprobleme sind nie Selbstzweck. Stilprobleme sind Ausdrucksprobleme. Der Dichter ändert die überkommen Ausdrucksmittel nicht aus Spiel und Übermut und Neuerungssucht, er sucht nach Neuem aus tiefster Not, weil er aus einer gewandelten Welt heraus Neues künden muß." (S. 81) Skreb schließt: „Primislaus trägt so die typischen Züge alles dessen, was Grillparzer an seinem Jahrhundert und an dessen Entwicklungstendenzen fremd war." (S. 92).

Doch hört mein Wort.
Es hielt euch fest des Vaters strenge Rechte
Und beugt' euch in ein heilsam weises Joch.
Ich bin ein Weib, und ob ich es vermöchte,
So widert mir die starre Härte doch.

(I, 426 ff.)

Roheit und Brutalität als Grundlagen einer ganzen Kultur, wie auch im Spanien der *Jüdin von Toledo*, in Rudolfs Reich, widert Libussa an. Sie manifestieren sich in der noch recht harmlosen Dummheit der Wladiken und dem Vorgehen Primislaus'.

Das Verhältnis zwischen ihm und Libussa ist von Anfang an feindselig – ohne jede Innigkeit.[12] Aus dem späteren Diktator kann für Libussa nie der „geliebte Gatte" werden – der Konflikt ist zu groß. Libussa stirbt geschwächt, krank und kinderlos.

In den Anfangsszenen fallen Primislaus' Besitzgier und Mangel an Achtung vor der Fremden auf, die er sofort auf sein Niveau reduzieren will, ja, zu Geringerem, indem er ihr die Kleider seiner Schwester anzieht. Libussa weiß ihm wenig Dank für die Errettung, leugnet, daß sie in Gefahr war. (I, 24 ff.)

Sie will eine Entfernung zwischen sich und dem aufdringlichen Fremden setzen. Primislaus übersieht ihre Versuche und hält die Distanz zwischen ihr und sich möglichst gering, indem er sich eine unverhältnismäßig große Bedeutung für sie beilegt und sie länger als nötig aufhält. Wiederholt legt er nahe, daß er einen bedeutenden Vorstoß in ihre Intimsphäre getan habe, welcher ihm eine Machtposition ihr gegenüber verschaffe. Es scheint sich Wichtigeres ereignet zu haben als nur eine Errettung von einem Sturz ins Wasser. Die Gürtel- und Schleiermotivik, wohlbekannt aus Schillers „Gedicht von der Glocke", wird wachgerufen und drängt die Vorstellung einer Schändung auf: „. . . und ich löse / Die goldnen Schuhe selbst ihr von den Füßen / Und breit ins Gras den schwergesognen Schleier . . ." (I, 9 ff.) „Dein Schmuck liegt hier im Grase rings verstreut. / Der Schleier da, die goldnen Schuhe hier, / Des Gürtels reiche Kette aufgesprengt / Und in zwei Stücken ein so schönes Ganze." (I, 52 ff.) Bedarf es wirklich dieser Zerstörung, nur um eine Ertrinkende zu retten? Warum die penetranten Hinweise? Sinnvoll sind sie nur, bedenkt man, daß Grillparzer auf der Bühne nicht weiter an das Thema „Vergewaltigung" hat vorstoßen können.

---

12 NORBERT GRIESMAYER, Das Bild des Partners in Franz Grillparzers Dramen (Wien: diss. masch., 1970), S. 263; S. 278 jedoch fällt ihm die Gegensätzlichkeit der Partner auf: „Die Gemeinschaft von Primislaus und Libussa ist kein Einklang, sondern kann sich nur in gegenseitiger Achtung und gegenseitigem Dienen verwirklichen."

Versteht man den zerbrochenen und des zentralen Kleinods beraubten Gürtel und den unbrauchbar gewordenen Schleier als Symbole für den Verlust der jungfräulichen Unberührtheit[13]) der intellektuell und rangmäßig Überlegenen, so tritt zu der Schändung auch die Degradierung. Indem Primislaus Libussa in die Bauerntracht hüllt, sie der Abzeichen ihres Ranges und ihrer Identität entäußert, vollzieht er ein Überlegenheitsritual. (Politzer, S. 314) Später prahlt er: „Den unberührten Leib hab' ich berührt . . ." (IV, 1887) und gibt an: „Und der es fand, er war ja ihr Gemahl." (II, 794)

Daraufhin und nicht, weil „durch die erste Begegnung mit Primislaus das ganze Wesen Libussas so erregt, so erwärmt von süßer Vorahnung ist, daß sie wesentlich aus dieser Stimmung heraus den Entschluß faßt, nach der Krone zu greifen",[14]) gründet sich das Folgende. Niemand greift nach der Krone. Libussa jedoch ist durch den Verlust des Kleinodes vom Losen ausgeschlossen. Die Lotterie soll feststellen, welche der Schwestern *nicht* herrschen müssen. Libussas Herrschaft ist direkte und unerwünschte Folge des ihr angetanen Zwanges. Eine auf sie bezogene Tagebuchstelle von 1834 verstärkt das Argument: Grillparzer spricht davon, daß bei den Bienen die Arbeiterinnen ungeflügelt, die Männchen und Weibchen aber geflügelt seien. Nach der Befruchtung beseitigten die Weibchen die Flügel, und nur die unbefruchteten Weibchen blieben frei und unbewacht. (Pörnbacher, S. 29)

Entsprechend hat sich Libussa bei ihrer Rückkehr merklich verändert. Die Schwestern erkennen sie nicht mehr als Ihresgleichen an. Sie trägt den Gürtel nach dem Raub des Kleinodes wie eine Vasallin als Kette. Wenn Libussa von ihrer neuerwachten Menschenliebe spricht und rebellisch den Schwestern gegenüber die alte Lebensweise verwirft, (I, 404 ff.) so weil sie nicht anders kann und verstoßen ist. Den Böhmen gegenüber spricht sie anders:

> Hier ist von Wollen nicht
> Von Müssen ist die Rede und von Pflicht.

(I, 411 ff.)

---

13 POLITZER, Biedermeier, S. 314, betrachtet dieses Motiv ebenfalls als Hinweis auf Verletzung der Jungfräulichkeit, ohne dieselben weitreichenden Konsequenzen zu ziehen. Dagegen betont er den Gegensatz zwischen „bewahrender Frauenkühle und drängender Mannesleistung", ein sexistisches Klischee. ANNALISA VIVIANI weist auf die Bedeutung des Sternbildes der Jungfrau hin, Grillparzer Kommentar I (München S. 1972), S. 93.

14 JOHANNES VOLKELT, Grillparzer als Dichter des Tragischen (Nördlingen 1888), S. 67, nimmt offenbar Primislaus' „Als jene Fraun um Böhmens Krone losten", II, 815, wörtlich.

Dazu kommt Schuld. Möglicherweise ist die Verzögerung bei Primislaus der Grund für den Tod Krokus', da Libussa nicht rechtzeitig mit den Kräutern eintraf.

Die Situation im Schloß ist Trauer nach dem Tod des Landesherrn, nicht mädchenhaftes Schwärmen, wenn auch die Töchter über den Tod des alten Königs, an dem sie einiges auszusetzen hatten, nicht gebrochenen Herzens sind.

Nach der Annahme der Krone verändert Libussa radikal das soziale Gefüge ihres Landes. Sie lehnt die patriarchalische Regierungsform des Vaters ab. Dem väterlich-männlichen Staat will sie einen weiblichen entgegensetzen und plant, den hierarchisch-autoritären Staat in einen geschwisterlichen zu verwandeln. (I, 449 ff.) Ihre Reformen schließen Verringerung der Arbeitszeit ein, eine gerechtere Neuverteilung der Güter (II, 533 ff.), die Abschaffung von Klassenunterschieden und Geld (II, 526 ff.), das Vermeiden von Kriegen und die Aufwertung des Status der Frau. (II, 560 ff.)

Libussa sieht ihre Rolle als beratend. Sie greift nur ein, wenn sie Menschen, wie die Frau Broms durch den prügelnden Mann, brutalisiert sieht. Sie nimmt an den Sorgen und Festen der Böhmen teil und verhält sich als *prima inter pares.* Ihr Optimismus das Gute im Menschen und seine Erziehbarkeit betreffend sowie ihre politischen Richtlinien gehören zum Ideengut der Aufklärung und könnten mit den Reformen Josephs II., der Amerikanischen und Französischen Revolution assoziiert werden, aber auch mit dem Kommunistischen Manifest und frühen sozialistischen Bestrebungen.

Aus den Volksreaktionen geht hervor, daß Libussas Engagement nicht universal begrüßt wird. Besonders suspekt ist sie den ehemals Privilegierten. Die an Strenge und Zucht gewöhnte ältere Männergeneration klagt über das Fehlen des Leistungsdruckes und weiß mit der neuen Freizeit nichts anzufangen. Den Jungen dagegen gönnen diese Veteranen keine Vergünstigungen. Die ehemaligen Krieger vermissen blutige Mannestaten, die Reichen stellen mit Unmut fest, daß ihr Geld nichts mehr wert ist und wünschen ihre auf Kapital und Besitz begründeten Vorrechte zurück. Die Ehemänner mißbilligen den Statuszuwachs der Frauen.

Primislaus nimmt für sich das „Recht" in Anspruch – wie die Spanier gegen die Jüdin, Matthias gegen Rudolf, der Soldat gegen den Kürassier. Libussa lehnt das Wort „Recht" und seine kargen Mannestugenden ab. Sie verachtet beide als Unnachsichtigkeit und Lieblosigkeit. (II, 964 ff.) Umsonst warnt sie vor dem neuen Machthaber:

> Was jetzo leicht und los, das macht er fest,
> Und eisern wird er sein, so wie sein Tisch.

(II, 995 f.)

Die Luft wird er besteuern, die ihr atmet,
Mit seinem Zoll belasten euer Brot;
Der gibt euch Recht, das Recht zugleich und Unrecht,
Und statt Vernunft gibt er euch ein Gesetz,
Und wachsen wird's, weil alles mehrt die Zeit,
Bis ihr für euch nicht mehr, für andre seid.

(II, 998 ff.)

Libussa wünscht sich den Herrn nicht herbei, ist aber willens, ihn dem
Volk zu geben, da sie ihre Werte, Frieden, individuelle Freiheit, Achtung
vor dem Mitmenschen, abgelehnt sieht. Zu bereitwillig tritt sie beiseite,
um den tyrannischen Tendenzen Tür und Tor zu öffnen. Um ihren Prinzipien treu zu bleiben, eliminiert sie sich selbst angesichts der Angriffe sei-
tens einer kleinen Minderheit.

Gegen die Kultur in Libussas Reich steht Primislaus' Arbeitsethik,
gepaart mit ostentativer bürgerlicher Biederkeit, Pedanterie und Arroganz. (III, 1008 ff.) Primislaus' unreflektierte, auf Tradition statt auf Vernunft pochender Bauern- und Geschlechtsstolz ist der intolerante Gegen-
pol zu Libussas aufgeklärtem Rationalismus. Sein Denken ist schema-
tisch, seine Meinungen unverrückbar. Seine Kategorien lassen keine Ausnahmen zu. Sein Horizont ist eng und borniert.

Der Fürst verklärt die Gattin, die er wählt,
Die Königin erniedrigt den als Mann,
Den wählend sie als Untertan erhöht,
Denn es sei nicht der Mann des *Weibes* Mann,
Das Weib des *Mannes* Weib, so steht's zu Recht.

(III, 1025 ff.)

Primislaus hält sich an Materialwerte, das Meßbare und Austauschbare.[15])

Sie hat mein Roß, das etwa so viel gilt
Als diese goldne Spange, die ich trage,
Und so sind sie mein Eigentum zu Recht.

(III, 1068 ff.)

Konvenienterweise übersieht Primislaus, daß er das Kleinod nicht käuf-
lich erworben hat, sondern betrügerisch bei sich behielt. Zudem spielt er
sich ihr gegenüber als der Großzügige auf, als er ihr das Pferd scheinbar
ohne Bedingung überläßt. Primislaus' Unehrlichkeit anderen gegenüber
motiviert sein Mißtrauen, z. B. seine Furcht, verhaftet und mit Gewalt an
den Fürstenhof gebracht zu werden. (III, 1109). Er selbst zwingt, wo er
kann. Er traut anderen zu, was er selbst tut.

---

15 YATES, S. 260, merkt an: „His standards are material ones."

Sein Auftritt bei Hofe zeigt ihn als einfältigen, arroganten Habenichts mit den Werten eines Kleinbürgers, der ohne intellektuelle Grundlage aburteilt, was er nicht versteht. Durch seinen bäuerlichen Anzug, seine ostentative Biederkeit, versucht er, aus seinem Mangel an Lebensart eine Tugend zu machen – und versteckte Beleidigungen für die Fürstin, ihre Lebensart, ihren Stand, ihr Geschlecht. Es gibt keine Verständigung, sondern ein Ärgernis nach dem anderen. Libussa erkennt ihre unhaltbare Lage gegenüber der offenkundigen Roheit des Widersachers. Sie unterschätzt seine Stärke keineswegs und versucht, der drohenden Ehe zu entgehen, indem sie – umsonst – bei den Schwestern um Wiederaufnahme bittet.

> Wer gehen will auf höhrer Mächte Spuren,
> Muß einig sein in sich, der Geist ist eins.
>
> (III, 1144 ff.)

Je mehr sich Primislaus offenbart, umso schärfer werden Libussas Äußerungen gegen das männliche Geschlecht und implizit gegen den Freier – das nähere Kennenlernen macht sie der Ehe nicht geneigter:

> Sagt einer Frau: Tu das! sie richtet's aus;
> Der Mann will immer mehr als man geheißen.
> Liebt sie zu sprechen, lüstet's ihn zu hören,
> Und was er seine Wißbegierde nennt,
> Ist Neugier nur in anderer Gestalt,
> Wenn nicht zu träg, er spräche mehr als sie.
>
> (III, 1225 ff.)

Sie klagt über das unterdrückte Potential der Frau aufgrund sexistischer Vorurteile.

> Ein Mann! Ein Mann! Ich seh' es endlich kommen.
> Die Schwestern mein, sie lesen in den Sternen,
> Und Wlasta führt die Waffen wie ein Krieger,
> Ich selber ordne schlichtend dieses Land;
> Doch sind wir Weiber nur, armsel'ge Weiber:
> Indes sie streiten, zanken, weinerhitzt,
> Das Wahre übersehn in hast'ger Torheit
> Und nur nach fernen Nebeln geizt ihr Blick,
> Sind aber Männer, Männer, Herrn des All!
> Und einen Mann begehrt ja dieses Volk;
> Das Volk, nicht ich, das Land, nicht seine Fürstin,
> Du giltst für klug, und Klugheit ist ja doch
> Ein Notbehelf für Weisheit, wo sie fehlt.
>
> (III, 13 11 ff.)

Nur die Frauen, Kinder und jungen mittellosen Männer klagen nicht. In die offenkundige Begeisterung mischt sich die doppelzüngige und scheinheilige Kritik der Opposition. Frauenverachtung und unterschwellige Intellektuellenfeindseligkeit gegen Krokus' Töchter waren alte Bestandteile Böhmens. (I, 142 f.) Die Ressentiments liegen offen dar in dem Gespräch der Wladiken. Biwoys massive Kritik spricht Lapak und Domoslav aus der Seele.

> Verkehrt ist dieses Wesen, eitler Tand,
> Und los aus seinen Fugen unser Land.
> Weiber führen Waffen und raten und richten,
> Der Bauer ein Herr, der Herr mitnichten.
>
> (II, 571 ff.)

Keiner der ehemaligen Privilegierten ist in seinen Rechten eingeschränkt worden. Die Aufwertung anderer wird als untragbar empfunden. Mißgunst motiviert die irrationale Kritik der Wladiken, während das Land in Frieden und Wohlstand blüht.

Unzufriedenheit führt die Männer zu Visionen, zu denen der Text keine Anhaltspunkte gibt. Sie phantasieren von Kriegsgefahr, ohne daß ein Feind gemeldet wird. Die Kritik der Wladiken kulminiert in dem Ruf nach dem „starken Mann", den jeder durch sich verkörpert glaubt. (II, 584) Libussa stellt gegenüber den Wladiken Rationalität dar. Von konkreten Vorfällen ausgehend, sich auf tatsächlich Vorhandenes stützend, strebt sie die Besserung von Mißständen an. (II, 616 ff.) So wenig sie die irrational begründete Rolle der Herrscherin von Gottes Gnaden spielen will – Gott und die Transzendenz spielen kaum eine Rolle – so wenig erkennt sie die Vorrangstellung von Menschen über Menschen, Männern über Frauen, an. Sie weist Geschenke und Huldigungsgaben zurück. Sie will Freiheit für ihre Untertanen durchsetzen, will ihnen zur Mündigkeit verhelfen. Dagegen beansprucht sie Freiheit auch für sich und weigert sich anzuerkennen, daß zu einem Mann prinzipiell eine Frau, zu einer Fürstin ein Fürst gehöre. Mit einem Hinweis auf ihr Recht zur freien Gattenwahl weist sie die ihr zum Vorwurf gemachte Ehefeindlichkeit zurück. (II, 654 ff.)

Demokratisch in dem Sinne, daß sie sich einer ihr widerstrebenden Meinung fügt, unterwirft sich Libussa der Forderung und setzt sich als Preis für den Wettkampf um ihre Hand. Primislaus erweist sich als würdiger Herrscher über Männer seines Schlages. Ein würdiger Gatte für die Fürstin ist er nicht. Libussas Skrupel „Ich kann nicht hart sein, weil ich mich selbst achte", (II, 1962) sind ihm fremd. Rhetorisch nimmt er das Recht für sich in Anspruch, nachdem er es verdreht hat, theoretisch erweist er sich als Meister der Simplifikation und Kategorisierung komplexer Sachlagen, als Lügner kümmert er sich nur um seinen Vorteil und spielt mit menschlichen Emotionen – so in seinem Scheinflirt mit Wlasta –, um effektvoll zu manipulieren. Er ist ein Meister der Phrase. Libussas Subtilität, die Schlagworten auf den Grund geht, besitzt er nicht. Dafür hat er die unerschöpfliche Energie des Fanatikers.

Libussa ist verärgert über Primislaus' Unverschämtheit, die er sich einem männlichen Herrscher gegenüber schwerlich erlaubt hätte. In seinem Denksystem ist jedoch jede Frau ungeachtet ihrer Leistung, jedem Mann aufgrund ihres Geschlechtes unterlegen.

Auf Primislaus' Engstirnigkeit gründet sich Libussas Geringschätzung für „Kopf, Herz, Tisch aus Eisen". (III, 1389) Er kann die bessere Lebensqualität bei Hof, Luxus und Kunst nicht würdigen, da sie einen Grad an Bildung voraussetzen, den er nicht hat. Er will jedoch auch nicht lernen. Sein Kontakt mit Libussa zeigt seinen Drang, Fremdes zu eliminieren, indem er es sich unterwirft oder gleichmacht. Gelingt dies nicht, so lehnt er es dogmatisch ab und bekämpft es. Stolz demonstriert er sein Unwissen: „Ich kann nicht lesen, Frau!" (IV, 1425)

Er versteht das spielerische Element in der Kultur nicht. Ebensowenig wie den sportlichen Wettbewerb, zu dem Wlasta ihn einlädt.

> Mir ist das Weib ein Ernst, wie all mein Zielen,
> Ich will mit ihr – sie soll mit mir nicht spielen.
>
> (IV, 1493 f.)

Angesichts der Verschiedenheiten kann sich keine Basis zur Koexistenz finden. Alle Belege weisen auf das Gegenteil. Libussa spürt etwas „fast wie Haß" (IV, 1506) gegen Primislaus, der seinerseits erklärt: „Ich hasse deine Eltern, deine Schwestern / Die Wurzel und den Stamm – bis auf die Blüte." Libussa: „Wohl gar auch mich?" P. „Auch dich, sagt' ich beinah!" (IV, 1875)

Primislaus kennt nur eine Art von Weiblichkeit: die unterdrückte, wie die Schwester oder die furchtsame Slawa, die er als „erstes Weib" bezeichnet. (IV, 1466) Schon vor der Eheschließung spricht er der Fürstin Befähigung und Recht zur Herrschaft ab mit denselben irrationalen, biologistischen und ideologischen Argumenten, die tief in der männlich dominierten abendländischen Gesellschaft verwurzelt sind. Bei solchen Gelegenheiten schwingt sich Primislaus nicht zufällig zu lutherischem Pathos auf:

> Es ist die Herrschaft ein gewaltig Ding,
> Der Mann geht auf in ihr mit seinem Wesen,
> Allein das Weib, es ist so hold gefügt,
> Daß jede Zutat mindert ihren Wert.
> Das Mittelding von Macht und Schutzbedürfnis
>
> (IV, 1638 ff.)

Das Höchste, was sie sein kann, nur als Weib

(IV, 1649)

In ihrer Schwäche siegender Gewalt

(IV, 1650)

Es sind unwahre Klischees, dazu angetan, den männlichen Bereich vor weiblichen Zugriffen zu schützen. Fänden solche statt wie durch Wlastas Tragen von Waffen, so werden sie mit Schmähworten wie „unweiblich" belegt. Dominanzstreben ist der Schlüssel zu Primislaus' Wesen. Libussa begehrt Macht *per se* nicht. Er drängt nach dem Herrscheramt, das ihr Arbeit bedeutete: „O tu's, Libussa, tu's!" (IV, 1863) bettelt er, als sie von Rücktritt spricht.

Der fünfte Akt bringt die Resultate von Primislaus' kurzer Herrschaft. Das Herrscherpaar reist umher wie einst die deutschen Kaiser. Eine Familiengründung hat nicht stattgefunden. Libussa ist zur Hausfrau am Herd und Spinnerin degradiert worden, abgeschnitten vom öffentlichen Leben. Die Anerkennung, die ihr der Gatte zollt, beschränkt sich auf die äußerliche Form, der seine Taten widersprechen. Libussa ist zum Symbol ihrer selbst geworden, so sehr entmachtet durch den neuen Diktator, daß nichts als leere Rhetorik auf ihren Stand hindeutet:

PRIMISLAUS   Libussa, hohe Frau!
LIBUSSA   Nimm als Entgegnung:
             Mein hoher Gatte somit Herr der Frau

(V, 2002 ff.)

Letztlich aber muß die „hohe Frau" stehen, während er sich auf ihren Stuhl setzt. Seine Fragen an sie sind nur Formsache. Er holt nicht mehr ihren Rat ein, im Ernstfalle nicht einmal ihre Zustimmung. Die Umgangsformen zwischen den Partnern sind kalt und unpersönlich. Libussas Reden gewinnen an Wärme, wenn sie – erfolglos – für Menschlichkeit plädiert. Ihre vorsichtigen Fragen sind die einer Bittenden, nicht Gleichberechtigten. (V, 2020 ff.)

Sie ist außerstande, ihn bei seinen Städtebauplänen zum nochmaligen Nachdenken zu bewegen. Sie resigniert: „. . . Und also bau nur immer deine Stadt . . ." (V, 2040) Libussa ist die Gülnare aus Rustans Traum. Rustans Eigenschaften sind bei Primislaus voll ausgebildet und werden durch keine Skrupel unterdrückt. Persönlicher Ehrgeiz, imperialistische Ambitionen (V, 2060 ff.) und kapitalistisches Streben machen vor dem religiösen Bereich nicht halt. Libussas Stand als Priesterin und Seherin, der dem neuen Machthaber an sich verhaßt ist, bietet sich als Mittel, die Städtegründung zu legitimieren und ihr den Anschein des Gottgewollten zu geben. Zunächst weigert sich Libussa, ihre Position politisch ausnutzen zu lassen. Primislaus hat sie allerdings durch die Exilierung ihrer Schwestern so geschwächt, daß sie nachgibt. Wlasta durchschaut ihn. Auf die Beteuerungen hin, daß Libussa Herrin und frei sei, entgegnet sie:

> Wer seinem innern Wesen widerspricht,
> Der ist gezwungen, ob durch sich, durch andre.
>
> (V, 2205 f.)

Die Möglichkeit, die kranke Libussa durch die Konzentration während der Beschwörung schwächen zu können, schreckt Primislaus nicht. Die Befürchtung, sie könne sich im priesterlichen Gewand, teilweise in ihrer alten Rolle, auch den ehemaligen Einfluß wiedererringen, motiviert den Versuch, im letzten Moment das Zeremoniell fallenzulassen. Genaugenommen braucht er es nur als Dekor. Seine Gründe kleidet er in Sorgen um das Wohl der Gattin.

Libussas Wiederherstellung bleibt unvollständig. Zwar klingen ihr Anspruch auf Respekt und das Bewußtsein ihres Ranges wieder, aber ihre Beschwerden zeigen, daß sie die alte Kraft verloren hat. (V, 2255 f.) Bezeichnenderweise klagt sie vor allem über den Druck durch ihren Gürtel, der früher Zeichen der Ungebundenheit, jetzt für ihre Ehe ist. Apokalyptische Bilder verwandeln den Segen in eine fluchhafte Prophezeiung. Todesvisionen beherrschen die Sprache. Die Vergangenheit wird als verlorenes Paradies beschworen während in der nahen Zukunft sich Terror, Chaos und die Auslöschung des Individuums abzeichnen.[16]

> Ja, selbst die Götter dehnen sich und wachsen
> Und mischen sich in einen Riesengott,
> Und allgemeine Liebe wird er heißen.
> Doch, teilst du deine Liebe in das All,
> Bleibt wenig für den einzelnen, den nächsten,
> Und ganz dir in der Brust nur noch der Haß.
>
> (V, 2353 ff.)

Ahnungen von Massenverfolgungen, Manipulation des Menschen durch Ideologien und anonyme Kriege bestimmen den letzten Teil. Manche Bilder nehmen an Intensität Expressionisten wie Heym vorweg. Die Mittel der neuen Zeit werden andere sein. Direkte Auseinandersetzung wird durch politische Infamie ersetzt werden. (V, 2383) Libussa deutet Geschichte als einen dialektischen Prozeß, in dem Aufstieg gleichzeitig Niedergang ist und ein Volk in einer endlosen Kette nur ein Glied darstellt.

Die Vision setzt wie die marxistische Philosophie eine Verschlechterung der Zustände an, indem sich die bürgerlichen Ideale, kapitalistische

---

16 GEORGE A. WELLS, The Plays of Grillparzer (London 1969), S. 153: „Her prophecy is, however, more of a somber indictment than a blessing."

Praktiken und Militarismus durchsetzen. Für die weite Zukunft erblickt Libussa eine klassenlose, vom Druck befreite Gesellschaft. Es ist unmißverständlich Grillparzers Geschichtsauffassung.

Libussa geht seiner Handlungszeit allen donauländischen Dramen Grillparzers voran. Die historisch belegte Zeit ist die, in der der Fluch sich bewahrheitet: Not und Elend in den Jahrhunderten des Städtebaus und der Etablierung der modernen Gesellschaft. Eben diese Zeit wird in Grillparzers „vaterländischen" Dramen dargestellt, von *Ottokar* bis zum *Bruderzwist.*

Indem diese Dramen gleichzeitig auch Kommentar auf das 19. Jahrhundert sind, weisen sie auf das Schicksalhafte dieser Epoche. Libussas Interludium erscheint als einer der Zeitpunkte, in dem die verhängnisvolle Kette – vielleicht wie im Jahre 1848 – hätte gebrochen werden können.

Es wäre müßig, Libussa und Primislaus als Allegorien auf bestimmte Herrscher zu lesen. In Libussa lassen sich sowohl Züge von Joseph II., kommunistisches Gedankengut, feministische Vorstellungen und Merkmale des theresianischen Österreich im Gegensatz zum frederizianischen Preußen erkennen. Primislaus dagegen erinnert an Preußens Werte seit Friedrich dem Großen, er inkorporiert Züge von Luther bis ins Sprachliche hinein, aber deutet auch die Politik unter Franz Joseph und Bismarck an. Libussa und Primislaus sind Abstraktionen von Tendenzen, Gestalten, die Prinzipien vertreten – Prinzipien, die geläufig auch mit „männlich" und „weiblich" umschrieben werden, ohne geschlechtsspezifisch zu sein.

Libussa, die Pazifistin, Sozialistin, die Unmittelbare, Mütterliche, Empirisch-Rationale, Menschenliebende stellt vor, was Grillparzer in seinen reifen Jahren lieb und teuer war.[17] Primislaus der Dogmatiker, der irrationale gewalttätige Machtmensch ist das, was Grillparzer zunehmend befremdete und suspekt erschien – zu seinem historischen Zeitpunkt in der Form von Preußen und dem deutschen Reich.

Wenn Libussa ein Vorwurf zu machen ist, dann dieser, daß sie sich zu schnell geschlagen gab und das Feld im besseren Einsehen räumte, sich trotzig abgewandt zu haben, weil die Arbeit mit Menschen mehr erforderte als eine große Idee. In diesem Verhalten der idealischen Herrscherin

---

17 Angesichts Grillparzers ambivalenter Einstellung zur Religion, auf die FORSTER, S. 171–183, hinweist, wirken die religiösen Deutungen des Dramas forciert, vor allem wenn der Schluß „fromm" interpretiert wird. Am einleuchtendsten ist KLEINSCHMIDT: „Bei Grillparzer ist die Trennung der irdisch-menschlichen Wirklichen vom Göttlichen radikalisiert. Auch durch den Untergang vermag sich der Mensch aus den gottfernen Kausalforderungen des empirischen Daseins nicht in die metaphysisch-religiöse Dimension des Göttlichen hinüberzuretten. Es gibt keine erlösende Überwindung mehr." (S. 9). GERT KLEINSCHMIDT, Illusion und Untergang (Lahr: Schauenburg, 1967).

reflektiert Grillparzer die Schwäche mancher Reformregierungen – so der Josephs II. oder den Kremsier Reichstag –, die oft den praktischen Gegebenheiten nicht gewachsen sind in dem Konflikt zwischen Theorie und Praxis. So tritt nach den kühnen Reformen die finsterste Reaktion ein, wie es Österreich mehrere Male erlebte: nach dem Ende von Josephs Regierungszeit, dem Wiener Kongreß und der Revolution von 1848. Den Reaktionären fehlt es nicht an Entschlossenheit und praktischer Erfahrung.

Grillparzer legt in Libussa und Primislaus Dynamiken bloß, die sein eigenes, aber auch das 20. Jahrhundert betreffen bis hinein in die österreichischen und deutschen Republiken nach dem Ersten Weltkrieg und deren unrühmliches Ende. Das Märchendrama sagt Wesentliches aus über den Charakter des Diktators und totalitärer Tendenzen, den Betrug, der immer wieder an den Volksmassen und Frauen verübt wird – nicht ohne deren Mitwirken, zumindest stillschweigende Zustimmung. *Libussa* ist weit mehr als ein Märchendrama aus sagenhafter Zeit; es ist die Summe von Grillparzers politischen und sozialen Einsichten in abstrahiert-künstlerischer Form.

ZEITTAFEL

1791	Franz Grillparzer in Wien am Bauernmarkt geboren (Vater: Dr. Wenzel Grillparzer, Brüder: Kamillo, Beamter, Karl, Adolf – begeht Selbstmord mit 17 Jahren)
1797	k. k. Normalschule, Josefstädter Hauptschule
1801–1804	St. Anna Gymnasium
1804	Immatrikulation an der Universität Wien
1807–1811	Jurastudium
1808–1809	Blanka von Kastilien, Lyrik
1809	Mitglied eines Studentencorps bei der Belagerung Wiens durch Napoleon, 10. November Tod des Vaters
1810	Reinschrift *Blanka von Kastilien* (Uraufführung 26. 7. 1858, Volkstheater Wien)
1811	Spartakusfragment, Alfred der Große, Robert, Herzog der Normandie, Drahomira, Friedrich der Streitbare
1812	Hofmeister bei Graf von Seilern, Krankheit
1812	Konzipist an der Hofbibliothek
1814	Manipulationspraktikant, Zollverwaltung, Hofkammer
1815	Konzeptionspraktikant, Finanzkammer. Gönner Graf Stadion, gest. 1824
1816	Bekanntschaft mit Joseph Schreyvogel Die Ahnfrau, Aufzeichnungen zu Jüdin von Toledo
1817	31. 1. Uraufführung der *Ahnfrau,* Theater an der Wien, Regie Schreyvogel
1818	Uraufführung *Sappho,* 21. 4. Burgtheater. 18. 4. Empfang bei Metternich, seit 1. 5. Theaterdichter am Burgtheater, Vertrag auf 5 Jahre. Beziehung zu Charlotte Paumgarten (gest. 1827)
1818	Urlaub in Gastein Arbeit in Finanzkammer, Abt. Hoftheater, Einführung in den Salon der Autorin Caroline Pichler
1819	Selbstmord der Mutter, Januar. 24. 3. Italienreise als kaiserlicher Kämmerer. Krankheit in Rom. Rückkehr Juli 1819. Skandal „Campo Vaccino"
1820	Bekanntschaft mit den Schwestern Fröhlich
1821	Versetzung ins Finanzministerium, Verlobung mit Katha-

rina Fröhlich. Fertigstellung von *Melusina,* vertont von Conradin Kreutzer, uraufgeführt in Berlin, 27. 2. 1833, Wien: 9. 4. 1835 Theater in der Josefstadt

1823	Konzipist im Präsidialbüro. Besuch auf dem Gut des Grafen Stadion. Bekanntschaft mit Beethoven. 26. und 27. 3. Uraufführung *Das goldene Vlies,* Burgtheater
1825	Uraufführung *König Ottokars Glück und Ende,* 19. 2. Burgtheater
1825–1827	Marie von Smolenitz, verh. Daffinger
1826	Marie von Piquot, gest. 1826 Skandal „Ludlumshöhle", 17. 4. Razzia und Verhaftung, 21. 4. Deutschlandreise, 29., 30. 9., 1. 10. Goethe
1828	28. 2. Uraufführung *Ein treuer Diener seines Herrn*
1830	Esther, dramatisches Fragment
1831	5. 4. Uraufführung *Des Meeres und der Liebe Wellen,* Burgtheater
1832	Direktor des Hofkammerarchivs
1834	Uraufführung *Der Traum ein Leben,* Burgtheater
1836	dreimonatige Reise Paris/London Meyerbeer, Heine, Börne, Rothschilds, Rossini
1838	*Weh dem, der lügt,* Uraufführung, Burgtheater 6. 3.
1840	1. Aufzug *Libussa* uraufgeführt, Burgtheater
1841	öffentliche Geburtstagsfeier, Berufung durch Metternich an die Akademie der Wissenschaften
1848	*Der arme Spielmann, Iris* 8. 6. Radetzky-Gedicht
1849	Einzug bei Fröhlichs in der Spiegelgasse Leopoldsorden
1850	Wiederaufführung der *Medea*
1851	Heinrich Laube, Intendant des Burgtheaters
1856	pensioniert als Hofrat
1859	Ehrendoktor, Wien, Leipzig, Graz, Innsbruck
1861	Reichsrat, Berufung ins Herrenhaus
1864	Ehrenbürger der Stadt Wien
1866	Testament, Katharina Alleinerbin und Nachlaßverwalterin
1871	80. Geburtstagsfeier, Ehrensold
1872	21. 1. Tod
1872	24. 9. Uraufführung *Ein Bruderzwist in Habsburg,* Stadttheater Wien, 21. 11. Uraufführung *Die Jüdin von Toledo,* Prag
1874	Uraufführung *Libussa,* Wien, Burgtheater, 21. 1. 1874.

BIBLIOGRAPHIE

Adel, Kurt: „Gibt es eine österreichische Dichtung?" JbGG, 3. F., 2 (1956), S. 186−196.

ders.: „Gibt es ein endgültiges Grillparzer-Bild?" JbGG, 3. F., 13 (1980), S. 11−38.

Adler, Hans: Literarische Geheimberichte. Protokolle der Metternich-Agenten 1840−1843, Bd. 1. Köln: Leske, 1977.

Aichinger, Ilse: Rede unter dem Galgen. Wien: Jungbrunnen, 1963.

Alker, Ernst: Grillparzer. Marburg: Elwert, 1930.

Allen, Richard: „The fine Art of Concealment in Grillparzer's ‚Das Kloster bei Sendomir'." Michigan German Studies, 1 (1975), S. 181−188.

Die Andere Welt, ed. Kurt Bartsch, Dietmar Gotschnigg, Gerhard Melzer, Wolfgang H. Schober: Bern, München: Francke, 1979.

Angress, Ruth K.: „‚Das Gespenst in Grillparzers ‚Ahnfrau'." German Quarterly, 45 (1972), S. 606−619.

dies.: „Kleist's Nation of Amazons." Beyond the Eternal Feminine, ed. Susan Cocalis, Kay Goodman. Stuttgart: Akademischer Verlag, 1982, S. 99−134.

dies.: „‚‚Weh dem, der lügt': Grillparzer and the Avoidance of Tragedy." Modern Language Review, 66 (1971), S. 335−364.

anon. „Ein Besuch bei Grillparzer. Von einem Norddeutschen." Grenzboten, 5 (1846), S. 309 f.

Anna, pseud.: „An Wiens Frauen und Kinder." Constitutionelle Donau-Zeitung, 2. 6. 1848, S. 493−494.

Antropp, Wilhelm: „Grillparzers Rassentragödie. ‚Lieselotte Schreiner als Medea'." Völkischer Beobachter, 54 (1941), Wiener Ausgabe, 23.

Arendt, Hannah: The Origins of Totalitarianism. New York: Harcourt, 1951.

dies.: Eichmann in Jerusalem. New York: Viking, 1963.

Arnold, Robert f.: „Schiller und Grillparzer." JbGG, 15 (1905), S. 130−157.

Auerbach, Berthold: A Narrative of Events in Vienna from Latour to Windischgrätz, tr. John E. Taylor. London: David Bogue, 1849.

Bachmaier, Helmut: Franz Grillparzer. Die Großen Klassiker. Literatur der Welt in Bildern und Daten. Salzburg: Andreas, 1980.

Bachofen, Johann Jakob: Das Mutterrecht. Stuttgart: Krais und Hoffmann, 1861.

Backmann, Reinhold: „Grillparzer und der nationale Gedanke." JbGG, Neue Folge, 2 (1942), S. 71−114.

ders.: „Grillparzer und die heutige Biedermeier-Psychose." JbGG, 33 (1934), S. 1−32.

Bahr, Hermann: Österreichischer Genius. Wien: Bellaria, 1947.

Baker, Christa Suttner: „Unifying Imagery in Grillparzer's ‚Das goldene Vlies'." Modern Language Notes, 89 (1974), S. 392−403.

Bartsch, Kurt et al. ed.: Die Andere Welt, cf. Andere.

Bauernfeld, Eduard von: Grillparzers Gespräche und Charakteristiken, 1, S. 21 ff., 3, S. 356, u. a.

Baumann, Gerhart: Franz Grillparzer. Dichtung und österreichische Geistesverfassung. Frankfurt: Athenäum, 1966.

ders.: Zu Franz Grillparzer. Heidelberg: Stiehm, 1969.

Beauvoir, Simone de: Das andere Geschlecht. Hamburg: Rowohlt, 1961.

Bebel, August: Die Frau und der Sozialismus. Stuttgart: Dietz, 1891.

Beinke, Lothar: „Unterschiede in den Auffassungen von Grillparzer und Hebbel. Untersuchungen an ‚Die Jüdin von Toledo‘ und ‚Agnes Bernauer‘." JbGG, 3. F., 9 (1972), S. 171—186.

Beneke, Friedrich: Die Behandlung Grillparzers im deutschen Unterricht der Prima. Wissenschaftliche Beilage zum Programm des königlichen Gymnasiums zu Hamm. O. O., o. J., No. 1.

Bietak, Wilhelm: „Probleme der Biedermeierdichtung." Neue Beiträge zum Grillparzer- und Stifter-Bild, S. 5—20.

Binder, Hartmut, ed.: Kafka-Handbuch. Stuttgart: Kröner, 1979.

Binzers, Emilie von: Gespräche und Charakteristiken, Bd. 1, S. 230 ff.

Bistricky, Anton: Grillparzers ‚Bruderzwist im Hause Habsburg‘ im Spiegel seiner politischen und gesellschaftlichen Auffassungen. Wien: diss. masch., 1947.

Blackall, Eric A.: „Grillparzer: Die Jüdin von Toledo", Deutsche Dramen von Gryphius bis Brecht. Frankfurt: Fischer, 1965, ed. Jost Schillemeit.

Blunk, Laura: „Long on Hair, Short on Brains, Attitudes Toward Women in the Viennese Revolution of 1848." National Women's Converence, Juni 1983, Columbus, Ohio, the Ohio State University.

Brecht, Bertold: Gesammelte Werke, Bd. 12. Frankfurt: Suhrkamp, 1967.

Brenner, Wilfried: Die Arbeiterfrage im Vormärz. Wien: diss. masch., 1955.

Breunig, Gerhard: Gespräche und Charakteristiken, Bd. 1, S. 345 ff.

Buber, Martin. Werke, Bd. 3. „Schriften zum Chassidismus." München: Lambert Schneider, 1963.

Bücher, Karl: Die Frauenfrage im Mittelalter. Tübingen: Laupp, 1910.

Bücher, Wilhelm: Grillparzers Verhältnis zur Politik seiner Zeit. Marburg: Ewert, 1913.

Büchner, Georg: Sämtliche Werke und Briefe. München: Hanser, 1971 f.

Burkard, Artur: Grillparzer im Ausland. Cambridge, Mass.: Univ. Press, 1969.

ders.: „Grillparzer in aller Welt." JbGG, 5 (1966), S. 103—110.

Burckhardt, Carl J.: Gestalten und Mächte. Zürich: Fretz und Wasmuth, 1941.

Canetti, Elias: Masse und Macht. Frankfurt: Fischer, 1980.

Clausewitz, Karl von: Vom Kriege, ed. Friedrich von Cochenhausen. Leipzig: Insel, 1944.

Cizek, Margaretha Maria: Grillparzers Napoleonbild. Wien: diss. masch., 1944.

Cowen, Roy C.: „The Tragedy of ‚Die Jüdin‘." German Quarterly, 37 (1964), S. 39—53.

Daly, Mary: Beyond God the Father. Boston: Bacon, 1973.

Delphendahl, Renate: Grillparzer. Lüge und Wahrheit in Wort und Bild. Bern, Stuttgart: Haupt, 1975.

Deppermann, Klaus: „Judenhaß und Judenfreundschaft im frühen Protestantismus." Die Juden als Minderheit in der Geschichte, ed. Bernd Martin und Ernst Schulin. München: dtv, 1981, S. 110—130.

Ebner-Eschenbach, Marie von: Gesammelte Werke, Bd. 8. „Meine Erinnerungen an Grillparzer." München: Nymphenburg, 1961, S. 223—272.

Ehrhard, August: Franz Grillparzer. Sein Leben und seine Werke, ed. Moritz Necker. München: Beck, 1902.

Eibl, Karl: „Ordnung und Ideologie im Spätwerk Grillparzers. Am Beispiel des argumentum emblematicum und der Jüdin von Toledo." Deutsche Vierteljahrsschrift, 53 (1979), S. 74—95.

Eisler, J. H.: Gespräche und Charakteristiken, Bd. 1, S. 128 ff.

Enzinger, Moritz: „Die Malerin Auguste von Buttlar und ihre Bildnisse Grillparzers." JbGG, 3. F., 6 (1967), S. 11—70.

ders.: Franz Grillparzer und Therese Utsch. Ein Nachklang zum Revolutionserlebnis des Jahres 1848. Österreichische Akademie der Wissenschaften, Sitzungsberichte, Bd. 242. Wien: Hermann Böhlau, 1963.

Eßler, Hildegard: Die Frau Grillparzers. Wien: diss. masch., 1945.

Fäulhammer, Adalbert: Franz Grillparzer. Eine biographische Studie. Graz: 1884.

Foglar, Adolf: Grillparzer's Ansichten über Litteratur, Bühne und Leben. Aus Unterredungen. Stuttgart: Göschen, 1891.

Forster, Franz: „Zur Problemstellung in Grillparzers ,Weh dem, der lügt.“ Sprachkunst, 13 (1982), S. 211−230.

ders.: Grillparzers Theorie der Dichtung und des Humors. Wien: Herder, 1970.

Frankl, Ludwig August: Zur Biographie Franz Grillparzers. Wien, Pest. Hartleben, 1883.

ders.: Gespräche und Charakteristiken, Bd. 12, S. 93 f., Bd. 3, S. 385, S. 387 f.

Franz Kurt: „Der arme Spielmann.“ Deutsche Novellen von Goethe bis Walser, ed. Jakob Lehmann. Königstein: Scriptor, 1980.

Frederiksen, Elke. Grillparzers Tagebücher als Suche nach Selbstverständnis. Frankfurt: Lang, 1977.

Friedeberger, Kurt. „Grillparzer und die Völker des Donauraums.“ JbGG, 3. F., 5 (1966), S. 45−56.

Fülleborn, Ulrich: Das dramatische Geschehen im Werk Franz Grillparzers. München: Fink, 1966.

Füster, Anton: Memoiren von März 1848 bis Juli 1849. Beitrag zur Geschichte der Wiener Revolution, Bd. 1. Frankfurt: Rütten, 1849.

Geißler, Rolf: „Grillparzers ,Ahnfrau.‘ Ein soziologischer Deutungsversuch.“ Wissen aus Erfahrungen, ed. Alexander von Bormann. Tübingen: Niemeyer, 1976, S. 427−444.

Gerhard, Ute: „Über die Anfänge der Frauenbewegung und Frauenvereine.“ Frauen suchen ihre Geschichte, ed. Karin Hansen. München: Beck, 1983, S. 196−220.

Geschichte als Schauspiel, ed. Walter Hink. Frankfurt: Suhrkamp, 1981.

Glossy, Karl: „Literarische Geheimberichte aus dem Vormärz.“ JbGG, 21, 22, 23 (1912), I−145, 1−366, 1−300.

ders.: „Zur Geschichte der Theater Wiens.“ JbGG, 25 (1951), I−324.

ders.: „Zur Geschichte der Wiener Theaterzensur.“ JbGG, 7 (1897), S. 238−340.

Gobineau, Joseph Arthur Comte de: Essai sur inégalité des races humains, Bd. 1−4. Paris: Didot, 1853−1855.

Goedeke, Karl; Goetze, Edmund: Grundriss zur Geschichte der deutschen Dichtung, Bd. 8. Dresden: Ehlermann, 1905.

Greiner, Martin: Zwischen Biedermeier und Bourgeoisie. Göttingen: Vanhoeck und Ruprecht, 1933.

Grenzboten, Gespräche und Charakteristiken, Bd. 3, S. 313, 338, 397.

Griesmayer, Norbert: Das Bild des Partners in Franz Grillparzers Dramen. Wien: diss. masch., 1970. Derselbe Titel: Stuttgart: Braumüller, 1972.

Grillparzers Gespräche und die Charakteristiken seiner Persönlichkeit durch die Zeitgenossen. Wien: Verlag des literarischen Vereins, ed. August Sauer. 1904 ff.

Gundolf, Friedrich: „Franz Grillparzer.“ Beiträge zur Literatur- und Geistesgeschichte. Heidelberg: Lambert Schneider, 1980, S. 318−407.

Günther, Hans F. K.: Rassenkunde des deutschen Volkes. München: Lebmann, 1929.

Guschlbauer, Elisabeth: Der Beginn der politischen Emanzipation der Frau in Österreich. Salzburg: diss. masch., 1974.

Hanke, Rudolf: Franz Grillparzer. Biographisches Charakterbild für die reifere Jugend. Wien: Pichler, 1882.

Harberts, Dick: „Signifikanter Wortgebrauch in Franz Grillparzers und Hans Henny Jahnns Medeadramen.“ Wissen aus Erfahrungen, S. 445−452.

Harrigan, Renny Keelin: „Woman and Artist. Grillparzer's Sappho Revisited.“ German Quarterly, 53 (1980), S. 285−316.

Hartig, Graf Franz: Genesis der Revolution in Oesterreich im Jahre 1848. Leipzig: Fleischer, 1850.

Hartl, Wilhelm von: „Grillparzer und die Antike." JbGG, 17 (1907), S. 165—189.

Haumann, Heiko: „Das jüdische Prag." Die Juden als Minderheit, S. 209—230.

Hebbel, Friedrich: Gespräche und Charakteristiken, Bd. 12, S. 20 ff., 33 ff., 36 ff., 101 ff. 127 f., Bd. 3, 360 ff., 364 ff.

Heftrich, Eckhard: Grillparzers „König Ottokars Glück und Ende". Geschichte als Schauspiel, S. 164—178.

Heine, Heinrich: Historisch-kritische Gesamtausgabe, ed. Manfred Windfuhr. Hamburg: Lampe, 1979.

Hermand, Jost: Die literarische Formenwelt des Biedermeiers. Gießen: Schmitz, 1958.

Hillisch, Joseph Hermann: „Für Arbeiterinnen." Die Constitution, 15. 5. 1848., S. 658—660.

Hock, Stefan: „Zum ‚Traum ein Leben‘." JbGG, 13 (1903), S. 75—122.

Hofmannsthal, Hugo von: „Grillparzers politisches Vermächtnis." Gesammelte Werke, Bd. 9 Frankfurt: Fischer, 1979, S. 13—25.

ders.: „Österreich im Spiegel seiner Dichtung." ibid. S. 13—25.

ders.: „Rede auf Grillparzer." ibid. S. 87—101.

ders.: „Notizen zu einem Grillparzervortrag." Bd. 8, S. 26—33.

Holeczek, Heinz: „Die Judenemanzipation in Preußen." Die Juden als Minderheit, S. 131—159.

Huber, Wilhelm: „Grillparzer als religiöser Denker." JbGG, 34 (1934), S. 14—43.

ders.: „Zur Tragik Grillparzers." JbGG, 33 (1934), S. 33—41.

Jaeger, Oskar: Weltgeschichte, Bd. 3. Bielefeld und Leipzig: Velhagen und Klasing, 1908.

Jahnn, Hans Henny: Werke und Tagebücher. Hamburg: Hoffmann und Campe, 1974.

Jamar, Lya: Grillparzer und Frankreich. Innsbruck: diss. masch., 1954.

Janke, Rudolf: „Grillparzers Stellung zur Romantik und zum Jungen Deutschland." JbGG, 31 (1932), S. 84—101.

Jodl, Friedrich: „Grillparzers Ideen zur Aesthetik." JbGG, 10 (1900), S. 45—69.

Kaiser, Friedrich: Gespräche und Charakteristiken, Bd. 12, S. 15 ff.

Kaiser, Herbert: „Franz Grillparzers Libussa. Versuch einer geschichtlichen Interpretation." Literatur für Leser (1980), S. 231—247.

Kaiser, Joachim: Grillparzers dramatischer Stil. München: Hanser, 1961. Festschrift der österreichischen Akademie der Wissenschaften zum 100. Todestag von Franz Grillparzer. Wien: Böhlau, 1972.

Kleinschmidt, Gert: Illusion und Untergang. Die Liebe im Drama Grillparzers. Lahr: Schauenburg, 1967.

Kluckhohn, Paul: „Kleist und Grillparzer." JbGG, 29 (1930), S. 9—25.

Koch, Friedrich: „Grillparzers Staatsdramen." Germanisch-Romanische Monatsschrift, Neue Folge, 6 (1956), S. 23—34.

Koch, Max: Franz Grillparzer. Eine Charakteristik. Frankfurt: Schriften des Freien Deutschen Hochstifts, 1891.

Kosch, Wilhelm: Österreich im Dichten und Denken Grillparzers. Nymwegen, Würzburg, Wien: Wächter, 1946.

Krispyn, Egbert. „Grillparzer's Tragedy ‚Die Jüdin von Toledo‘." Modern Language Review, 68 (1970), S. 345—366.

Kuh, Emil: Gespräche und Charakteristiken, Bd. 15, S. 38 ff. „Zwei Dichter Österreichs."

ders.: Zwei Dichter Österreichs. Franz Grillparzer – Adalbert Stifter. Pest: Heckenast, 1872.

Kulke, Eduard: Gespräche und Charakteristiken, Bd. 12, S. 283 ff.

Kuranda, Peter: „Grillparzer und die Politik des Vormärzes." JbGG, 28 (1926), S. 1—26.

Langvik-Johannessen, Kåre: Im Namen kaiserlicher Majestät. Zur inneren Handlung in Grillparzers ‚Ein Bruderzwist in Habsburg.‘. Wien: Bergland, 1975.

Lasher-Schlitt, Dorothy: „Grillparzers ‚Hero und Leander,‘ Eine psychologische Untersuchung‘.“ JbGG, 3. F., 3 (1960), S. 94—114.

dies. Grillparzer's Attitude Toward the Jews. New York: diss. masch., 1936.

Laske, Walther: Staat und Recht im literarischen Schaffen Franz Grillparzers. Wien: diss. masch., 1961.

Laube, Heinrich: Franz Grillparzers Lebensgeschichte. Stuttgart: Cotta, 1884.

ders.: „Erinnerungen,“ Gespräche und Charakteristiken, Bd. 12, S. 4 f., Bd. 1, S. 81 ff., S. 147 ff. S. 215 ff., Bd. 3, 65 ff., ibid. Bd. 3, „Reisenovellen,“ S. 59 ff., Bd. 15, S. 53 ff., Bd. 20, Laube an Heine, S. 194 ff.

ders. ed.: Ein treuer Diener seines Herrn (Wien: Tempsky, 1918), „Nachwort“, S. 154—158.

Lavandier, Jean Pierre: Grillparzer, der österreichischen Zensur und dem Habsburger Herrscherhaus gegenüber (Bordeaux: diss. masch, 1973).

Lea, Charlene Ann: The Image of the Jew in German and Austrian Drama 1800—1850. Amherst: diss. masch., 1977. University Microfilms 77—26—431.

Lemmermeyer, Fritz: „Aus dem Tagebuche der Freiin von Knorr.“ JbGG, 5 (1895), S. 321—334.

Lenz, Harold: Franz Grillparzer's Political Ideas and ‚Die Jüdin von Toledo‘. New York: published privately, 1938.

Lesch, H. H.: „Der tragische Gehalt in Grillparzers Drama ‚Das goldene Vlies‘.“ JbGG 24 (1913), S. 1—43.

Levitschnigg, Heinrich Ritter von: Gespräche und Charakteristiken, Bd. 1, S. 3 ff.

Lier, Leonhard: „Grillparzer's ‚Jüdin von Toledo‘.“ Kunstwart, 12 (1899), 340.

Littrow-Bischoff, Auguste von: Aus dem persönlichen Verkehre mit Franz Grillparzer. Wien: Rosner, 1873.

Lorenz, Dagmar C. G. „Vom Kloster zur Küche: Die Frau vor und nach der Reformation Dr. Martin Luthers.“ Die Frau von der Reformation zur Romantik, ed. Barbara Bekker-Cantarino. Bonn: Bouvier, 1980, S. 243—281.

dies.: „Weibliche Rollenmodelle bei Autoren des ‚Jungen Deutschland‘ und des ‚Biedermeier‘.“ Gestaltet und Gestaltend, ed. Marianne Burkhard. Amsterdam. Rodopi, 1980, S. 155—184.

dies.: „Grillparzers ‚Libussa.‘ Eine Neubewertung.“ JbGG, 3. F., 14 (1980), S. 33—48.

dies.: „‚Schafe im Wolfspelz‘ oder die Bösewichte, die keine waren. Die Juden in Grillparzers Die Jüdin von Toledo.“ JbGG, 3. F., 15 (1983), S. 79—88.

Lorm, Hieronymus: „Grillparzers ‚Der arme Spielmann‘.“ JbGG, 4 (1894), S. 49—79.

Lublinski, Samuel: Jüdische Charaktere bei Grillparzer, Hebbel und Otto Ludwig. Berlin: Siegfried Cronbach, 1899.

Luther, Martin: Kritische Gesamtausgabe. Weimar: Böhlau, 1883, f.

M., Ottilie: „Politische Briefe einer deutschen Frau,“ Gerad'aus, 1. 7. 1848, 3.

Magris, Claudio: Der habsburgische Mythos in der österreichischen Literatur. Salzburg: Müller, 1966.

Martens, Wolfgang: Die Botschaft der Tugend. Stuttgart: Metzler, 1968.

Martin, Bernd; Schulin, Ernst, eds.: Die Juden als Minderheit in der Geschichte. München: dtv., 1981.

Martini, Fritz: Deutsche Literatur im bürgerlichen Realismus. Stuttgart: Metzler, 1964.

Marx, Karl; Engels, Friedrich; Werke. Berlin: Dietz, 1960 ff.

McInnes, Edward: „König Ottokar and Grillparzer's Conception of Historical Drama.“ Essays on Grillparzer, ed. Thompson, Bruce and Ward, Mark. Hull: University German Dept. New German Studies (1978), S. 25—35.

Mell, Max: Österreichischer Lebenslauf. Wien: Albrecht Dürer, 1947.

ders.: „Versuch über das Lebensgefühl in Grillparzers Dramen.“ JbGG, 18 (1908), S. 2—26.

Meyer-Sichting, Gerhard: „Grillparzers dramatisches Spätwerk." JbGG, 3. F., 4 (1965), S. 80–108.

Michailow, Alexander V.: „Grillparzer in der Sowjetunion." Das Grillparzer-Bild des 20. Jahrhunderts, ed. Heinz Kindermann, S. 287–296.

Milrath, Max: „Das goldene Vlies, Libussas Geschmeide und Rahels Bild." JbGG, 20 (1911), S. 226–228.

Minor, Jakob: „Grillparzer als Lustspieldichter und ‚Weh dem, der lügt‘." JbGG, 3 (1893), S. 41–60.

ders.: „Zur Geschichte der deutschen Schicksalstragödie und zu Grillparzers ‚Ahnfrau‘." JbGG, 9 (1899), S. 1–85.

Moehrmann, Renate, ed.: Frauenemanzipation im deutschen Vormärz. Stuttgart: Reclam, 1978.

Mühlher, Robert: „Das Doppelantlitz des Eros in Grillparzers Sappho." Die Andere Welt, S. 38–70.

ders. „Sinnenzauber und allegorische Weisheit bei Grillparzer." JbGG, 3. F., 5 (1966), S. 11–34.

ders.: „Grillparzer und der deutsche Idealismus. Ein Beitrag zum Säkularisierungsproblem." Wissenschaft und Weltbild, 1 (1948), S. 62–75.

ders.: „Göttin Kunst –?" JbGG, 3. F., 2 (1956), S. 15–49.

ders.: „Die tragische Wirkung in Grillparzers Dramen." Neue Beiträge zum Grillparzer- und Stifter-Bild, ed. Institut für Österreichkunde. Wien, Graz: Stiasny, 1965, S. 69–82.

Müller, Gernot: „Grillparzers Rudolf II. und die Rhetorik." Studia neophilologia, 53 (1981), S. 127–147.

Müller, Joachim: Franz Grillparzer. Stuttgart: Metzler, 1963.

ders.: „Die Staatsthematik in Grillparzers Drama ‚Die Jüdin von Toledo." Die Andere Welt, S. 71–96.

ders.: Grillparzers Menschenauffassung. Weimar: Böhlau, 1934.

ders.: Von Schiller bis Heine. Halle: Max Niemeyer, 1972. Münch, P., Kiesel, H. eds. Gesellschaft und Literatur im 18. Jahrhundert. München: Beck, 1977.

Musäus, Johann August: Volksmährchen der Deutschen, Bd. 3, ed. C. M. Wieland. Wien: Sommer, 1846. „Libussa." S. 5–58.

Nadler, Joseph: Grillparzer. Vaduz: Liechtenstein Vlg.; 1948.

ders.: „Franz Grillparzer. Europa in seinem Leben und Denken." JbGG, Neue Folge, 4 (1944), S. 7–23.

Necker, Moritz: „Grillparzer als Politiker." Jugend, 4 (1902), S. 56 ff.

Nietzsche, Friedrich: Sämtliche Werke. Stuttgart: Kröner, 1965. Neue Beiträge zum Grillparzer- und Stifter-Bild, ed. Institut für Österreichkunde. Wien, Graz: Stiasny, 1965.

Paoli, Betti (Elisabeth Glück): Grillparzer und seine Werke. Stuttgart: Cotta, 1875.

Pape, Manfred: „Von der Gassenbuberei zu einer Revolution. Grillparzer und das Jahr 1848." Neue Zürcher Zeitung, 257, 6. 11. 81, 35.

Patzaurek, Susanne: Grillparzer und die deutsche Frage. Wien: diss. masch., 1944.

Pichl, Robert: Dualismus und Ambivalenz. Stuttgart: Braumüller, 1972. Pillersdorf, Franz von: Rückblicke auf die politische Bewegung in Oesterreich in den Jahren 1848 und 1849. Wien: Jasper, Hügel, Manz, 1849.

ed. Pörnbacher, Karl: Franz Grillparzer. Dichter über ihre Dichtungen. München: Heimerau, 1970.

Politzer, Heinz: „Die Verwandlung des armen Spielmanns. Ein Grillparzer-Motiv bei Franz Kafka." JbGG, 3. F., 4 (1965), S. 55–64.

ders.: „Franz Grillparzer." Deutsche Dichter des 19. Jahrhunderts. Ihr Leben und Werk, ed. Benno von Wiese. Berlin: Erich Schmidt, 1969.

ders.: Franz Grillparzer oder das abgründige Biedermeier. Wien: Molden, 1972.

Pudenz, Christiane A.: Entstehung, Struktur und Geschichte der ersten Frauenbewegung. München: diss. masch., 1977.

Radermacher, Ludwig: „Grillparzers Medea." JbGG, 32 (1932), S. 1—9.

Rau, Hans: Grillparzer und sein Liebesleben. Berlin: 1904.

Rauch, Gertrude Maria: Stifter und Grillparzer. Wien: diss. masch., 1946.

Redlich, Oswald: Grillparzer und die Wissenschaft. Drei Vorträge. Wien, Leipzig: Hartleben, 1925.

ders.: Grillparzers Verhältnis zur Geschichte. Wien: K. k. Hof- und Staatsdruckerei, 1901.

Reger, Harald, Antonius: Das Sprachbild in Grillparzers Dramen. Bonn: Bouvier, 1968.

Reich, Emil: „Bericht über die Gründung der Grillparzer-Gesellschaft." JbGG, 1 (1890), S. VII—XXXIX.

Rismondo, Piero. „Die politische Vision in Grillparzers ‚Ahnfrau‘." Grillparzer Forum Forchtenstein (1978), S. 164—181.

ders.: „‚Das zweite Gesicht‘ in Grillparzer's ‚Das goldene Vlies‘." JbGG, 3. F., 5 (1966), S. 129—142.

Robert, André: L'idée nationale autrichienne. Paris: Alcan, 1933.

Roe, Ian F.: „‚Classical vocabulary in Grillparzer's early works." Modern Language Review, 77 (1982), S. 860—875.

Rommel, Otto, ed.: Der österreichische Vormärz. Leipzig: Reclam, 1931.

Roth, Joseph: Werke in drei Bänden, Bd. 3. Köln, Berlin: Kiepenheuer und Witsch, 1956.

Sander, Friedrich: „Die Stimme eines Arbeiters" Die Constitution, 19. 4. 1848, 345.

Sauer, August: „Über den Einfluß der nordamerikanischen Literatur auf die deutsche." JbGG, 16 (1906), S. 21—51.

ders.: „Einleitung zu den Werken." Sämtliche Werke, Bd. 1, S. 7 ff.

ders.: „Ein treuer Diener seines Herrn." JbGG, 3 (1893), S. 1—40.

Schäble, Gunter: Grillparzer. Velber: Friedrich, 1967.

Schaum, Konrad: „Universale und zeitlose Aspekte in Grillparzers Goldenem Vlies." Colloquia Germanica, 12 (1979), S. 77—93.

ders.: "Grillparzers ‚Des Meeres und der Liebe Wellen. Seelendrama und Kulturkritik." JbGG, 3. F., 11 (1974), S. 95—114.

ders.: „Grillparzers Drama ‚Ein treuer Diener seines Herrn." JbGG, 3. F., 3 (1960), S. 73—93.

Schillemeit, Jost: Deutsche Dramen von Gryphius bis Brecht. Frankfurt: Fischer, 1965.

Schimetschek, Bruno: „Grillparzers politisches Vermächtnis." Austria, 2 (1947), H. 1, S. 1—2.

Schirach, Baldur von: „Unser Grillparzer." Wille und Macht, 9 (1941), S. 1—4.

Schmidt, Julian: Characterbilder aus der zeitgenössischen Literatur. Leipzig, Duncker & Humbolt, 1875: „Franz Grillparzer." S. 386—392.

Schmidt, Leopold: „Grillparzer und das Volkstum." JbGG, 34, S. 28—43.

Schneider, Reinhold: „Franz Grillparzer. ‚Der letzte Dichter des alten Österreich‘." JbGG, 3. F., 3 (1960), S. 7—27.

ders.: Im Anfang liegt das Ende. Baden-Baden, Bühler, 1946.

Schreyvogel, Friedrich: „Das Österreichische an ‚König Ottokars Glück und Ende‘." JbGG, 3. F., 2 (1956), S. 182—185.

Seidler, Herbert: „Grillparzers Lustspiel ‚Weh dem, der lügt‘." JbGG, 3. F., 4 (1965), S. 7—29.

ders.: „Grillparzerforschung der 70er Jahre." JbGG, 3. F., 14 (1980), S. 9—23.

ders.: „Die Entwicklung des wissenschaftlichen Grillparzer-Bildes." ed. Kindermann, Das Grillparzer-Bild, S. 33—108.

ders.: Studien zu Grillparzer und Stifter. Wien, Köln, Graz: Hermann Böhlau, 1970.

Schwarzer, Alice: Der ‚kleine Unterschied‘ und seine großen Folgen. Frankfurt: Fischer, 1977.

203

Seitter, Walter: „Franz Grillparzer und Friedrich Nietzsche, ihre Stellung zueinander." JbGG, 3. F., 8 (1970), S. 87—109.

Sittenberger, Hans: Grillparzer. Berlin: Hofmann, 1904.

Skreb, Zdenko: „Rahel." Die Andere Welt, S. 96—105.

ders.: „Franz Grillparzers ,Libussa.' Versuch einer Deutung." JbGG, 3. F., 6 (1967), S. 75—93.

ders.: „Grillparzers Epigramme." JbGG, 3. F., 3 (1960), S. 39—55.

ders.: „Franz Grillparzers ,Libussa'." JbGG, 3. F., 6 (1967), S. 75—93.

Staiger, Emil: Grundbegriffe der Poetik. Zürich, Freiburg: Atlantis, 1968.

Stallmann, Heinz, Marianne: „L'Allemande au temps de la réforme." Histoire Mondiale de la Femme, Bd. 2, ed. Pierre Grimal. Paris: Nouvelle Librairie de France, 1966.

Stein, Gisela: The Inspiration Motif in the Works of Franz Grillparzer. The Hague: Nijhoff, 1955.

Stein, Lorenz von: Die industrielle Gesellschaft. Der Sozialismus und Kommunismus Frankreichs von 1830—1848. Leipzig: Wigand, 1855.

ders.: Die Frau auf sozialem Gebiete. Stuttgart: Cotta, 1880.

Stifter, Adalbert: Gespräche und Charakteristiken, Bd. 3, S. 381 f.

Stiles, William H.: Austria in 1848—1849. New York: 1970.

Stoffers, Maria Edlinger: „Grillparzers König Ottokar, ein tragischer Held?" JbGG, 13 (1978), S. 39—48.

Straubinger, O. Paul: „Grillparzer in der Parodie des Alt-Wiener Volkstheaters." JbGG, 3. F., 3 (1960), S. 115—126.

St. Simon, Claude Henri de: Oeuvres de St. Simon. Paris: Rodrigues, 1841.

Suchy, Victor-Lucien: „Grillparzer und der Österreich-Gedanke." Neue Beiträge, S. 20—45.

Tapié, Victor-Lucien: Die Völker unter dem Doppeladler. Graz, Wien: Styria, 1975.

Thompson, Bruce: Franz Grillparzer. Boston: Twayne, 1981.

Treitschke, Heinrich von: Deutsche Geschichte im 19. Jahrhundert. Leipzig: Hendel, 1928.

Vancsa, Kurt: Franz Grillparzer. Bild und Forschung. Wien: F. Berger, 1941.

Viviani, Annalisa: Grillparzer Kommentar. München: Winkler, 1972.

Voilquin, Suzanne: Souvenirs d'une fille du peuple ou Saint-Simonienne en Egypt. Paris: Chez E. Sauzet, 1866.

Volkelt, Johannes: „Grillparzer als Dichter des Willens zum Leben." JbGG, 10 (1900), S. 4—44.

ders.: „Die Psychologie der Liebe in Grillparzers Dramen." JbGG, 19 (1910), S. 1—28.

ders.: „Grillparzer als Dichter des Zwiespaltes zwischen Gemüth und Leben." JbGG, 4 (1894), S. 3—45.

ders.: Grillparzer als Dichter des Tragischen. Nördlingen: Beck, 1888.

ders.: „Grillparzer als Dichter des Komischen." JbGG, 15 (1905), S. 1—30.

Völker, Karl: „Grillparzers Stellung zu Religion und Kirche." JbGG, 29 (1930), S. 72—99.

Weber, Ottokar: „Grillparzer und sein Österreich." JbGG, 16 (1906), S. 1—20.

Weigel, Hans: Flucht vor der Größe. Wien: Wollzeilen Vlg., 1960.

ders.: Die Leiden der jungen Wörter. München: dtv., 1976.

ders.: „Ein krasser Fall von Liebe." Glückliches Österreich. Salzburg: Residenz, 1978.

Weinrich, Harald: Literatur für Leser. München: Kohlhammer, 1971.

Weiß, Walter: „Die Entwicklung des Grillparzer-Bildes von August Sauer bis zur Gegenwart." Neue Beiträge, S. 46—68.

Wells, George A.: The Plays of Grillparzer. London: Pergamon, 1969.

Wickenberg-Almasy, Wilhelmine Gräfin von: Gespräche und Charakteristiken, Bd. 1, S. 299 ff.

ed. Wiese, Benno von: Das deutsche Drama. Düsseldorf: Bagel, 1958.

ders.: Deutsche Dichter des 19. Jahrhunderts. Berlin: Erich Schmidt, 1969.

Wimmer, Paul: „Grillparzer in der Sicht des 20. Jahrhunderts." JbGG, 3. F., 10 (1977), S. 107–132.
Wittkowski, Wolfgang: „Grenze als Stufe. Josephinischer Gradualismus und Barockes Welttheater in Grillparzers Novelle ‚Der arme Spielmann'." Aurora. Jahrbuch der Eichendorff-Gesellschaft, 41 (1981), S. 135–160.
Wurzbach, Wolfgang von: „Die ‚Jüdin von Toledo' in Geschichte und Dichtung." JbGG, 9 (1899), S. 86–127.
Yates, W. E.: Grillparzer. A Critical Introduction. Cambridge: Univ. Press, 1972.
Zausmer, Otto.: „Beiträge zur politischen Lyrik Grillparzers." JbGG, 32 (1933), S. 43–80.
Zmarzlik, Hans-Günter: „Antisemitismus im Deutschen Kaiserreich 1871–1918." Die Juden als Minderheit, S. 249–270.

Primärliteratur

Grillparzer, Franz: Sämtliche Werke, ed. August Sauer, Reinhold Backmann. Wien: Kunstverlag Anton Schroll & Co., 1909–1948. (Historisch-kritische Gesamtausgabe) Die Zitate im Text folgen dieser Ausgabe.
Grillparzers Werke, ed. Stefan Hock. Berlin, Leipzig, Wien, Stuttgart: Deutsches Verlagshaus Bong & Co., 1911 f.
Dichter über ihre Dichtungen. Franz Grillparzer. ed. Karl Pörnbacher. München: Hanser, 1970.
Grillparzers Gespräche und die Charakteristiken seiner Persönlichkeit durch die Zeitgenossen. Wien: Verlag des literarischen Vereins, 1904 ff.
Grillparzers sämtliche Werke in zwanzig Bänden, ed. August Sauer. Stuttgart: Cotta, 1892 ff.

Abkürzungen

JbGG: *Jahrbuch der Grillparzer-Gesellschaft*
Gespräche und Charakteristiken: Grillparzers Gespräche und die Charakteristiken seiner Persönlichkeit durch die Zeitgenossen.

WERKEREGISTER

NAMENSREGISTER

SACHREGISTER

211